Gregg Braden

Der Realitäts-Code

Gregg Braden

Der Realitäts-Code

Wie Sie Ihre Wirklichkeit verändern können

KOHA

Titel der Originalausgabe:
»The Spontaneous Healing of Belief«
Copyright © 2008 by Gregg Braden
Original English Language Publication 2008 by
Hay House, Inc. California, USA

Aus dem Englischen von Nayoma de Haën
Lektorat: Birgit-Inga Weber
3. Auflage 2009

Deutsche Ausgabe: © KOHA-Verlag GmbH Burgrain
Alle Rechte vorbehalten
Gesamtherstellung: Karin Schnellbach
Druck: CPI Moravia Books
ISBN 978-3-86728-59-4

Inhalt

Im Augenblick unseres ersten Atemzugs erfüllt uns die größte Kraft des Universums – die Kraft, die Vorstellungen unseres Geistes in die Wirklichkeit unserer Welt zu bringen. Um diese Kraft voll zu entwickeln, bedarf es jedoch einer subtilen Veränderung unseres Selbstverständnisses, einer Veränderung unserer Glaubensvorstellungen und Überzeugungen.

Wie Klänge sichtbare Wellen erzeugen, wenn sie Wasser durchdringen, so erzeugen auch unsere Überzeugungen Wellen im Quantenmedium des Universums und werden zu unseren Körpern und zur Heilung, zur Fülle und zum Frieden oder zu der Krankheit, zu dem Mangel und dem Leiden, die wir im Leben erfahren. Und genauso wie wir einen Klang darauf abstimmen können, seine Schwingungsmuster zu verändern, können wir auch unsere Überzeugungen darauf abstimmen, das, was uns lieb und teuer ist, sogar das Leben selbst, zu erhalten oder zu zerstören.

In einer formbaren Welt, in der alles, von Atomen bis zu Zellen, sich an unsere Überzeugungen anzupassen strebt, besteht unsere einzige Beschränkung in unserem Selbstverständnis.

Dieses Buch ist unserer Akzeptanz dieser erstaunlichen Macht gewidmet – und unserem Wissen, dass wir von unserer größten Liebe, unserer tiefsten Heilung und unseren unglaublichsten Wundern nie weiter als eine Überzeugung weit entfernt sind.

Einführung

»*Lass dich ziehen
von dem leisen Sog dessen,
was du wirklich liebst.*«
RUMI (1207–1273), SUFI-DICHTER

Der bahnbrechende Physiker John Wheeler sagte einmal: »Wenn Sie im Laufe eines Tages nichts Seltsames bemerkt haben, war es kein richtiger Tag.«[1]

Was könnte für einen Wissenschaftler seltsamer sein, als zu entdecken, dass wir einfach durch die Beobachtung unserer Welt an einem Ort irgendetwas verändern, das woanders geschieht! Genau das hat die moderne Physik jedoch festgestellt. Schon im Jahr 1935 bemerkte der Nobelpreisträger Albert Einstein, wie beunruhigend diese sogenannten Quanteneffekte sein können, und nannte sie »spukhafte Fernwirkung«. In einem Artikel, den er gemeinsam mit den Physikern Boris Podolsky und Nathan Rosen verfasste, meinte er zu diesem Phänomen, man könne nicht erwarten, dass eine vernünftige Definition der Realität dies zulässt.[2]

Diese merkwürdigen Anomalien haben im Verständnis unserer selbst und des Universums eine mächtige Revolution ausgelöst. Den größten Teil des 20. Jahrhunderts versuchten die Wissenschaftler, zu verstehen, was uns das merkwürdige Verhalten der Quanten darüber sagen könnte, wie die Wirklichkeit funktioniert. Es ist zum Beispiel eine dokumentierte Tatsache, dass das menschliche Bewusstsein unter bestimmten Bedingungen auf die Quantenenergie Einfluss nehmen kann – auf den Stoff, aus dem alles besteht. Diese Tatsache hat uns die Möglichkeit eröffnet, die Grenzen unserer bisherigen Überzeugungen über die Welt zu erweitern. Inzwischen gibt es immer mehr Beweise, dass diese unerwarteten Effekte mehr sind als einzelne Ausnahmen. Die Frage bleibt: Wie viel mehr?

Ist der Einfluss des Beobachters auf den Ausgang des Experiments ein bedeutungsvoller Hinweis auf die Art der Realität, in der wir leben? Und wenn ja, müssen wir uns fragen: Sagt uns das auch etwas darüber, wer *wir* in dieser Wirklichkeit sind? Beide Fragen müssen wohl mit »Ja« beantwortet werden. Jedenfalls weisen die neuesten Entdeckungen darauf hin. Das ist der Grund dafür, weshalb ich dieses Buch geschrieben habe.

Es gibt keine Beobachter

Die Wissenschaftler haben gezeigt, dass es uns unmöglich ist, unserer Welt einfach nur zuzusehen. Egal ob wir unsere Aufmerksamkeit auf ein Quantenteilchen in einem Laborexperiment oder auf irgendetwas anderes lenken – von der Heilung unserer Körper bis zum Erfolg in unserem Beruf oder zum Glück in unseren Beziehungen: Wir haben immer Erwartungen und Überzeugungen. Manchmal sind wir uns dessen bewusst, häufig aber nicht. Unsere inneren Erfahrungen werden zu einem Teil dessen, was wir beobachten. Allein durch das Betrachten werden wir zu einem Teil des Betrachteten.

So werden wir, mit den Worten Wheelers, alle zu »Teilnehmern«. Wenn wir unsere Aufmerksamkeit zu einem bestimmten Zeitpunkt auf einen bestimmten Ort lenken, setzen wir unser Bewusstsein ein. Im riesigen Feld des Bewusstseins scheint es jedoch keine klare Grenze zu geben, die definiert, wo wir aufhören und wo der Rest der Welt beginnt. Wenn wir die Welt so betrachten, wird klar, warum die Weisen der alten Zeiten meinten, dass alles miteinander in Verbindung steht. Auf der energetischen Ebene trifft das zu.

Während die Wissenschaftler herauszufinden versuchen, was es genau bedeutet, Teilnehmer zu sein, tauchen neue Hinweise auf, die zu einer unweigerlichen Schlussfolgerung führen: Wir leben in einer interaktiven Wirklichkeit, in der wir die Welt um uns herum verändern, indem wir – während des Beobachtens – in uns etwas verändern: unsere Gedanken, Gefühle und Überzeugungen.

Realitäts-Code 1: Experimente weisen darauf hin, dass der Fokus unserer Aufmerksamkeit die Wirklichkeit beeinflusst und dass wir in einem interaktiven Universum leben.

Die Auswirkung: Alles in unserem Leben – von der Heilung von Krankheiten über unsere Lebenserwartung bis zum Erfolg unserer Arbeit und Beziehungen –, alles, was wir als »Leben« erfahren, steht in direkter Verbindung mit dem, wovon wir überzeugt sind.

Die Schlussfolgerung: Um unser Leben und unsere Beziehungen zu verändern, unsere Körper zu heilen und unsere Familien und Nationen zu befrieden, bedarf es eines einfachen, aber präzisen Wandels unserer Überzeugungen.

Für jene, die sich von den wissenschaftlichen Lehren der letzten 300 Jahre überzeugen ließen, stellt die bloße Erwägung der Möglichkeit, dass eine innere Erfahrung die äußere Realität beeinflussen kann, eine Art Gotteslästerung dar: Der Gedanke löst die Sicherheitszone auf, die traditionell Wissenschaften und Spiritualität voneinander trennt – und damit auch uns von unserer Welt. Statt uns passive Opfer sein zu lassen, denen die Dinge bloß grundlos widerfahren, versetzt uns so eine Annahme unerwartet ans Steuer unseres Lebens.

In dieser Position werden wir mit unwiderlegbaren Beweisen konfrontiert, die bestätigen, dass wir alle die Architekten unserer Realität sind. Das bedeutet, dass wir die Macht haben, Krankheiten und Kriege zu einer Sache der Vergangenheit werden zu lassen. Plötzlich liegt der Schlüssel zur Verwirklichung unserer größten Träume in unserer Reichweite. Es kommt nur auf uns selbst an. Wo passen wir in dieses Universum? Was sollen wir mit diesem Leben anfangen?

Was könnte wichtiger sein, als diese Fragen zu beantworten, zu verstehen, was diese Revolution für unser Leben bedeutet, und zu entdecken, was sie für uns selbst bedeutet? In einer Welt, in der die größte Krise der bekannten Menschheitsgeschichte zu einer Frage von unser aller Überleben geworden ist, geht es ums Ganze.

Die falschen Annahmen der Wissenschaft

Obwohl die Revolution unseres Selbstverständnisses schon vor etwa 100 Jahren begann, ging sie an den meisten Menschen bislang spurlos vorüber. Die Veränderungen, die sie in unserer schnelllebigen Zeit der Tagesplaner, Internet-Beziehungen und Doku-Soaps bewirkt, finden auf einer derart subtilen Ebene statt, dass die meisten Menschen sie noch gar nicht bemerkt haben. Es wird zum Beispiel kaum darüber in den Tageszeitungen berichtet. Es ist kein Thema für eine Geschäftsbesprechung oder für einen Plausch in der Kaffeepause. Jedenfalls nicht, solange Sie nicht als Wissenschaftler damit beschäftigt sind, das Wesen der Wirklichkeit zu ergründen: Für sie gleicht diese Revolution nämlich einem ungeheuren Erdbeben, das einige der heiligsten Überzeugungen der Wissenschaften aus den Angeln hebt. Seine Auswirkungen donnern durch ihre Labore, Studienzimmer und Fachbücher und hinterlassen ein Trümmerfeld ausgedienter Lehren, lieb gewordener Überzeugungen und ganzer Karrieren.

So leise sie auch sein mag: Die Transformation unseres Lebens, die mit dieser Wirklichkeits-Revolution einhergeht, hat in der Vergangenheit nicht ihresgleichen. Die gleichen Entdeckungen, welche die Fragen aufwarfen, bewiesen auch, dass die »Fakten«, auf denen wir mehr als 300 Jahre lang die Erklärung des Universums und unserer Rolle darin aufgebaut haben, nicht zuverlässig sind. Sie beruhen auf Annahmen, die falsch waren – wie man jetzt weiß.

Falsche Annahme Nr. 1: Der Raum zwischen den »Dingen« ist leer. Neue Erkenntnisse zeigen, dass das nicht stimmt.

Falsche Annahme Nr. 2: Unsere inneren Erfahrungen des Fühlens und der Überzeugungen haben keine Wirkung auf die Welt außerhalb unseres Körpers. Auch das hat sich als unhaltbar und falsch erwiesen.

Bahnbrechende Experimente, die in führenden Fachmagazinen veröffentlicht wurden, offenbaren, dass wir in einem Feld intelligenter Energie leben, welche das erfüllt, was wir bislang für leeren Raum hielten. Und man konnte zweifelsfrei nachweisen, dass dieses Feld auf uns reagiert. Es ordnet sich neu, um unseren vom Herzen kommenden Gefühlen und Überzeugungen zu entsprechen – eine Revolution, die alles verändert!

Seit Isaak Newton 1687 in seiner Schrift *Philosophiae Naturalis Principa Mathematica* seine physikalischen »Gesetze« veröffentlichte, beruhen die Vorstellungen von unseren Fähigkeiten und Begrenzungen auf falschen oder zumindest unvollständigen Informationen. Seit jener Zeit geht die Wissenschaft davon aus, dass wir im Gesamtzusammenhang der Dinge von geringer Bedeutung sind. In der Gleichung des Lebens und der Wirklichkeit spielen wir keine Rolle.

Ist es da noch erstaunlich, dass wir uns angesichts der großen Krisen des Lebens oft ohnmächtig fühlen? Ist es erstaunlich, dass wir uns oft völlig hilflos vorkommen, wenn wir zusehen müssen, wie sich unsere Welt so schnell verändert, dass sie auseinanderzubrechen droht? Plötzlich scheint alles – von unseren persönlichen Fähigkeiten bis zu unserer kollektiven Wirklichkeit – infrage zu stehen. Es scheint fast so, als würde uns der Zustand unserer Welt zwingen, zu neuen Bereichen des Bewusstseins vorzustoßen und zu entdecken, wer wir sind, um das zu überleben, was wir erschaffen haben.

Der Grund dafür, dass Sie in dieser Revolution eine wichtige Rolle spielen, beruht auf etwas, das Sie und ich jetzt, in diesem Moment, tun. Allein und gemeinsam, individuell und kollektiv, bewusst und unbewusst wählen wir, wie wir über uns denken und was wir in der Welt für wahr halten. Die Ergebnisse davon umgeben uns ständig. Sie bilden unsere Welt.

Von unserer Gesundheit und unseren Beziehungen bis zum Weltfrieden weist die Revolution des wissenschaftlichen Verständnisses darauf hin, dass die Realität unseres Lebens nicht mehr und nicht weniger ist als die Gestaltungskraft unserer »Überzeugungswellen« in der Quantenwelt. Es hängt alles davon ab, wie wir unsere Welt, unsere Fähigkeiten, unsere Grenzen und uns selbst sehen.

Die unwiderlegbaren Fakten

»Okay«, sagen Sie jetzt vielleicht, »alles schon gehört. Es ist naiv und arrogant, zu meinen, dass das Universum in irgendeiner Weise von meinen persönlichen Überzeugungen beeinflusst wird. So einfach kann es nicht sein.« Und als der Wissenschaftler, der vor 20 Jahren auf konventionelle Weise darin ausgebildet wurde, die Welt so zu sehen, wie es der wissenschaftlichen Lehrmeinung entsprach, hätte ich Ihnen recht geben müssen.

Auf den ersten Blick scheinen unsere inneren Überzeugungen kaum etwas zu bewirken – und schon gar nicht das Universum zu verändern. Doch wenn wir uns die neuesten wissenschaftlichen Entdeckungen anschauen, verändert sich das Bild. Die Ergebnisse jener Forschungen wurden zwar in den entsprechenden Fachzeitschriften veröffentlicht, doch sie sind meistens in einer so wissenschaftlichen Sprache verfasst, dass dem Nicht-Wissenschaftler die volle Bedeutung verborgen bleiben muss. An dieser Stelle betritt unsere Revolution die Szene. Plötzlich brauchen wir die Sprache der Wissenschaften nicht mehr, um uns zu sagen, dass wir ein wesentlicher Teil unserer Welt sind. Unser tägliches Leben zeigt es uns. Ich glaube, wir wollen vielmehr den Schlüssel kennen, wie wir diese Macht auf das Geschehen in unserer Welt anwenden können.

Ich vermute, dass zukünftige Generationen unsere Zeit als einen Wendepunkt betrachten werden, an dem die Welt uns zwang, zu entdecken, wie das Universum wirklich funktioniert, und unsere interaktive Rolle darin anzunehmen. Statt uns weiterhin die ohnmächtigen Opfer spielen zu lassen, zu denen uns die Bilder der ersten drei Jahrhunderte wissenschaftlicher Forschungen gemacht haben, scheint die neue Wissenschaft jetzt das Gegenteil zu proklamieren. Ende der Neunzigerjahre und Anfang dieses Jahrtausends veröffentlichten die Wissenschaftler folgende Erkenntnisse:

1. **Tatsache:** Das Universum, unsere Welt und unsere Körper bestehen aus einem gemeinsamen Energiefeld, das im 20. Jahrhundert entdeckt wurde und jetzt unter anderem das Feld, das Quanten-Hologramm, der Geist Gottes, der Geist der Natur oder die göttliche Matrix genannt wird.[3]

2. Tatsache: Im Feld der göttlichen Matrix verhalten sich »Dinge«, die physisch miteinander verbunden waren und dann getrennt wurden, so als wären sie noch immer miteinander verbunden. Dieses Phänomen wird *Verschränkung* genannt.[4]

3. Tatsache: Die menschliche DNS hat direkten Einfluss auf das, was in der göttlichen Matrix geschieht, und zwar auf eine Art, die den bekannten Gesetzen von Zeit und Raum zu widersprechen scheint.[5]

4. Tatsache: Menschliche Überzeugungen (und die damit zusammenhängenden Gefühle und Emotionen) haben einen direkten Einfluss auf die DNS, die ihrerseits wiederum auf das Geschehen in der göttlichen Matrix einwirkt.[6]

5. Tatsache: Wenn wir unsere Überzeugungen über unseren Körper und unsere Welt verändern, übersetzt die göttliche Matrix diese Veränderungen in die Wirklichkeit unseres Lebens.[7, 8]

Betrachten wir diese und ähnliche Entdeckungen, müssen wir uns der herausfordernden Frage stellen, ob wir vielleicht mit der natürlichen Fähigkeit zur Gestaltung und Veränderung unseres Körpers und unserer Welt geboren sind. Und wenn dem so wäre, müssten wir weiterfragen, welche Verantwortung mit dieser Gabe einhergeht angesichts der ungeheuren Bedrohung, der wir selbst sowie die Menschheit und die ganze Welt in dieser Zeit ausgesetzt sind.

Die Zeit ist reif

Natürlich wissen wir nicht alles darüber, wie das Universum funktioniert und welche Rolle wir dabei spielen. So schwindelerregend die neuesten Entdeckungen auch sein mögen – wir könnten 100 Jahre lang abwarten und wüssten immer noch nicht alles. Aber immer mehr Wissenschaftler sind der Ansicht, dass wir vielleicht nicht mehr so viel Zeit haben.

Bedeutende Stimmen der Wissenschaft wie Sir Martin Rees, Professor für Astrophysik in Cambridge, meinen, dass wir nur noch »eine 50/50-Chance haben, das 21. Jahrhundert ohne größere Rückschläge zu überleben.«[9] Es gab zwar schon immer Naturkatastrophen, mit denen man sich abfinden musste, aber laut Rees müssen wir mit einer neuen Art von Bedrohung rechnen.

Studien wie jene, von denen in der Sonderausgabe des *Scientific American* unter dem Titel »Crossroads for Planet Earth« im September 2005 berichtet wurde, bestätigen Rees' Warnungen, wenn es heißt: »Die nächsten 50 Jahre werden entscheidend dafür sein, ob sich die menschliche Rasse – *die sich jetzt in einer einzigartigen Periode ihrer Geschichte befindet* – die bestmögliche Zukunft sichern kann«[10] (Kursivsetzung vom Autor).

In einer Reihe von Aufsätzen, verfasst von Experten aller möglichen Bereiche – von der globalen Gesundheit über den Energieverbrauch bis zu nachhaltigen Lebensformen –, herrscht Einigkeit, dass wir mit der Art, wie wir mit Energie umgehen, sowie mit unserer Technologie und einer sich ständig vermehrenden Weltbevölkerung einfach nicht weitermachen können, wenn wir die nächsten 100 Jahre überleben wollen. Das Ganze wird noch komplizierter durch die wachsende Drohung eines Weltkrieges, der sich zumindest in Teilen um die immer knapper werdenden Rohstoffe dreht. Die Einzigartigkeit unserer Zeit wird vielleicht am besten von dem Harvard-Biologen E. O. Wilson beschrieben: Wir stünden kurz vor dem Eintritt in den »Flaschenhals«, in eine Zeit, in der sowohl unsere Ressourcen als auch unsere Fähigkeit zur Lösung unserer Probleme an ihre Grenzen geraten.

Die gute Nachricht der Experten lautet jedoch: »Wenn die Entscheidungsträger die Rahmenbedingungen richtig setzen, wird die Zukunft der Menschheit durch Tausende von alltäglichen Entscheidungen gesichert werden ... Aus den alltäglichen Angelegenheiten entstehen gewöhnlich die wesentlichsten Fortschritte.«[11] In nächster Zukunft wird jeder von uns zweifellos unzählige Entscheidungen treffen müssen. Die wichtigste und vielleicht auch die einfachste davon scheint mir jedoch die Entscheidung zu sein, die Erkenntnisse der neuen Wissenschaften über uns selbst und unsere Rolle im Universum anzunehmen.

Wenn wir die starken Beweise dafür akzeptieren, dass das Bewusstsein und unsere Rolle in diesem Bewusstsein die fehlenden Puzzlesteine sind, um zu verstehen, wie die Realität funktioniert, dann verändert sich alles. Die Veränderung erlaubt es uns, neu anzufangen. Sie macht uns zu einem Teil von allem, was wir sehen und erfahren! Deswegen ist diese Revolution so bedeutsam.

So werden wir als gesamte Menschheit wieder in die Gleichung des Universums einbezogen. So haben *wir* die Aufgabe, die große Krise unserer Tage zu lösen, statt es künftigen Generationen oder einfach dem Schicksal zu überlassen.

Wenn wir wirklich die Drahtzieher unserer Wirklichkeit sind, die über die Macht verfügen, die Atome der Materie zu beeinflussen: Welches Problem ist dann noch unlösbar? Welche Lösung bleibt dann noch unerreichbar?

Die Kraft zur Entscheidung ist die Kraft zur Veränderung

Die Aussicht, uns auf etwas in uns zu verlassen, um die Herausforderungen unserer Zeit zu bestehen, statt es den Wissenschaften und Technologien der äußeren Welt zu überlassen, mag den einen oder anderen beunruhigen. »Wie kann man etwas so Machtvolles und so Notwendiges lernen?«, wird oft gefragt. Und meistens lautet die nächste Frage gleich: »Wenn das der Weg der Zukunft ist, wie können wir es dann jetzt und möglichst schnell lernen?« Vielleicht lassen sich die Fragen am besten mit den Worten des Philosophen und Dichters Kahlil Gibran beantworten.

In seinem Hauptwerk *Der Prophet* erinnert uns Gibran daran, was es bedeutet, eine große Gabe zu haben und zu wissen, dass die Macht dieser Gabe bereits in uns liegt. »Niemand kann euch etwas eröffnen, das nicht schon im Dämmern eures Wissens schlummert.«[12] Gibran erinnert uns daran, dass uns nichts beigebracht werden kann, das wir nicht bereits wissen. Und wir kamen in diese Welt mit dem Wissen, wie wir unsere Überzeugungen nutzen können.

In diesem Buch geht es also weniger darum, zu lernen, den Code der Wirklichkeit umzuschreiben, als zu akzeptieren, dass wir bereits die Macht dazu haben. Dies hat bereits viele Mystiker der Vergangenheit beschäftigt, auch den Sufi-

Mystiker Djalal od-Din Muhammad Rumi. »Was sind wir doch für merkwürdige Wesen!«, meinte er. »Wir sitzen in der Hölle am Grunde der Dunkelheit und fürchten unsere Unsterblichkeit.«[13]

Einerseits wird uns gesagt, dass wir schwache und machtlose Wesen seien, die in einer Welt leben, in der die Dinge »einfach so« geschehen. Andererseits erzählen uns unsere kostbaren alten spirituellen Weisheiten davon, dass in jedem von uns eine Kraft lebt, die durch nichts in der Welt zerstört werden kann. Mit dieser Kraft geht die Verheißung einher, dass wir die dunkelsten Momente des Lebens überleben werden und dass schwierige Zeiten nur ein Teil der Reise sind, die letztendlich an einen Ort führt, an dem nichts Böses mehr geschehen kann. Vor diesem Hintergrund ist es kein Wunder, dass wir uns verwirrt und hilflos, manchmal sogar wütend fühlen, wenn wir unsere Lieben leiden sehen oder die Qual der Welt um uns herum spüren.

Was ist jetzt wahr? Sind wir hoffnungslose, gebrechliche Opfer der Ereignisse oder sind wir machtvolle Schöpferwesen, die ihre eigenen Fähigkeiten gerade erst zu verstehen beginnen? Die Antwort führt uns sowohl zu den großen Wahrheiten der Mysterien unserer Vergangenheit als auch mitten in die größten Kontroversen der modernen Wissenschaften, denn die Antwort lautet: Beides.

Ja, manchmal sind wir gebrechliche Opfer der Umstände. Und ja, manchmal sind wir die mächtigen Schöpfer dieser Umstände. Welche dieser Rollen wir jeweils erleben, hängt von den Entscheidungen ab, die wir in unserem Leben treffen: *Entscheidungen, die auf unseren Überzeugungen beruhen.* Durch die göttlich anmutende Macht der menschlichen

Überzeugung ist uns die ebenso göttlich anmutende Macht verliehen, Einfluss zu nehmen auf die Matrix der Energie, von der wir ständig umgeben sind.

Was ist das Ziel dieses Buches?

Als ich *Im Einklang mit der göttlichen Matrix* schrieb, war mir klar, dass unsere Rolle in der Sprache der Wunder vor dem Hintergrund der Botschaft dieses Buches leicht übersehen werden konnte. Um die Sprache der Überzeugungen und die Art, wie wir mit ihrer Hilfe zu Architekten unseres Lebens werden können, umfassend zu beschreiben, bedurfte es eines weiteren Buches. Auf den Seiten dieses Buches werden Sie ...

- entdecken, wie Sie mit den falschen Überzeugungen umgehen können, die Sie in der Vergangenheit beschränkt haben
- die Überzeugungen erkennen, mit denen Sie Krankheiten in Ihrem Körper rückgängig machen können.
- lernen, welche Überzeugungen anhaltende, nährende Beziehungen erzeugen
- Überzeugungen entdecken, die Ihnen, Ihrer Familie und unserer Welt Frieden bringen

So unterschiedlich Frieden, Beziehungen und Heilung auch zu sein scheinen, beruhen sie doch alle auf dem gleichen Prinzip, nämlich der »Sprache« unserer Überzeugungen und der damit verbundenen Gefühle. Die Erkundung der eigenen Überzeugungen ist eine höchst persönliche Angelegenheit. Jeder von uns hat da eine etwas andere Ansicht und ist doch gleichzeitig eingebunden in die kollektiven Überzeugungen unserer Kultur, religiösen Lehren, Familien und Freunde.

In den sieben Kapiteln dieses Buches möchte ich Sie einladen, sich selbst, Ihr Leben und Ihre Welt auf neue und vielleicht sehr andere Art zu sehen. Für manche Menschen stellt die neue Perspektive alles infrage, was ihnen beigebracht wurde. Bei anderen reizt sie die Neugierde gerade genug, um sich auf einen neuen Weg der Selbst-Erkundung einzulassen.

Ich will Ihnen gleich zu Anfang sagen, was Sie von diesem Buch erwarten können und was nicht:

- Dies ist *kein* wissenschaftliches Buch. Ich werde zwar von einigen neuesten wissenschaftlichen Erkenntnissen berichten, die uns unsere Beziehung zur Welt überdenken lassen, aber das Buch will und kann nicht dem Anspruch genügen, ein wissenschaftliches Fachbuch zu sein.

- Es ist auch *kein* wissenschaftlich überprüfter Fachaufsatz. Es wurde nicht von einem Gremium von Experten überprüft.

- Es *ist* jedoch ein gut recherchiertes, leserfreundliches Werk, in dem Experimente, Fallstudien, historische Fakten und persönliche Erfahrungen beschrieben werden, die eine stärkende Sicht unserer selbst in der Welt unterstützen.

- Es *ist* auch ein Beispiel für das, was erreicht werden kann, wenn wir die traditionellen Grenzen der Wissenschaft und Spiritualität überschreiten. Statt die Probleme unserer Zeit aus der Perspektive einer künstlich in Physik, Chemie oder Geschichte aufgeteilten Natur zu betrachten, will es eine Verbindung zwischen den besten wissenschaftlichen Erkenntnissen der Neuzeit und den zeitlosen Weisheiten des Altertums herstellen und daraus ein besseres Verständnis unserer Rolle im Leben entwickeln. Ich hoffe, dass die Anwendung dieses Verständnisses dazu beitragen wird, eine bessere Welt zu schaffen und zugleich mehr über uns selbst zu erfahren.

Dieses Werk wurde in der Absicht geschrieben, der Welt, in der wir oft dazu angeleitet werden, uns hoffnungslos und machtlos zu fühlen, eine starke Botschaft der Hoffnung und der Chancen zu vermitteln.

Wollen wir wirklich die Wahrheit wissen?

An einer anderen Stelle beschreibt Rumi die Merkwürdigkeit unserer Beziehung zur Wirklichkeit mit folgenden Worten: »Wir sind der Spiegel und das Gesicht im Spiegel. Wir sind das süße, frische Wasser und der Krug, aus dem es strömt.« Ähnlich wie Jesus uns daran erinnert hat, dass wir uns retten können, indem wir hervorbringen, was in uns ist, weist Rumi darauf hin, dass wir beständig die Wirklichkeit erschaffen (manchmal bewusst und manchmal unbewusst), während wir gleichzeitig das erleben, was wir bereits erschaffen haben. Mit anderen Worten: Wir sind der Künstler und die Kunst; wir haben die Macht, unser heutiges Leben zu verändern und unser morgiges Leben zu wählen.

Für manche Menschen bilden diese analogen Argumente eine erfrischend neue Art, die Welt zu sehen. Für andere erschüttern sie die Grundlagen alter Traditionen. Es passiert durchaus, dass Spitzenwissenschaftler nur zögerlich die Konsequenzen ihrer eigenen Forschungsergebnisse zugeben, wenn diese darauf hinweisen, dass wir tatsächlich machtvolle Schöpferwesen sind. Die Reaktion, die ich in meinen Vorträgen auf diesen Hinweis immer wieder erhalte, erinnert an einen klassischen Satz aus dem Film *Eine Frage der Ehre.*

In dem großen, 1992 gedrehten Drama spielt Jack Nicholson den Kommandeur Nathan Jessep aus Guantanamo Bay, der vor Gericht von Leutnant Daniel Kaffee (gespielt von Tom Cruise) hinsichtlich der mysteriösen Umstände befragt wird, unter denen ein Dienstmann auf seinem Stützpunkt ums Leben kam. Aufgrund seiner Überzeugung, dass die Anwesenden im Gerichtssaal mit seiner Antwort nicht umgehen könnten, spricht er die klassischen Worte: »Sie können die Wahrheit doch gar nicht ertragen!«

Vielleicht besteht die größte Herausforderung unserer Zeit einfach in dieser Frage: Können wir die Wahrheit ertragen, die wir selbst herausgefunden haben? Können wir mit ihr umgehen? Haben wir den Mut, zu akzeptieren, wer wir in diesem Universum sind, und die Rolle anzunehmen, die mit unserer Existenz einhergeht? Wenn wir diese Fragen bejahen, müssen wir auch die Verantwortung übernehmen, die das Wissen mit sich bringt, dass wir die Welt verändern können, wenn wir uns selbst verändern. Wir haben bereits gesehen, dass die weit verbreiteten Überzeugungen von Hass, Getrenntheit und Angst unsere Körper und unsere Welt schneller zerstören können, als wir uns je hätten träumen lassen. Vielleicht ist nicht mehr nötig, als dass wir die Art, wie wir uns selbst sehen, ein klein wenig verändern, um die Wahrheit zu erkennen – die Wahrheit, dass wir tatsächlich die Architekten unseres Universums sind. Wir sind kosmische Künstler, die ihre tiefsten Überzeugungen auf der Quanten-Leinwand des Universums zum Ausdruck bringen. Wie groß ist die Chance, dass wir die heutige und die zukünftige Welt verändern können, indem wir die zerstörerischen Überzeugungen unserer Vergangenheit in lebensbejahende Überzeugungen der Heilung und des Friedens verwandeln?

Wir brauchen über diese Frage nicht mehr lange nachzudenken. Neue Entdeckungen über die Macht der Überzeugungen weisen darauf hin, dass wir es bald herausfinden werden.

Gregg Braden
Taos, Neu-Mexiko, 2007

1

Eine neue Sicht der Wirklichkeit: Das Universum als Bewusstseinscomputer

>*Das Universum ist ein Quantencomputer. Die Geschichte des Universums ist letztendlich eine riesige und ständig fortlaufende Quanten-Berechnung.*«
>
> SETH LLOYD (GEB. 1960), PROFESSOR AM MASSACHUSETTS INSTITUTE OF TECHNOLOGY UND DESIGNER DES ERSTEN FUNKTIONSFÄHIGEN QUANTENCOMPUTERS

>*Vor langer Zeit schrieb der große Programmierer ein Programm, mit dem sein großer Computer alle möglichen Universen laufen lässt.*«
>
> JÜRGEN SCHMIDHUBER (GEB. 1963), PIONIER IM BEREICH DER KÜNSTLICHEN INTELLIGENZ

Wir leben unser Leben gemäß unseren Überzeugungen. Wenn wir über die Wahrheit dieser Aussage nachdenken, wird uns sofort klar: Jenseits all dessen, was wir in unserem Leben *tun* mögen, bilden unsere Überzeugungen, auf denen unser Tun beruht, die Grundlage all dessen, was wir schätzen, erträumen, *werden* und erreichen.

Von unseren morgendlichen Ritualen, mit denen wir täglich aufstehen, über die Technologien, die unser Leben bereichern, bis zu den Technologien, die Leben zerstören, beruhen unsere Lebensgewohnheiten, sozialen Rituale, religiösen Zeremonien und Zivilisationen auf dem, was wir für wahr halten. Unsere Überzeugungen geben unserem Leben Struktur. Doch jetzt mussten die gleichen Wissenschaften, die in der Vergangenheit unsere inneren Erfahrungen abgetan haben, feststellen, dass unsere Gefühle eine Kraft bilden, die sich auch in die Welt um uns herum erstreckt. Das entspricht dem Wissen, das uns alte spirituelle Lehren und Traditionen der Naturvölker schon immer vermittelt haben: Unsere Welt ist nicht mehr als ein Spiegel dessen, wovon wir überzeugt sind.

> **Realitäts-Code 2:** Die Grundlage unseres Lebens sind unsere Überzeugungen über die Welt, über uns selbst, unsere Fähigkeiten und unsere Begrenzungen.

Es wäre daher untertrieben, zu behaupten, dass unsere Überzeugungen für unser Leben eine wichtige Rolle spielen. Unsere Überzeugungen *sind* unser Leben! In ihnen beginnt das Leben und durch sie erhält sich das Leben. In den neuen Erkenntnissen der Quantenbiologie und der Quantenphysik übernimmt die Kraft der menschlichen Überzeugung immer mehr die Hauptrolle: von der Immunabwehr über den Hormonhaushalt und unsere Selbstheilungskräfte bis zu unserer Zeugungs- und Empfängnisfähigkeit.

☙❧

Wenn unsere Überzeugungen so viel Macht haben und unser Leben darauf beruht, was wir für wahr halten, dann ist die offensichtliche Frage: Woher kommen unsere Überzeugungen? Die Antwort mag Sie überraschen. Mit wenigen Ausnahmen entstehen unsere Überzeugungen aus dem, was uns die Wissenschaften, die Geschichte, die Religion, die Kultur und unsere Familien mitteilen. Anders gesagt: Die Essenz unserer Fähigkeiten und Begrenzungen beruht auf dem, was uns *andere Menschen* vermitteln. Das führt uns unweigerlich zur nächsten Frage:

Wenn unser Leben auf unseren Überzeugungen beruht:
Was ist, wenn diese Überzeugungen falsch sind?

Was ist, wenn wir unser Leben durch eine Brille unnötiger Beschränkungen und falscher Annahmen leben, die andere Menschen im Laufe von Generationen, Jahrhunderten, Jahrtausenden entwickelt haben? Historisch betrachtet wurde uns beigebracht, dass wir unbedeutende Lebens-Staubkörnchen seien, die – durch die »Gesetze« des Raums, der Atome und der DNS beschränkt – einen kurzen Augenblick der Zeit erfahren. Diese Weltsicht geht davon aus, dass wir während unserer kurzen Lebensspanne kaum eine Wirkung ausüben können und dass das Universum nicht einmal bemerken wird, wenn wir nicht mehr da sind. Es mag vielleicht hart klingen, aber diese Worte liegen nicht weit von dem entfernt, was vielen von uns beigebracht wurde. Genau diese Überzeugungen verleiten uns dazu, uns angesichts der Herausforderungen des Lebens klein und hilflos zu fühlen.

Was ist, wenn wir mehr als das sind? Sind wir möglicherweise äußerst mächtige Wesen? Was wäre, wenn wir über ein wundersames Potenzial verfügten, wenn wir mit Fähigkeiten in diese Welt geboren würden, die unsere kühnsten Träume übersteigen und die wir vergessen haben, weil uns der Schrecken über die Bedingungen dieser Existenz in einen ohnmächtigen, tranceartigen Zustand versetzt hat? Wie würde sich unser Leben verändern, wenn wir zum Beispiel entdeckten, dass wir mit der Macht geboren wurden, Krankheiten rückgängig zu machen? Oder dass wir uns für Frieden in der Welt *entscheiden* können, genauso wie für den Wohlstand in unserem Leben oder die Dauer unseres Lebens? Was wäre, wenn wir herausfänden, dass das Universum direkt von einer Kraft beeinflusst wird, die wir so lange vor uns selbst verborgen gehalten haben, dass wir sie vergaßen?

Eine so radikale Entdeckung würde alles verändern. Sie würde unser Selbstverständnis wandeln, unsere Auffassung vom Universum und unser Verständnis von unserer Rolle im Universum. Und genau das lassen die neuesten wissenschaftlichen Erkenntnisse vermuten.

Seit Jahrhunderten gab es Menschen, die sich weigerten, die überlieferten Begrenzungen zu akzeptieren, die das Leben in dieser Welt mit sich bringen soll. Sie weigerten sich, zu glauben, dass wir einfach auf unerklärliche Weise geboren werden. Und sie weigerten sich, zu akzeptieren, dass dieses wundersame Ereignis nur dem Erleben von Leiden, Schmerz und Einsamkeit dienen soll, bis wir auf genauso unerklärliche Weise diese Welt wieder verlassen.

Um ihr Verlangen nach einer höheren Wahrheit zu befriedigen, mussten sie sich über die Grenzen des Erlernten hinausbegeben. Sie zogen sich zurück, trennten sich von Freunden,

Familien und Gemeinschaften und ließen los – ließen alles los, was sie über diese Welt gelernt hatten. Und dann geschah etwas Kostbares und Wundervolles: Sie entdeckten eine neue Freiheit, die auch Möglichkeiten für andere eröffnete. Und es begann alles mit der Frage, die damals genauso viel Mut erforderte wie heute: Wäre es möglich, dass unsere Überzeugungen falsch sind?

In der folgenden Geschichte eines Yogis wird deutlich, dass es unsere absolute Hingabe an die Wahl ist, die uns die Freiheit entdecken lässt, in der wir uns wahrhaftig selbst erkennen. Meine persönliche Überzeugung ist jedoch, dass wir nicht in einer kalten, feuchten Höhle in der Wildnis leben müssen, um das herauszufinden. Meiner Ansicht nach beginnt persönliche Freiheit damit, wirklich wissen zu wollen, wer wir im Universum sind. Mit der verbindlichen Hingabe an diese Frage wird sich alles verändern: von unserem Selbstverständnis bis hin zu der Art, wie wir lieben. Es muss sich verändern, weil wir uns wandeln, wenn wir etwas wirklich und tief verstehen.

Es läuft immer wieder auf die Überzeugungen hinaus! Das mag zu einfach klingen, um wahr zu sein, aber ich glaube, dass das Universum genau so funktioniert.

Ein Wunder in Stein

Im 11. Jahrhundert unserer Zeit begann der große tibetische Yogi Milarepa (1052–1135), sich zurückzuziehen, um seinen Körper zu beherrschen. Dies währte bis zu seinem Tod. Milarepa hatte in jungen Jahren bereits viele wundersame yogische Fähigkeiten entwickelt. Zum Beispiel konnte er seinen Körper in den harten tibetischen Wintern mit »innerer Hitze« erwärmen.

Doch nachdem er seine Familie und Freunde durch Übergriffe von Dorfrivalen verloren hatte, wandte er seine Fähigkeiten an, um Rache und Vergeltung zu üben. Dabei tötete er viele und richtete großen Schaden an. Eines Tages erkannte er, dass er seine Gaben missbraucht hatte, und begann, nach höheren Erkenntnissen zu streben. Nach vielen Jahren des Lernens und Leidens und vielen Prüfungen zog er sich ganz von der Welt zurück und wurde zum Einsiedler. Er lebte völlig zurückgezogen und aß kaum etwas anderes als die Nesseln, die in der Nähe seiner Höhle wuchsen. Sein einziger menschlicher Kontakt waren ein paar Jäger und Pilger, die zufällig in die Nähe seiner Höhle kamen. Wer ihn gesehen hatte, berichtete von seinem erschreckenden Anblick.

Die wenige Kleidung, die er ursprünglich getragen hatte, war längst in Lumpen zerfallen, sodass er beinahe nackt war. Wegen der mangelhaften Ernährung war er bis aufs Skelett abgemagert und seine Haut und sein Haar hatten durch die ewige Nesselsuppe einen grünlichen Ton angenommen. Er sah aus wie ein lebendiger Geist. Doch die Entsagungen verhalfen ihm zu seinem Ziel der yogischen Meisterschaft. Bevor er 1135 starb, hinterließ Milarepa einen Beweis seiner Freiheit über die physische Welt in Form eines Wunders, das nach modernen wissenschaftlichen Maßstäben als unmöglich gelten würde.

Während einer Gruppen-Pilgerreise nach Tibet im Frühjahr 1998 besuchten wir Milarepas Höhle und das Wunder, das er hinterlassen hat. Ich wollte den Ort sehen, wo er die Gesetze der Physik überwand, um uns von unseren einschränkenden Überzeugungen zu befreien.

৪৩৫৪

Milarepas Höhle ist nicht leicht zu finden. Sie gehört nicht zu den Orten, an denen man zufällig vorbeikommt. Ich hörte von Milarepa zum ersten Mal in den Achtzigerjahren von einem Sikh-Mystiker, der mein Yogalehrer wurde. Jahrelang studierte ich das Leben dieses berühmten Yogis, der allem Weltlichen entsagt und das heilige Plateau in Zentraltibet bereist hatte, und befasste mich damit, was er dabei als hingebungsvoller Mystiker gelernt hatte. All dies hatte mich zu diesem Augenblick geführt: 19 Tage nach Beginn unserer Reise stand ich endlich an genau dem Ort in der Höhle, an dem auch er gestanden haben muss.

Ich betrachtete staunend die glatten schwarzen Wände und versuchte mir vorzustellen, wie es wäre, so viele Jahre an einem dermaßen kalten, dunklen und entlegenen Ort zuzubringen. Milarepa hatte im Laufe seines Lebens an etwa zwanzig verschiedenen Orten meditiert, aber in dieser Höhle hatte eine Begegnung mit einem Schüler stattgefunden, deren Spuren uns heute noch bewegen.

Um seine yogische Meisterschaft zu demonstrieren, vollführte Milarepa zwei Leistungen, die kein Skeptiker je erklären konnte: Zum einen konnte er seine Hand mit solcher Geschwindigkeit durch die Luft bewegen, dass es ein Dröhnen erzeugte, welches die ganze Höhle erbeben ließ. (Ich versuchte es selbst – ohne Erfolg.) Seine zweite Leistung aber war es, die mich endlich – nach 15-jähriger Wartezeit – dazu bewegt hatte, um die halbe Welt zu reisen und mich 19 Tage lang an die Höhe zu gewöhnen; ich wollte es mit eigenen Augen sehen.

Um seine Meisterschaft über die Beschränkungen der physischen Welt zu beweisen, hatte Milarepa seine offene Handfläche ungefähr auf Schulterhöhe an die Höhlenwand gelegt – und seine Hand in den Stein hineingedrückt! Der Fels wurde unter seinen Fingern weich und formbar. Der tiefe Handabdruck ist heute noch zu sehen. Der Schüler, der seinerzeit Zeuge dieses Ereignisses war, versuchte sich auch daran, doch es wird berichtet, dass er nicht mehr erreichte als die Frustration über eine verletzte Hand.

Ich öffnete meine Hand und legte sie in den Abdruck von Milarepa. Ich konnte spüren, wie sich meine Fingerspitzen der Krümmung anpassten, welche die Hand des Yogis vor vielen Jahrhunderten eingenommen hatte. Der Eindruck war gleichzeitig Ehrfurcht erweckend und inspirierend. Meine Hand passte so perfekt hinein, dass sich alle Zweifel an der Authentizität des Abdrucks in Luft auflösten. Ich musste an den Mann selbst denken, was er wohl erlebt hatte, als er sich mit dem Felsen verband. Was hatte er gedacht? Was hatte er gefühlt? Wie widerlegte er die Gesetze der Physik, denen zufolge zwei Dinge (der Stein und seine Hand) nicht denselben Ort einnehmen können?

Unser tibetischer Dolmetscher beantwortete meine Frage, bevor ich sie ausgesprochen hatte. »Er hat die Überzeugung«, sagte er trocken. »Der Geshe (großer Lehrer) glaubt zutiefst, dass er nicht von dem Felsen getrennt ist.« Ich war fasziniert davon, wie unser Führer aus dem 20. Jahrhundert über einen Yogi, der etwa 900 Jahre zuvor hier gelebt hatte, in der

Gegenwartsform sprach, als wäre er hier mit uns im Raum. »Seine Meditation lehrt ihn, dass er Teil des Felsens ist. Der Felsen kann ihn nicht begrenzen. Für den Geshe ist diese Höhle keine Wand, also kann er sich so bewegen, als existierte der Felsen nicht.«

»Hat er diesen Abdruck hinterlassen, um sich seine Meisterschaft zu beweisen?«, fragte ich.

»Nein«, antwortete Xjin-la. »Der Geshe hat es nicht nötig, sich selbst etwas zu beweisen. Er lebte viele Jahre lang in dieser Höhle, aber wir sehen nur einen Handabdruck.«

Ich schaute mich um. Der Führer hatte recht.

»Der Handabdruck im Stein ist nicht für den Geshe gewesen«, fuhr er fort. »Er war für den Schüler.«

Natürlich. Als Milarepas Schüler sah, dass sein Meister etwas tat, das eigentlich als unmöglich galt, half es ihm, seine Vorstellungen dessen, was möglich ist, zu erweitern. Er konnte die Meisterschaft seines Lehrers mit eigenen Augen sehen, und seine Erfahrung vermittelte seinem Verstand, dass er nicht an die »Gesetze« der Wirklichkeit gebunden war, die man damals für wahr hielt.

Als Zeuge dieses Wunders stand Milarepas Schüler vor dem gleichen Dilemma, vor dem jeder steht, der sich dafür entscheidet, sich von seinen eigenen Überzeugungen zu befreien. Er musste die persönliche Erfahrung des Wunders, das sein Lehrer vollbracht hatte, mit dem vereinbaren, was alle anderen um ihn herum glaubten.

Das Dilemma sieht folgendermaßen aus: Das Universum, das den Schüler in Form seiner Familie, Freunde und Zeitgenossen umgab, erwartete von ihm, dass er die Welt und alle Vorgänge und Funktionen auf eine bestimmte Weise sah. Dazu gehörte, dass die Felswand einer Höhle für das Fleisch des menschlichen Körpers ein Hindernis darstellt. Andererseits hatte der Schüler gerade erlebt, dass es für solche »Gesetze« offenbar Ausnahmen gab. Das Problem besteht darin, dass beide Arten, die Welt zu sehen, vollkommen richtig sind. Es hängt nur davon ab, wie die jeweilige Person die Welt sehen will.

Ich fragte mich, ob das Gleiche vielleicht auch in unserem heutigen Leben stattfindet. Der Vergleich mag angesichts unserer modernen wissenschaftlichen Erkenntnisse und fortschrittlichen Technologien weit hergeholt erscheinen, doch die Wissenschaftler unserer Zeit fangen an, eine ähnliche Ironie zu beschreiben. Statt in yogischen Wundertaten beschreiben sie in der Sprache der Quantenphysik, dass das Universum und alles, was darinnen ist, *durch die Kraft des Bewusstseins* so ist, wie es ist: durch unsere Überzeugungen und durch das, was wir in unserer Welt für wirklich halten.

Die Geschichte von den Ereignissen in Milarepas Höhle mag ein eindrucksvolles Beispiel dafür sein, wie ein Mann seine Beziehung zur Welt erforscht hat, doch heutzutage brauchen wir uns nicht mehr in Höhlen zurückzuziehen und Nesseln zu essen, bis wir grün werden, um diese Wahrheit zu entdecken. Die wissenschaftlichen Erkenntnisse der letzten 150 Jahre haben bereits gezeigt, dass eine Beziehung zwischen dem Bewusstsein, den Überzeugungen und der Realität existiert.

Sind wir bereit, diese Beziehung zu akzeptieren und die Verantwortung zu übernehmen, die damit einhergeht? Können wir das auf sinnvolle Weise in unser Leben integrieren? Die Zukunft wird zeigen, wie wir diese Fragen beantworten werden.

Wir wissen, dass es Dinge gibt, die wir nicht wissen

Im Juni 2002 äußerte sich Donald Rumsfeld in seiner Funktion als US-Verteidigungsminister auf einer Pressekonferenz im NATO-Hauptquartier in Belgien über die Situation der Nachrichtendienste und über die Informationsbeschaffung in der Welt nach dem 11. September 2001 mit den berühmten Worten: »Es gibt bekanntes Wissen: Es gibt Dinge, von denen wir wissen, dass wir sie wissen. Wir wissen auch, dass es bekanntes Unbekanntes gibt: Es gibt Dinge, von denen wir wissen, dass wir sie nicht wissen. Aber es gibt auch unbekanntes Unbekanntes: Dinge, von denen wir nicht wissen, dass wir sie nicht wissen.«[1] Diese auf den Kampf gegen den Terrorismus bezogenen Worte lassen sich auch auf den aktuellen Stand der wissenschaftlichen Erkenntnisse übertragen.

> **Realitäts-Code 3:** Die Wissenschaft ist eine Sprache – eine von vielen Sprachen, die beschreiben, wie wir, das Universum, unsere Körper und alles andere funktionieren.

So erfolgreich die Wissenschaft viele unserer tiefsten Mysterien beantwortet haben mag: Die großen Geister unserer Zeit sind sich doch einig, dass die Sprache der Wissenschaften unvollständig ist. In einem Leitartikel des Magazins *Nature* über die Tugenden der wissenschaftlichen Methoden aus dem Jahr 2002 wird erklärt, die Wissenschaft sei ihrem Wesen nach in ihren Erklärungen unvollständig – und sei diese auch noch so exakt und gründlich. Doch es wohnt ihr gewissermaßen ein Mechanismus der Selbstkorrektur inne, der sie von gelegentlichen Irrwegen wieder zurückführt.[2] Diese Korrektur kann manchmal jedoch Jahrhunderte dauern, wie die Debatte um die Frage zeigt, ob das Universum durch ein Energiefeld verbunden ist oder nicht.

Diese Beschränkung gilt nicht nur für einen einzelnen Zweig der Wissenschaft wie die Physik oder die Mathematik. Der Arzt und Dichter Lewis Thomas behauptete zum Beispiel im 20. Jahrhundert: »Im wirklichen Leben ist jedes Feld der Wissenschaft unvollständig.« Er führt die Lücken unseres Wissens auf die Jugend der Wissenschaften zurück, wenn er fortfährt: »Was auch immer in den letzten 200 Jahren [in vielen Wissenschaften] erreicht wurde, es sind doch erst die Anfangsstadien.«[3]

Zugegeben, es gibt große Lücken in unseren wissenschaftlichen Möglichkeiten, zu beschreiben, warum die Dinge so sind, wie sie sind. Zum Beispiel meinen die Physiker, erfolgreich die vier grundlegenden Kräfte der Natur und des Universums identifiziert zu haben: die Schwerkraft, den Elektromagnetismus sowie die starken und die schwachen nuklearen Wechselwirkungen. Wir wissen zwar genug über diese Kräfte, um sie in verschiedenen Technologien von Mikrochips bis zur Raumfahrt anzuwenden, aber wir wissen auch, dass wir noch ganz vieles nicht über sie wissen. Wir wissen das so sicher, weil es den Wissenschaftlern immer noch nicht gelungen ist, den Schlüssel zu finden, der alle diese vier Kräfte vereint zu einer einzigen Beschreibung der Art und Weise, wie unser Universum funktioniert: der einheitlichen Feldtheorie.

Neue Ansätze wie die Superstring-Theorie mögen uns zwar der Antwort näherbringen, aber eine wichtige Frage bleibt nach wie vor unbeantwortet. Die String-Theorien der Siebziger, die schließlich als Superstring-Theorie 1984 allgemeine Akzeptanz fanden, wurden vor über 20 Jahren entwickelt. Wenn diese Theorien wirklich funktionieren sollten, warum sind sie dann immer noch Theorien? Hunderte der besten Wissenschaftler und die größte Computerkraft der Menschheitsgeschichte sind am Werk, aber sie sind nicht in der Lage, mithilfe der Superstring-Theorie die vier Grundkräfte der Natur in einen einzigen Funktionszusammenhang zu bringen.

Dies war zweifellos eine der großen Enttäuschungen, die Einstein bis zu seinem Tod verfolgt haben. In einem Brief von 1951 gestand er seinem Freund Maurice Solovine seine Frustration: Die einheitliche Feldtheorie sei in den Ruhestand getreten, begann er; sie sei mathematisch so schwierig, dass er sie trotz all seiner Bemühungen nicht verifizieren konnte.[4]

Es überrascht vielleicht nicht, dass die heutige Wissenschaft nicht alle Antworten bereithält. Die Entdeckungen in der Quantenwelt haben im letzten Jahrhundert zu einer radikal neuen Art geführt, uns selbst und das Universum zu betrachten. Es widerspricht allem, was uns die Wissenschaft während der letzten 300 Jahre beigebracht hat. Anstatt auf dem Altbekannten aufzubauen, mussten die Wissenschaftler ihre Annahmen neu überdenken. In gewisser Weise müssen wir hinsichtlich unseres Verständnisses vom Universum wieder ganz von vorne anfangen. Zu den größten Veränderungen zählt dabei die Erkenntnis, dass die Materie selbst, der Stoff, aus dem alles besteht, nicht so existiert, wie wir immer meinten.

Statt uns das Universum als etwas vorzustellen, das aus »Dingen« wie Atomen besteht, die voneinander getrennt sind und relativ wenig Auswirkungen auf andere Dinge haben, meint die Quantentheorie, das Universum und unsere Körper bestünden aus sich ständig verändernden Energiefeldern. Diese Felder stehen miteinander in Wechselwirkung und erzeugen so unsere Welt auf eine Weise, die sich eher als Möglichkeiten denn als Sicherheiten beschreiben lässt. Das ist wichtig, weil wir Teil dieser Energien sind, die in Wechselwirkung miteinander stehen. Wenn wir uns dieser Tatsache bewusst sind, verändert sich alles.

Wenn wir verstehen, dass wir in einen Tanz der Energien eingebunden sind, der die gesamte Schöpfung umfasst, verändert diese Erkenntnis unser Selbstverständnis. Unser Verständnis des Universums – und wie es funktioniert – wandelt sich. Vor allem jedoch verändert die Erkenntnis unsere Rolle: Statt passive Beobachter zu bleiben, werden wir zu mächtigen Wirkkräften, die aus dem gleichen Stoff bestehen wie alles um sie herum. Und auch unsere Auffassung, wo dieser Stoff herkommt, verändert sich rapide.

Teilchen, Möglichkeiten und Bewusstsein: Ein kurzer Blick auf die Quanten-Wirklichkeit

In Newtons mechanischem Weltbild besteht das Universum aus Teilchen, deren Verhalten zu jedem Zeitpunkt vorhersehbar ist. Sie bewegen sich wie Billardkugeln. Wenn wir wissen, mit welcher Kraft eine Kugel auf eine andere trifft, in welcher Geschwindigkeit, aus welchem Winkel usw., dann sollten wir voraussagen können, wie sich das getroffene Objekt verhalten wird. Und das Gleiche gilt für andere Kugeln, welche die Kugel auf ihrer Bahn trifft. Der entscheidende Punkt hierbei ist, dass aus mechanischer Sicht die kleinste Einheit des Stoffes, aus dem unser Universum besteht, als »Ding« existiert.

Die Quantenphysik sieht das Universum anders. In den letzten Jahren haben die Wissenschaftler eine Technologie entwickelt, mit der sie die merkwürdigen und manchmal wundersamen Verhaltensweisen der Quantenenergien dokumentieren können. Zum Beispiel:

- Quantenenergie kann in zwei unterschiedlichen Zuständen existieren: als sichtbares Teilchen oder als unsichtbare Welle. Die Energie ist in beiden Fällen vorhanden, nur in unterschiedlicher Form.

- Ein Quantenteilchen kann sich an einem Ort aufhalten oder gleichzeitig an zwei Orten oder sogar an vielen Orten gleichzeitig. Das Interessante daran ist: Wie weit sie auch voneinander entfernt zu sein scheinen, sie verhalten sich, als wären sie unmittelbar miteinander verbunden.

- Quantenteilchen können mit sich selbst in der Vergangenheit und in der Zukunft kommunizieren. Die Idee von Vergangenheit, Gegenwart und Zukunft spielt für sie keine Rolle. Ein Quantenteilchen lebt ganz im Hier und Jetzt.

Diese Dinge sind wichtig, weil wir aus den gleichen Quantenteilchen bestehen, die unter den richtigen Umständen ein so wundersames Verhalten an den Tag legen. Die Frage lautet: Wenn Quantenteilchen nicht an die uns bekannten »Naturgesetze« gebunden sind und wir aus eben diesen Teilchen bestehen, können wir dann auch derart Wundersames vollführen? Anders gesagt: Zeigt das, was manche Wissenschaftler als »anormales« Verhalten bezeichnen, lediglich unsere wissenschaftlichen Grenzen und stellt vielmehr einen Hinweis auf etwas anderes dar? Könnte uns die Freiheit von Zeit und Raum, die uns diese Teilchen vorführen, auf eine Freiheit hinweisen, die uns ebenfalls möglich ist?

Nach all den Forschungsergebnissen, Dokumentationen und direkten Erfahrungen jener, die die Grenzen ihrer Überzeugungen überschritten haben, muss ich diese Fragen mit einem klaren »Ja« beantworten.

Realitäts-Code 4: Wenn die Teilchen, aus denen wir bestehen, unmittelbar miteinander kommunizieren, sich an zwei Orten gleichzeitig aufhalten und sogar die Vergangenheit durch Entscheidungen in der Gegenwart verändern können, dann können wir das auch.

Der einzige Unterschied zwischen jenen isolierten Teilchen und uns ist, dass wir aus vielen Teilchen bestehen, die durch den geheimnisvollen Stoff miteinander verbunden sind, den wir als »leeren Raum« bezeichnen. Die neueste wissenschaftliche Anerkennung dieser merkwürdigen Form von Energie hat uns noch mal in ein neues, beinahe ganzheitliches Selbst- und Weltverständnis katapultiert.

ॐ ☙❧

1944 schockierte Max Planck, der allgemein als der Vater der Quantenphysik gilt, die Welt, indem er behauptete, dass es einen »Urgrund« gebe, eine Art Matrix, die unserer physischen Welt zugrunde liegt.[5] Sie besteht aus reiner Energie, in der alles seinen Anfang nimmt: die Geburt von Sternen und unsere DNS, unsere Beziehungen, der soziale Frieden bis hin zu persönlicher Heilung. Die Bereitschaft, die Existenz dieser Matrix allgemein wissenschaftlich anzuerkennen, ist so neu, dass es nicht einmal eine einhellige Bezeichnung dafür gibt.

Manche nennen sie einfach »das Feld«, andere sprechen vom »Quantenhologramm« oder von dem beinahe spirituell anmutenden »Geist Gottes« oder »Geist der Natur«. In meinem 2007 erschienenen Buch, in dem ich die Geschichte und die Beweisführung dieses Feldes erläutert habe, bezeichnete ich es im Hinblick auf seine Verbindung von Wissenschaft und Spiritualität als die »göttliche Matrix«. Der experimentelle Beweis, dass Plancks Matrix wirklich existiert, bildet das »missing link«, das nun unsere spirituellen Erfahrungen des Glaubens, der Vorstellungskraft und des Gebets mit den Wundern verbindet, die wir in der Welt um uns wahrnehmen können.

Plancks Worte haben unser Verständnis unserer selbst, unserer Welt und unserer Rolle im Universum verändert. Sie weisen darauf hin, dass wir sehr viel mehr sind als reine Beobachter eines kurzen Augenblicks einer ohnehin existierenden Schöpfung. Die Experimente haben gezeigt, dass wir durch jene Verbindung, durch die alles miteinander in Kontakt steht, eine direkte Wirkung auf die Wellen und Teilchen unseres Universums haben. Das Universum reagiert auf unsere Überzeugungen. Die Frage, ob wir uns als passive Beobachter oder als mächtige Schöpfer betrachten, wird von den großen Geistern unserer Zeit heiß umstritten. Die Konsequenzen dieses Konzepts sind überwältigend.

In seinen autobiografischen Aufzeichnungen äußerte sich Albert Einstein dazu, wie wenig Wirkung wir auf das Universum als Ganzes haben und dass wir von Glück sagen können, wenn wir nur einen kleinen Ausschnitt davon begreifen. »Wir leben in einer Welt, die unabhängig von uns Menschen existiert und wie ein großes, ewiges Rätsel vor uns steht, welches unserem Einblick und unserem Denken nur in Teilen zugänglich ist.«[6]

Im Gegensatz zu Einsteins Sicht der Dinge, der sich auch heute noch viele Wissenschaftler anschließen, sieht der Princeton-Physiker und Kollege von Einstein, John Wheeler, unsere Rolle in der Schöpfung ganz anders. In deutlichen Worten erklärt er, seine Studien hätten ihn zu der Überzeugung geführt, dass wir in einem Universum leben, in dem das Bewusstsein nicht nur wichtig ist, sondern sogar schöpferisch wirkt – dass wir also »Teilnehmer« dieses Universum sind.

Wheeler fügt erläuternd hinzu: »Wir können uns gar kein Universum vorstellen, in dem es nicht irgendwo für eine gewisse Zeit Beobachter gibt, denn der Akt der teilnehmenden Beobachtung ist der Grundbaustein des Universums.«[7]

Welch eine Veränderung! Es ist nach Wheeler also unmöglich für uns, die Welt um uns herum einfach zu beobachten. Wir können niemals nur Beobachter sein, weil allein das Betrachten des Stoffes, aus dem alles besteht, ein Schöpfungsakt ist. Wenn wir beobachten, erschaffen und verändern wir das, was wir betrachten. Manchmal ist die

Wirkung fast nicht zu bemerken. Aber manchmal auch doch, wie wir in späteren Kapiteln noch erläutern werden. Die Entdeckungen des letzten Jahrhunderts weisen jedoch darauf hin, dass allein unser Beobachten bereits ein schöpferischer Akt ist. Und das, was schöpferisch wirksam wird, ist unser Bewusstsein!

Diese Erkenntnisse scheinen Wheelers Annahme zu bestätigen, dass wir uns nicht mehr als reine Zaungäste verstehen können, die nur eine vorüberziehende Welt betrachten. Wenn wir das Leben anschauen – unseren spirituellen und materiellen Wohlstand, unsere Beziehungen und Karrieren, unsere größten Lieben und höchsten Leistungen und auch unsere größten Niederlagen und Mängel –, dann schauen wir direkt in den Spiegel unserer tiefsten und häufig unbewusstesten Überzeugungen.

Architekten des Lebens

Mittels unserer Überzeugungen sind wir die Brücke zwischen all dem, was wir uns je erträumen könnten und der Realität. Die Macht dessen, was wir in Bezug auf uns selbst für wahr halten, lässt unsere höchsten Bestrebungen und unsere kühnsten Träume zu der Wirklichkeit werden, aus der unser Universum besteht. Und wenn uns das Universum wie ein unvorstellbar großer Ort erscheint, dann können wir einfach bei uns selbst und unserer alltäglichen Welt beginnen.

Denken Sie an Ihre Beziehung zu dem Raum, in dem Sie sitzen, oder zu dem Auto, das Sie fahren. Fragen Sie sich: Welche Rolle habe ich dabei gespielt, dass ich jetzt hier bin? Wie bin ich zu genau diesem Zeitpunkt an genau diesen

Ort gelangt? Und dann sinnen Sie darüber nach, wie Zeit, Raum, Energie und Materie alle auf geheimnisvolle Weise zusammengespielt haben, um Sie in genau diesen Augenblick zu führen, und überlegen Sie dann, ob es sich dabei um einen reinen Zufall handeln kann.

Sind Sie einfach ein Staubkörnchen, in dem sich Biologie, Energie und Materie zufällig in diesem Augenblick getroffen haben? Wenn Sie ernsthaft glauben, dass Sie mehr sind als ein zufälliges Zusammentreffen von Zeit, Raum und Energie, meinen Sie dann wirklich, Sie würden in einer Welt so vieler Quantenmöglichkeiten leben, ohne die Chance, aus diesen Möglichkeiten zu wählen?

Wenn wir tatsächlich eine wichtige Rolle dabei spielen, wie unsere alltägliche Wirklichkeit aussieht, dann stehen wir mit der Essenz des Universums irgendwie in Wechselwirkung. Dabei gilt es, das Folgende anzuerkennen:

Realitäts-Code 5: Unsere Überzeugungen haben die Macht, den Gang der Ereignisse im Universum zu beeinflussen, ja Zeit, Raum und Materie sowie die Ereignisse, die sich in Zeit und Raum abspielen, buchstäblich zu unterbrechen und umzulenken.

Wenn wir uns für eine neue Arbeit oder eine neue Beziehung entscheiden, wenn wir eine Krankheit heilen oder das Gegenteil von all dem tun wollen, schreiben wir den Code der Wirklichkeit um. Denken wir an die Auswirkungen aller Entscheidungen, die wir in jedem Moment des Tages treffen, wird deutlich, wie auch unsere scheinbar unbedeutenden Entscheidungen weit über unser persönliches Leben hinaus wirksam werden können. In einem Universum, in dem jede Erfahrung auf dem Ausgang der vorherigen aufbaut, ist klar, dass jede einzelne Erfahrung wesentlich und notwendig ist. Es gibt keine vergeblichen Entscheidungen, weil jede Erfahrung nötig ist. Jede muss stattfinden, damit die nächste folgen kann.

Plötzlich gewinnt unsere Entscheidung, jemandem zu helfen, der den Weg verloren hat, oder unseren Ärger zu verstehen, bevor wir ihn an jemandem auslassen, der gar nichts dafür kann, eine neue Bedeutung. Jede Entscheidung setzt etwas in Bewegung, das nicht nur auf uns selbst zurückwirkt, sondern auch auf den Rest der Welt.

Denken Sie an all die Dinge, die seit Ihrer Geburt geschehen mussten, damit Sie heute genau an diesem Platz sein können, an dem Sie jetzt sind. Denken Sie an die vielen hundert Millionen von Sternenstaubteilchen, die bei der Geburt unseres Universums entstanden sind. Denken Sie darüber nach, wo sich diese Teilchen befanden und wie sie all die Zeit auf genau die richtige Weise zusammengekommen sind, damit Sie zu dem werden konnten, der Sie heute sind. Dabei wird unübersehbar klar, dass irgendetwas, irgendeine intelligente Kraft, diese Teilchen zusammenhält, aus denen Sie jetzt, in diesem Augenblick bestehen.

Diese Kraft ist es, die unseren Überzeugungen Macht verleiht. Wenn wir mit dieser Kraft kommunizieren können, dann können wir Einfluss auf das Verhalten der Teilchen nehmen, die uns ausmachen. Dann können wir den Code unserer Realität umschreiben.

Immer mehr anerkannte Wissenschaftler vergleichen unser Universum inzwischen mit einer riesigen, unglaublich alten

Computersimulation – einer wirklichen, virtuellen Realität. In diesem Vergleich kann man sich unsere alltägliche Welt wie eine Simulation des »Holodecks« in der Fernsehserie *Star Trek* vorstellen. Es ist eine Erfahrung, die in dem Behältnis einer größeren Wirklichkeit erzeugt wird, um zu lernen, die Bedingungen dieser Wirklichkeit zu meistern.

Denken wir auf diese Weise noch einen Schritt weiter: Wenn wir die Regeln dieses alten und fortwährenden Wirklichkeitsprogramms verstehen, dann wissen wir auch, wie wir die Zustände der Angst, des Kriegs und der Seuchen verändern können, die uns in der Vergangenheit so viel Leid zugefügt haben. Mit dieser Art des Denkens gewinnt alles eine neue Bedeutung. Diese Ideen mögen nach Spekulation und Science-Fiction klingen, doch sie sind nur eine mögliche Konsequenz unseres neuen Verständnisses von uns selbst und vom Universum.

Doch kehren wir zunächst zu der Idee der Wirklichkeit als ein Programm zurück. Wie kann etwas so Großes wie das Universum der Output eines Computers sein?

Das Universum als Bewusstseinscomputer

In den Vierzigerjahren des 20. Jahrhunderts hatte Konrad Zuse, der als einer der Erfinder der ersten Computer gilt, eine bahnbrechende Idee, wie das Universum funktionieren könnte. Während er die Programme für seine ersten Maschinen entwickelte, entstand in ihm ein völlig neuer Blick auf unsere Rolle in der Schöpfung.

Zuse fragte sich, ob vielleicht das ganze Universum wie ein großer Computer funktioniert, mit einem Code, der alles ermöglicht. Oder ob vielleicht eine Art kosmischer Rechenmaschine kontinuierlich das Universum und alles, was darinnen ist, erschafft. *Leben wir also in einer virtuellen Wirklichkeit, die von einem riesigen Computer aus Quantenenergie erzeugt wird?*[8] Die Konsequenzen aus dieser Frage reichen von unseren Vorstellungen über die Entwicklung des Lebens bis zur Grundlage unserer Religionen. Der äußerst populäre Film *Matrix* hat diese Ideen im Jahr 1999 auf seine Weise weitergeführt.

Zuse war seiner Zeit offensichtlich voraus. Dreißig Jahre später verfolgte er die Ideen weiter in seinem Buch *Rechnender Raum* und setzte damit die Ereignisse in Bewegung, die zu einem revolutionären Umbruch unserer Sicht der Wirklichkeit führten. Bei der Beschreibung seines Werdegangs geht Zuse darauf ein, wie er die Verbindung zwischen den Maschinen, die er baute, und der Maschinerie des Universums herstellte. »Während ich über die Kausalität nachdachte [die Beziehung zwischen dem, was geschieht, und der Ursache dieses Geschehens], hatte ich plötzlich die Idee, den Kosmos als gigantische Rechenmaschine zu betrachten«[9] (Einfügung vom Autor).

Aus dieser Sicht ist alles im Universum Information: Felsen, Bäume, Meer, jeder einzelne Mensch. Informationen können das Ergebnis eines Prozesses sein, also kann auch das Universum das Ergebnis eines sehr großen Programms sein, das vor langer Zeit begann. Zuse fragte sich, wie so etwas möglich sein könnte. Anders als uns heute, stand ihm noch nicht die Technologie zur Verfügung, um seine Theorien zu überprüfen.

In den letzten Jahren haben neue Entdeckungen die

Wissenschaftler zu Zuses Fragen zurückgeführt. Immer mehr denken inzwischen darüber nach, ob wir vielleicht in einer virtuellen Wirklichkeit leben. Dann wären das Universum und alles, was darin ist, genau so und genau an diesem Platz, weil es von etwas im kosmischen Computerprogramm dorthin gestellt wurde. Das würde bedeuten: Wir leben in einer digitalen Wirklichkeit, in der alles aus *Informationen* besteht und nicht aus *Dingen*.

> **Realitäts-Code 6:** Wie wir im Computer eine wirkliche Situation so simulieren können, dass sie real wirkt, könnte auch das Universum selbst der Output einer riesigen, uralten Computersimulation sein – eines Programms, das vor sehr, sehr langer Zeit in Gang gesetzt wurde. Wer den Code dieses Programms kennt, durchschaut dann auch die Regeln, nach denen die Wirklichkeit funktioniert.

2006 führte Seth Lloyd, der den ersten benutzbaren Quantencomputer entwickelte, die Idee eines digitalen Universums noch einen Schritt weiter. Aufgrund seiner Forschungen auf dem Gebiet der digitalen Physik ließ er nur noch wenig Zweifel daran, wie er unsere Wirklichkeit sieht. »Die Geschichte des Universums ist eigentlich eine riesige, kontinuierliche Quantenberechnung«, stellt er fest.[10] Statt einen Vergleich zwischen unserem Universum und einem Quantencomputer herzustellen, konfrontiert er uns mit der radikalsten Beschreibung der Wirklichkeit, die wir in den letzten 2000 Jahren entwickelt haben, wenn er sagt: »Das Universum *ist* ein Quantencomputer.«[11] Aus Lloyds

Perspektive ist alles, was es gibt, der Output eines universellen Computers. »Die Wirklichkeit entfaltet sich mit dem Fortschreiten der Berechnungen«, erklärt er.[12]

Enorm! Zuerst kann uns bei dem Gedanken, was das bedeuten würde, schwindelig werden. Doch wenn wir ein wenig genauer hinschauen, tief durchatmen, uns zurücklehnen und die Idee auf uns wirken lassen, erscheint sie durchaus sinnvoll. Der Vergleich zwischen den Atomen der uns bekannten Welt und den Informationen eines Computers funktioniert einfach zu gut.

Atome als Daten

Wenden wir uns zunächst dem zu, was wir über Computer wissen. Wie klein oder groß, wie simpel oder wie komplex sie auch sein mögen: Jeder Computer verwendet eine Sprache. Die Computer, die wir in unserem Alltag gewöhnlich benutzen, arbeiten mit einer auf Zahlenmustern beruhenden Sprache, den sogenannten Bits. Ein Bit ist die Abkürzung für »binary digit« (Binärziffer). Binärziffern bedeuten einfach, dass alle Informationen in Mustern von 1 und 0, also »An« und »Aus«, codiert sind, einer Abkürzung für all die Polaritäten, aus denen dieses Universum besteht. Weil es in der Polarität nur zwei Möglichkeiten gibt, wird diese Sprache »binär« genannt. In einer ganz grundlegenden Vorstellung von Materie und Energie repräsentiert diese Sprache alles: Materie und Antimaterie, Positiv und Negativ, Ja und Nein, Männlich und Weiblich. Im binären Code repräsentiert 1 »An« und 0 »Aus«. So simpel ist das.

Die binäre Sprache beruht auf einer sehr einfachen Idee,

doch sie ist vielleicht die machtvollste Sprache unseres Universums. Sie repräsentiert, wie die Dinge zu sein scheinen: entweder sie sind – oder sie sind nicht. Diese Sprache ist universell. So erstaunlich es auch klingen mag: Von den Computern, die unsere Astronauten zum Mond bringen, bis zum Computer in Ihrem Auto, der meldet, dass ein Ölwechsel ratsam ist, arbeiten alle Computer mit einem Code, der auf verschiedenen Kombinationen von 1 und 0 basiert.

Dieser Code gilt als so universell, dass die NASA ihn verwendete, um die Botschaft zu verfassen, mit der die Pioneer 10 im Jahr 1972 in den Weltraum geschickt wurde. Man stellte sich Folgendes vor: Falls irgendein intelligentes Leben die fußballgroße Sonde je finden sollte, könnte der binäre Code mitteilen, dass wir Menschen eine Spezies sind, die versteht, wie das Universum funktioniert.

1983 wurde die Pioneer 10 das erste auf der Erde künstlich hergestellte Objekt, das an Pluto vorbeiflog und unser Sonnensystem verließ. Die letzten, schwachen Signale wurden am 22. Januar 2003 aufgefangen. Seitdem fliegt das kleine Gerät immer weiter in die Tiefe des Weltalls. Auch wenn ihre Antriebskraft im Lauf der letzten 35 Jahre nachgelassen hat, geht man davon aus, dass die Pioneer 10 weiter auf dem Weg in Richtung des Sterns Aldebaran ist, wo sie in ungefähr 10 Millionen Jahren ankommen würde. Falls dem so wäre, überbrächte sie eine Grußkarte der Erde, verfasst in der universellen Sprache des binären Codes.

Es sieht so aus, als arbeite der Computer des Universums genauso mit Bits wie jeder unserer gewöhnlichen Computer. Seine Bits bestehen jedoch nicht aus 1 und 0, sondern aus dem

Stoff, aus dem alles besteht: aus Atomen. Die Atome unserer Wirklichkeit existieren entweder als Materie oder nicht. Sie sind entweder hier oder nicht hier, »an« oder »aus«.

> **Realitäts-Code 7:** Wenn wir uns das Universum als Programm vorstellen, repräsentieren die Atome die Informationsbits eines gewöhnlichen Computers. Sie sind entweder »an«, existieren also als physische Materie, oder sie sind »aus« und existieren als unsichtbare Wellen.

Seth Lloyd erzählte kürzlich in einem Interview von einem Gespräch mit seiner Tochter über die Idee, das Universum als Ansammlung von Bits statt von Atomen zu betrachten. Nachdem er ihr erklärt hatte, wie es möglich ist, das Universum zu programmieren, erwiderte seine Tochter: »Nein, Daddy, alles besteht aus Atomen, außer das Licht.«[13] In gewisser Hinsicht hat sie vollkommen recht. Lloyd bestätigte es ihr, aber er wies auch auf eine andere Perspektive hin. »Richtig, Zoey«, begann er, »aber diese Atome sind auch Informationen. Du kannst dir Atome als Bits vorstellen, die Informationen enthalten, oder du kannst dir Informations-Bits vorstellen, die Atome enthalten. Du kannst beides nicht voneinander trennen.«[14]

Frage: Was berechnet das Universum?
Antwort: Sich selbst

In einem anderen Interview über Bewusstsein als Information und was das bedeuten könnte, wurde Lloyd gefragt, was denn der Sinn und Zweck eines so gigantischen

Computers sein könnte. Was berechnet das Universum? Lloyds Antwort auf die Frage erinnert an die weisen Worte, die man nach wochenlangem Trekking über die verschneiten Höhen des Himalajas von Mönchen abgelegener Klöster zu hören bekommen mag:

»Das Universum berechnet sich selbst«, erwiderte er. »Es berechnet den Fluss des Orangensafts, den Sie gerade trinken, genauso wie die Position jedes Atoms in Ihren Zellen.«[15] Zunächst könnte man meinen, dass der Zusammenstoß eines Atoms mit einem anderen für unser Leben keine so bedeutende Rolle spielt. Es findet schließlich dauernd irgendwie statt, stimmt's? Kann sein. Kann auch nicht sein.

Wir müssen Lloyds Aussage noch mal überdenken. Sie erinnert uns daran, wie der von Lloyd so genannte »Tanz der Materie und des Lichts« so machtvoll war, unser Universum mitsamt allem, was darinnen ist, zu erzeugen. Er beschreibt, wie das einfache Zusammentreffen von genau dem richtigen Atom mit genau den richtigen anderen Atomen alles beeinflussen kann, und fährt fort: »Alle Interaktionen zwischen Partikeln im Universum übertragen nicht nur Energie, sondern auch Information – oder anders gesagt: Partikel kollidieren nicht nur, sie kalkulieren. Mit fortschreitender Kalkulation entfaltet sich die Wirklichkeit.«[16] Aus dieser Sicht der Dinge sind wir das Produkt von Energie, Bewegung und Materie in Kontakt mit Materie – im wahrsten Sinne des Wortes das Produkt eines kosmischen Tanzes.

Auf ähnliche Weise begriff bereits in den Achtzigerjahren John Wheeler das Universum als Information. »Alles, jedes Teilchen, jedes Kraftfeld, selbst das Raum-Zeit-Kontinuum bezieht seine Funktion, seine Bedeutung, seine eigentliche

Existenz vollständig aus binären Entscheidungen, aus Bits. Was wir Wirklichkeit nennen, entsteht aus lauter Ja-/Nein-Fragen.«[17] Wheeler ging also davon aus, dass die »Dinge«, aus denen das Universum und das Leben bestehen, letztendlich Informationen sind, winzige Körnchen von Polarität. Alles beruht auf Plus und Minus.

Wie funktioniert unser virtuelles Universum?

Wenn die Teilchen unseres Universums wie die Informations-Bits eines Computers funktionieren, wie Wheeler und Lloyd meinen, dann muss unsere Frage nicht mehr lauten: Was würde das bedeuten?, sondern: Was bedeutet es? Und wir werden sehen, dass es ziemlich wahrscheinlich ist, dass wir wirklich in einer Art simulierter Realität leben.

Wir wollen diesen Gedankengang weiterverfolgen. Können wir in dieser simulierten Wirklichkeit Zugang haben zu dem Code, der alles ermöglicht? Können wir das Programm des Lebens, der Heilung, des Friedens und der alltäglichen Wirklichkeit »upgraden«, genauso wie wir den Code unserer Internetverbindung oder unseres Rechners »upgraden«? Diese Ideen eröffnen höchst interessante Möglichkeiten.

Aus dieser Sicht wären Wunder einfach Programme, welche die »Grenzen« der bekannten Wissenschaften umgehen, und die Unglücksfälle oder bizarren Ereignisse, die eben manchmal zu geschehen scheinen, entstünden durch gelegentliche Störungen im Programm. Solche Fragen führen zu immer tieferen Fragen und zu Geheimnissen, die wir wahrscheinlich nicht so schnell lüften werden.

- Wer ist der Programmierer, der die kosmische Computersimulation in Gang gesetzt hat?

- Hat die Idee eines kosmischen Architekten etwas mit unseren Vorstellungen von Gott zu tun?

- Wie lange läuft dieser Bewusstseinscomputer schon?

- Was bedeuten der Anfang und das Ende des Lebens und der Zeit in diesem Zusammenhang?

- Wenn wir sterben, verlassen wir dann einfach unsere Simulation und existieren in einem Bereich außerhalb unserer virtuellen Wirklichkeit weiter?

Interessante Überlegungen – aber es liegt nicht im Bereich der Möglichkeiten dieses Buches, ihnen gerecht zu werden. Es gibt jedoch eine weitere Frage, die helfen könnte, die Geheimnisse der anderen Fragen zu klären: Wie funktioniert das alles?

Wie bereits gesagt, könnten wir uns 100 Jahre lang damit befassen, wie das Universum erschaffen wurde, und könnten höchstwahrscheinlich immer noch nicht alle Fragen beantworten. Natürlich sind solche Studien sinnvoll, aber sie helfen uns wenig, mit den drängenden Problemen unserer Zeit umzugehen. Angesichts der Gefahr eines neuen Weltkriegs, in dem auch atomare Waffen eingesetzt werden könnten, angesichts neuer Seuchen, deren Erreger sich nicht von unserem medizinischen Arsenal beeindrucken lassen, angesichts der Dürren und Hungersnöte, die durch plötzliche klimatische

Wechsel entstehen, haben wir voraussichtlich nicht mehr 100 Jahre lang Zeit, um alle Geheimnisse zu erforschen, bevor wir aktiv werden.

Ganz offensichtlich müssen wir jetzt schon anwenden, was wir über unser Universum wissen, um mit den Problemen umzugehen, die unser Überleben und unsere Zukunft bedrohen. Alles beginnt damit, dass wir unseren kosmischen Überzeugungs- bzw. Realitäts-Code verstehen. Wenn wir die Sprache dieses Codes durchschauen, können wir sie in allen Bereichen unseres Lebens einsetzen: bei der Heilung von Krankheiten, für erfolgreiche Beziehungen zwischen Individuen – bis hin zur friedlichen Koexistenz von Nationen.

Die Vorstellung, unser gesamtes Universum sei ein fortlaufendes Computerprogramm, ist so enorm, dass sie fast nicht zu begreifen ist Es hätte so viele Konsequenzen, dass man kaum weiß, wo anfangen. Doch ein neuer Wissenschaftszweig kann uns da weiterhelfen. Vielleicht ist alles viel einfacher, als wir es uns denken.

Aus ein paar guten Mustern ein ganzes Universum

Die Wissenschaften der letzten 300 Jahre führten unausweichlich zu einer Erkenntnis über unsere alltägliche Welt: Alles besteht aus dem gleichen Stoff. Vom Sternenstaub bis zu unserem eigenen Körper: Alles, was »ist«, entspringt einer riesigen Ursuppe aus Quantenenergie (dessen, was »sein könnte«). Und wenn es in Erscheinung tritt, tut es das unweigerlich in bestimmten, vorhersehbaren Mustern, die den Regeln der Natur entsprechen. Das Wasser ist ein hervorragendes Beispiel dafür.

Wenn sich zwei Wasserstoffatome mit einem Sauerstoffatom verbinden und ein Wassermolekül bilden, dann ist das Muster der Verbindung zwischen den Atomen immer gleich. Sie bilden immer den gleichen Winkel von 104 Grad. Dieses Muster ist zuverlässig. Deswegen ist Wasser immer Wasser.

Es geht um Muster.

Wenn wir das Geheimnis ergründen wollen, wie das Universum als gigantischer Computer funktioniert, müssen wir danach fragen, wie die Energie des Universums Muster erzeugt. An dieser Stelle verwischt sich die Grenze zwischen unserer alltäglichen Welt und den esoterischen Beschreibungen des Universums ein wenig. Als Konrad Zuse anfing, sich das Universum als Computer vorzustellen, sann er darüber nach, dass es ähnlich wie der Computer in seinem Labor zu funktionieren schien. Die Ähnlichkeit ließ ihn vermuten, dass nicht nur die Funktionen ähnlich seien, sondern auch die Art, Informationen zu verarbeiten. Und so suchte er im Universum nach Äquivalenten für die Funktionen seines Computers.

Da ein Bit die kleinste Informationseinheit seines Computers war, hielt er das Atom als kleinste Einheit der Materie für das Äquivalent. Aus dieser Perspektive besteht alles, was wir im Universum sehen, fühlen und berühren können, aus Atomen im »An«-Zustand. Die Atome, die wir nicht sehen, die sich in einem unsichtbaren (virtuellen) Zustand befinden, sind im »Aus«-Zustand.

Wie das Axiom »Wie oben, so unten – und wie unten, so oben« darauf hinweist, dass die Umlaufbahnen eines Elektrons uns helfen können, die Umlaufbahnen in unserem Sonnensystem zu verstehen, so bietet uns Zuses Analogie eine gute, weitreichende Metapher. Sie ist einfach und elegant. Und sie funktioniert.

In einem Artikel zum Thema »Die Ansichten eines Computer-Wissenschaftlers über das Leben, das Universum und den ganzen Rest« führt Jürgen Schmidhuber vom Schweizer Dalle Molle Institut für Künstliche Intelligenz die Ideen Zuses weiter aus.[18] Unter der Voraussetzung, dass unser Universum der Output eines uralten Wirklichkeitsprogramms ist, beginnt Schmidhuber mit der Annahme, an einem gewissen Zeitpunkt in ferner Vergangenheit habe eine große Intelligenz ein Programm gestartet, das »alle möglichen Universen« erzeugt. Ich vermeide hier absichtlich die komplexen Gleichungen, die er heranzieht, um zu diesem Schluss zu kommen, und beziehe mich direkt auf den Teil, der für unsere Überlegungen relevant ist.

Weil seine Theorie davon ausgeht, dass alles zu einem bestimmten Zeitpunkt mit einer bestimmten Menge an Information begann, meint er, der Zustand jedes Universums sei zu einem bestimmten Zeitpunkt mit einer endlichen Menge an Bits beschreibbar. Seine zweite Annahme erklärt, warum das für uns so wichtig ist: »Eines dieser vielen Universen ist unseres.«[19] Schmidhuber legt also nahe, dass dieses Universum wie jede Simulation mit einer bestimmten Menge an Informationen begann, mit einer bestimmten Anzahl von Atomen (Bits), und dass diese Atome heute noch da sind und identifizierbar sind. Welch eine eindrucksvolle Vorstellung davon, wie unser Universum funktioniert! Wenn tatsächlich alles Information ist, wie es Zuse, Schmidhuber und andere beschreiben, wo ist dann unser Platz in dem Bewusstseinscomputer des Universums?

Wir kennen alle den Spruch: »Wenn der Schüler bereit ist, wird der Lehrer erscheinen.« Auf ähnliche Weise stellen wir fest: Sobald eine Idee so weit ist, taucht auch die passende Technologie zu ihrer Erprobung auf. Meistens geschieht es fast gleichzeitig. Die Geschichte zeigt, dass die passenden mathematischen Formeln, die geeigneten Experimente und die richtigen Computerchips immer wieder auf wundersame Weise da sind, wenn wir sie brauchen, um die Teile eines neuen Paradigmas so zu verknüpfen, dass daraus etwas Nützliches entsteht. Die Begleiterscheinung dieser neuen Erkenntnisse ist, dass sie nicht mehr rückgängig zu machen sind.

Genau das passiert auch mit den Theorien des Universums als Computer. Visionäre wie Zuse haben zwar schon in den Vierzigerjahren darüber nachgedacht, doch man konnte solche radikalen Ideen damals mathematisch noch nicht erfassen. Das veränderte sich erst dreißig Jahre später. Damals betrat eine neue Mathematik die Szene, die unsere Sicht unserer selbst, der Natur und aller Dinge bis hin zum Aktienmarkt von Grund auf veränderte: die fraktale Geometrie.

In den Siebzigern entwickelte der Mathematik-Professor Benoit Mandelbrot an der Yale-Universität einen Weg, die Struktur aufzuzeigen, die diese Welt zu dem macht, was sie ist. Diese Struktur besteht aus Mustern, genauer gesagt: aus Mustern in Mustern in Mustern usw. Er nannte diese neue Perspektive »fraktale Geometrie«.

Vor Mandelbrots Entdeckung verwendeten die Mathematiker die euklidische Geometrie, um die Welt zu beschreiben. Man war davon überzeugt, dass die Natur zu komplex sei, um nach einer einzigen mathematischen Formel zu funktionieren. Aus diesem Grund haben viele von uns in der Schule eine Geometrie gelernt, die sich mithilfe von Linien, Quadraten, Kreisen und Kurven der Natur immer nur annähert. Wir wissen auch, dass es durch diese Mittel unmöglich ist, einen realistisch wirkenden Baum oder Gebirgszug zu zeichnen. Aus diesem Grund sehen die ersten Kinderzeichnungen von Bäumen meistens aus wie Lollis.

Die Natur verwendet keine perfekten Linien und Kurven, um Bäume, Berge oder Wolken zu formen. Sie verwendet unregelmäßige Fragmente, die als Ensemble dann Berge, Wolken oder Bäume bilden. In einem Fraktal sieht jedes Fragment, egal wie klein, dem größeren ähnlich, von dem es ein Teil ist. Als Mandelbrot seine einfache Formel in einen Computer eingab, zeigte sich ein erstaunliches Ergebnis: Indem man alles in der Natur als kleine Fragmente betrachtet, die anderen kleinen Fragmenten überaus stark ähneln, und indem man diese ähnlichen Fragmente zu größeren Mustern zusammenfügt, erzeugt man Bilder, die erstaunlich natürlich wirken. Sie sehen aus wie das, was die Natur hervorbringt. Mandelbrots Geometrie machte deutlich, dass die Natur aus Mustern besteht, die einander zwar nicht gleich, aber ähnlich sind. Dieses Phänomen wird mit dem Begriff *Selbstähnlichkeit* bezeichnet.

Realitäts-Code 8: Die Natur verwendet ein paar einfache, selbstähnliche, sich wiederholende Muster – sogenannte Fraktale –, um Atome zu den bekannten Mustern zusammenzufügen, aus denen alles besteht: von den Elementen und Molekülen über Steine und Bäume bis hin zu uns selbst.

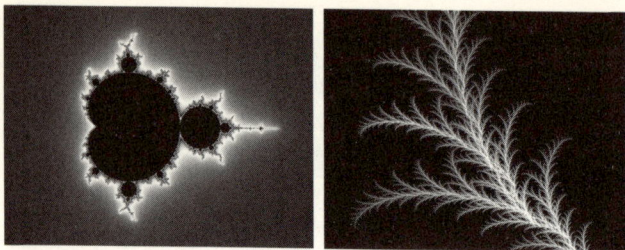

Abb. 1. In den 1970er-Jahren programmierte Benoit Mandelbrot einen Computer so, dass er die ersten Fraktal-Bilder (wie jenes hier links) produzierte. Seit jener Zeit hat man herausgefunden, dass selbst die komplexesten Muster der Natur, zum Beispiel dieses Farnblatt (rechts), mithilfe der Fraktal-Geometrie nachgebildet werden können. Die Entdeckung bestärkt die Möglichkeit, dass die Natur und das Universum aus solchen Mustern bestehen, die seit Urzeiten von einem riesigen Quantenprogramm erzeugt werden.

Scheinbar über Nacht waren wir mithilfe von Fraktalen in der Lage, alles nachzubilden: von der Küstenlinie eines Kontinents bis hin zur Explosion einer Supernova. Der Trick bestand darin, die richtige Formel zu finden, das richtige Programm. Und das ist der Gedanke, der uns zurückbringt zu der Idee, dass das Universum der Output eines uralten, fortwährenden Quantenprogramms ist.

Wenn das Universum der Output eines unvorstellbar lang laufenden Computerprogramms ist, dann muss dieser Computer die Fraktal-Muster produzieren, die wir als Natur wahrnehmen. Diese neue Mathematik ermöglicht es uns zum ersten Mal, zu verstehen, wie ein solches Programm möglich wäre. Statt eines elektronischen Outputs in Form von Linien, verwendet der Bewusstseinscomputer des Universums Atome, um Steine, Bäume, Vögel und Menschen zu erzeugen.

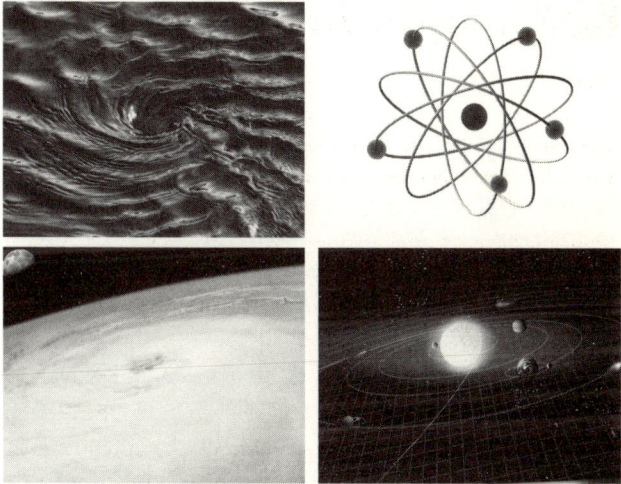

Abb. 2. Beispiele für Fraktale in der Natur. Das Bild links unten stellt eine Aufnahme der NASA vom Auge eines Hurrikans dar; das Bild darüber zeigt einen Wasserstrudel. Die Ähnlichkeit ist verblüffend. Das Bild rechts unten ist eine grafische Darstellung unseres Sonnensystems und das Bild darüber ist ein mechanisches Modell eines Atoms. Beide Bildpaare offenbaren, wie selbstähnliche, sich wiederholende Muster verwendet werden können, um vom Größten bis zum Kleinsten alles im Universum zu beschreiben. Die Unterschiede sind nur eine Frage des Maßstabs.

Ein fraktaler Schlüssel zum Universum

Eine fraktale Sicht auf das Universum setzt voraus, dass alles – von einem einzigen Atom bis zum gesamten Kosmos – aus wenigen natürlichen Mustern besteht. Diese Muster können sich vereinen, wiederholen und in größeren Maßstäben umsetzen, aber ihre Komplexität lässt sich auf wenige, einfache Formen reduzieren.

Die Idee ist bestechend. Wenn wir uns das Universum als fraktale Wirklichkeit denken, überbrücken wir die künstliche Trennung, die wir uns in der Vergangenheit auferlegt haben, und verweben die unterschiedlichen Disziplinen der Wissenschaft und der Philosophie zu einer einzigen großen, eleganten Geschichte dessen, wie das Universum konstruiert ist. Die fraktale Sicht des Universums ist so vollständig, dass sich ihr selbst die ästhetischen Qualitäten des Gleichgewichts und der Symmetrie zuordnen lassen, die Künstler, Mathematiker, Philosophen und Physiker zu Höhenflügen animieren.

Sie erfüllt die prophetische Aussage John Wheelers, dass wir eines Tages, wenn wir die zentrale Idee von allem als so simpel, so wundervoll und so zwingend begreifen, zueinander sagen werden: »Natürlich, wie konnte es auch anders sein!«[20]

Das fraktale Modell unseres Universums hat einen weiteren Vorteil: Es enthält den Schlüssel dazu, wie das Universum in seinem Inneren funktioniert.

Wenn unsere kleinen Desktop-Computer auf fraktalen Ideen beruhen, die die Art nachahmen, wie das Universum funktioniert, dann lernen wir beim Speichern von Informationen auf Festplatten und beim Herunterladen von

Dateien eigentlich etwas darüber, wie unsere Wirklichkeit funktioniert. Dabei erhalten wir Einblick in nicht mehr und nicht weniger als den Geist des großen Architekten, der das Universum in Gang gesetzt hat. Vielleicht ist der Computer, mit dem wir ein schnelles Solitaire-Spielchen hinlegen oder eine Mail an einen Freund schreiben, sehr viel mehr, als wir uns vorgestellt haben. Vielleicht liegt in der kompakten Technologie, die auf unserem Schreibtisch steht, der Schlüssel zum größten Geheimnis des Universums.

Realitäts-Code 9: Besteht das Universum aus sich wiederholenden Mustern, dann ermöglicht die Erkenntnis über Dinge oder Prozesse in einem kleinen Maßstab ein besseres Verständnis von ähnlichen Formen in einem großen Maßstab.

Ob groß, ob klein – ein Computer ist immer ein Computer

Die Computer haben sich zwar seit ihren Anfängen im 20. Jahrhundert hinsichtlich ihrer Größe und Geschwindigkeit enorm entwickelt, doch in gewisser Weise hat sich doch nur wenig verändert. Ob sie einen ganzen Raum ausfüllen oder auf Ihre Handfläche passen: Gewisse Dinge sind ihnen allen gemeinsam.

Zum Beispiel brauchen sie alle eine Hardware, ein Betriebssystem und Software, um ihre Aufgaben erfüllen und den Output erzeugen zu können. Um die Wirklichkeit in einem neuen Licht zu sehen, ist es jedoch wichtig, zu wissen, wozu diese drei Teile des Computers dienen. Die folgenden Beschreibungen sind zwar äußerst vereinfacht, aber sie ermöglichen es uns, die fraktale Elektronik des Computers mit den größeren Funktionen des Universums zu vergleichen. Die Parallelen sind faszinierend. Die Ähnlichkeit ist unübersehbar.

- Der **Output** eines Computers ist das Ergebnis der Arbeit, die er geleistet hat. Alle Berechnungen, die innerhalb des Computers in seinen Bits, Chips und Kreisläufen stattfinden, sind in den Informationen sichtbar, die wir in Grafiken, Worten oder Bildern sehen. Dieser Output kann auf einem Bildschirm erscheinen, durch einen Projektor projiziert werden, ausgedruckt werden oder all das gleichzeitig.

- Das **Betriebssystem** ist die Verbindung zwischen der Hardware und der Software. Durch das Betriebssystem unseres Computers wird der Input der Software in eine komplexere Sprache übersetzt: in die Maschinensprache, die direkt mit den Chips und dem Speicher des Computers kommunizieren kann. Egal ob es sich um die bekannten Macintosh- oder Windows-Betriebssysteme oder um die für spezifische Aufgaben entwickelte Sonderformen handelt: Erst durch das Betriebssystem kann der Computer mit den Befehlen, die wir über die Tastatur eingeben, etwas anfangen.

- Die **Programme** übersetzen die Befehle, die wir in menschlicher Sprache eingegeben haben, in die komplexere Sprache, die der Prozessor versteht. Zur Software gehören so bekannte Programme wie Word, PowerPoint, Photoshop und Excel.

Es gibt zwar exotische Computer, die eine Ausnahme dieser Regel darstellen, aber im Großen und Ganzen besteht jeder Computer aus diesen drei Komponenten. Wenn wir dies nun analog auf die Idee des Universums als Computer anwenden, ist das Bewusstsein das Betriebssystem. Genauso wie IBMs Windows- oder Apples Macintosh-Betriebssystem die Verbindung zwischen dem Input in unseren Computer und seiner Elektronik darstellen, bildet das Bewusstsein die Brücke zwischen unserem Input und dem Stoff, aus dem alles besteht. Wenn unsere Computer nun tatsächlich in ihrer Funktion dem Universum ähnlich sind, dann lassen sich daraus zwei Dinge ableiten: Erstens steht das Betriebssystem eines Computers fest. Es ändert sich nicht. Es ist, wie es ist. Wenn unser Computer etwas anders machen soll, ändern wir nicht das Betriebssystem, sondern das, was wir in das Betriebssystem eingeben. Das führt uns zu der zweiten Feststellung über die Funktion des Universums: Um die Wirklichkeit zu verändern, müssen wir das verändern, was nicht feststeht: die Programme. In unserem Universum bestehen die Programme in dem, wovon wir überzeugt sind. Unsere Überzeugungen wären also die Software, mit der die Wirklichkeit programmiert wird. Die folgende Grafik zeigt uns zusammenfassend, wie wir zu den verschiedenen Bausteinen des Universums Zugang finden.

Vergleich zwischen einem elektronischen Computer und dem Universum (als Computer)		
Funktion	**Elektronischer Computer**	**Universum**
Informationseinheit	Bit	Atom
Output	Bilder, Diagramme, Grafiken, Worte	Realiät
Betriebssystem	Windows, Macintosh, Unix etc.	Bewusstsein
Programme	Word, Excel, Power-Point etc.	Überzeugungen

Abb. 3. Sowohl im Universum (als Computer betrachtet) als auch in einem elektronischen Computer wird der Output verändert durch Programme, die das Betriebssystem des Computers erkennt.

Realitäts-Code 10: Überzeugungen sind das »Programm«, das in der Realität Muster erzeugt.

Jeden Tag bieten wir dem Bewusstsein des Universums den Input unserer Überzeugungs-Kommandos an. Jeden Tag übersetzt das Bewusstsein unsere persönlichen und kollektiven Kommandos in die Wirklichkeit unserer Gesundheit, unserer Beziehungen, unseres Weltfriedens. Wie man die eigenen Überzeugungen nun so erschaffen kann, dass sie die Realität der Welt verändern, ist ein großes Geheimnis, das in der jüdisch-christlichen Tradition im 4. Jahrhundert verloren ging.

Das *Thomas-Evangelium* bietet ein wundervolles Beispiel

einer machtvollen Überzeugung. Auf den Seiten dieses kont-
rovers diskutierten gnostischen Textes, der als seltene, authen-
tische Überlieferung von Jesu Worten gilt, beschreibt der
Meister den Schlüssel zum Leben in dieser Welt. Er erklärt,
wie die Einheit von Gedanke und Emotion eine Kraft erzeugt,
die unsere Realität tatsächlich verändern kann. »Wenn zwei
miteinander Frieden halten, werden sie zum Berg sagen: ›Hebe
dich hinweg!‹ Und er wird sich hinwegbewegen.«[21]

Die Macht der Überzeugungen und dessen, was wir hinsichtlich unserer Überzeugungen fühlen, spiegeln sich auch
in den Weisheiten wider, die an einigen der herrlichsten,
ursprünglichsten, einsamsten und entlegensten Orten dieser
Welt aufbewahrt werden. Von den hoch gelegenen tibetischen
Klöstern über die Wüstenhalbinsel Sinai bis zu den perua-
nischen Anden und den mündlichen Überlieferungen der
amerikanischen Urvölker gilt das Wissen um die Macht der
menschlichen Überzeugung – und wie man sie im alltäglichen
Leben zu einer nützlichen Kraft machen kann – als wohlge-
hütetes Geheimnis.

An diesem Punkt fragen Sie sich vielleicht das Gleiche,
was ich mich vor 20 Jahren als leitender Computersystem-
Designer in der Luftfahrt- und Verteidigungsindustrie gefragt
habe: Wenn Überzeugungen solche Macht haben und uns
allen diese Macht innewohnt, warum weiß dann nicht jeder
davon? Warum wenden wir diese Macht nicht alle in unserem
Alltag an?

Ich fand die Antwort an einem Ort, wo ich sie am wenigsten erwartet hätte: in den Worten eines jungen Eingeborenen,
der uns im Hochland des nördlichen Neu-Mexikos durch ein
altes Dorf führte.

Die Geheimnisse, die im Offensichtlichen verborgen liegen

»Die beste Art, etwas zu verstecken, ist, es allgemein sichtbar zu machen.«

Diese Worte schwebten an jenem heißen Augustnachmittag des Jahres 1991 über die staubige Straße, die zum Taos Pueblo führte. Ich hatte mir einen Tag lang Zeit genommen, um diesen Ort zu erkunden, der auch für viele Künstler des 20. Jahrhunderts so inspirierend wirkte. Der Zauber und die Schönheit jener Landschaft hat Künstler von Ansel Adams und Georgia O'Keefe über D.H. Lawrence bis zu Jim Morrison von der Rockband »The Doors« ihr Leben lang beeinflusst und ihre Kunst verändert.

Mein Blick schweifte umher, um zu sehen, woher die Worte kamen. Auf der anderen Straßenseite lief eine kleine Gruppe Touristen hinter einem attraktiven Indianer her, der sie über den zentralen Platz des Pueblos führte. Ich trat näher heran, um ihm besser zuhören zu können, und schloss mich dem Trupp an. Im Gehen fragte eine Frau der Gruppe den Führer nach den spirituellen Überzeugungen der Tewa (mit diesem Namen bezeichnen sich die Eingeborenen von Taos, nach den roten Weiden, die am Fluss wachsen): »Praktiziert ihr noch die alten Sitten hier oder haltet ihr solche Dinge vor den Außenseitern verborgen?«

»Die alten Sitten?«, wiederholte er. »Meinen Sie alte Medizin? Wollen Sie wissen, ob wir hier noch einen Medizinmann haben?«

Ich war ganz Ohr. Fünf Jahre zuvor war ich zum ersten Mal in diesem Pueblo gewesen und hatte die gleichen Fragen gestellt. Mir war schnell klar geworden, dass die spirituellen

Praktiken der Bewohner ein empfindliches Thema darstellten, das nur mit engen Freunden und Stammesmitgliedern besprochen wurde. Gewöhnlich wird bei solchen Fragen schnell das Thema gewechselt, wenn sie nicht ohnehin überhört werden. Doch an diesem Tag tat der Führer weder das eine noch das andere. Vielmehr gab er eine rätselhafte Antwort, die mehr im Unklaren ließ, als sie offenbarte.

»Keineswegs!«, fuhr er fort. »Wir haben hier keine Medizinleute mehr. Wir sind moderne Menschen, die im 20. Jahrhundert leben, mit moderner Medizin.« Er sah der Frau, welche die Frage gestellt hatte, direkt in die Augen und wiederholte nochmals den Satz, der kurz zuvor meine Aufmerksamkeit auf ihn gelenkt hatte. »Die beste Art, etwas zu verstecken, ist, es allgemein sichtbar zu machen.«

Ich konnte sehen, wie seine Augen bei diesen Worten blitzten. Er ließ sie wissen, dass es zwar offiziell keine Medizinleute mehr gab, dass aber deren Weisheit sicher vor der modernen Welt geschützt sei.

Jetzt wollte ich eine Frage stellen. »Sie haben diesen Satz vorhin schon mal gesagt«, sprach ich ihn an. »Was bedeutet das, etwas allgemein sichtbar zu verstecken? Wie macht man das?«

»Genau wie ich gesagt habe«, erwiderte er. »Unsere Sitte ist es, mit dem Land zu leben, mit der Erde. Unsere Medizin ist kein Geheimnis. Wenn Sie wissen, wer Sie sind, und Ihre Beziehung zum Land verstehen, verstehen Sie auch die Medizin. Die alten Wege sind überall um Sie herum, hier, ich zeige es Ihnen.«

Er drehte sich plötzlich um und begann, wieder zum Eingang des Pueblos zurückzukehren. Er wies zu unserer

Linken und strebte auf ein Gebäude zu, das äußerst ungewöhnlich aussah. Während wir die Straße hinter uns ließen und an einer alten Wand entlanggingen, schauten wir auf ein Objekt, das wie ein Mittelding zwischen einer alten Wehrburg und den Glockentürmen einer Kirche aussah. Es war tatsächlich eine katholische Kirche, die vor 400 Jahren errichtet worden war. Unser Führer lachte über unser Erstaunen und winkte uns in den Kirchhof. Er war alt und wunderschön. Vor dem Haupteingang hielt ich meine Kamera nach oben, um die Silhouette der Glocken in den offenen Türmen vor dem strahlend blauen Himmel Neu-Mexikos einzufangen.

Als die spanischen Eroberer in der unverdorbenen Wildnis des nördlichen Neu-Mexikos ankamen, fanden sie dort keine primitiven Stämme, die in Zelten und notdürftigen Hütten hausten, sondern eine hoch entwickelte Zivilisation. Es gab Straßen, mehrstöckige Gebäude, passive Solarheizung und Kühlung und ein Recyclingsystem, in dem kaum etwas übrig blieb.

Die frühen Pueblo-Kulturen praktizierten eine kraftvolle Spiritualität, die es ihnen ermöglichte, über tausend Jahre lang im Gleichgewicht mit dem Land zu leben. Das änderte sich sehr schnell, nachdem die Eroberer die Macht übernommen hatten.

»Wir hatten bereits eine Religion«, begann unser Führer zu erzählen, »aber sie entsprach nicht den Vorstellungen der Spanier. Sie war nicht christlich. Wir kannten zwar viele der Ideen, die man auch in ›modernen‹ Religionen wiederfindet, aber die Spanier hatten dafür kein Verständnis. Sie zwangen uns, ihren Glauben zu übernehmen.«

Es war eine schwierige Situation für die damaligen Tewa.

Sie waren keine Nomaden, die einfach ihre Sachen packen und woanders hinziehen konnten. Sie lebten in alten, dauerhaften Behausungen, die sie vor der Hitze der Wüstensommer und den eiskalten Winden, die im Winter über die Hochebene fegten, schützten. Sie konnten ihre tausendjährigen Traditionen nicht einfach hinter sich lassen und den Gott der Spanier übernehmen. »Es war eine klare Sache«, erzählte unser Führer. Seine Vorfahren mussten sich anpassen, sonst würden sie alles verlieren. Also schlossen sie Kompromisse. Sie verbargen ihre Überzeugungen und maskierten sie mit Worten und Gebräuchen, die die Spanier zufriedenstellten. So schafften sie es, ihr Land, ihre Kultur und ihre Vergangenheit zu erhalten.

Ich ließ meine Finger über die gehämmerten Bolzen wandern, welche die alten Holzplanken der Tür hielten. Als wir die kleine Kapelle betraten, verebbten die Geräusche des betriebsamen Pueblos hinter uns. Wir standen in der stillen Atmosphäre eines 400 Jahre alten heiligen Ortes. Während ich mich umsah, erkannte ich Bilder; sie ähnelten jenen, welche ich in den großen Kathedralen in Peru und Bolivien gesehen hatte. Aber etwas war hier anders.

»Die Spanier nannten ihren Schöpfer ›Gott‹«, schallte die Stimme unseres Führers durch die Stille. »Dieser Gott war zwar nicht ganz das Gleiche wie unser Schöpfer, aber doch ähnlich genug. Also sprachen wir unseren ›großen Geist‹ mit diesem Namen an. Die Santos (Heiligen) der Kirche waren wie die Geistwesen, die wir verehren und in unseren Gebeten anrufen. Und Mutter Erde, die uns Ernten bringt und Regen und Leben, nannten sie ›Mutter Maria‹. Wir übernahmen ihre Namen in unseren Glauben.«

Das erklärte, warum sich diese Kirche irgendwie von jenen

unterschied, die ich bereits kannte. Die äußeren Symbole verbargen eine tiefere Spiritualität und den wahren Glauben einer anderen Zeit.

»Na klar!«, dachte ich. Ich verstand plötzlich, warum die Gewänder der weiblichen Heiligen im Laufe des Jahres gewechselt werden. Sie passen sich den Jahreszeiten an, weiß im Winter, gelb im Frühling und so weiter. Deswegen sieht man auch hinter den Heiligen auf dem Altar »Vater Sonne« und »Mutter Erde« hervorspähen.

»Sehen Sie, ich habe es Ihnen ja gesagt. Unsere Traditionen sind noch da, selbst nach vierhundert Jahren!« Unser Führer grinste uns an. Seine Stimme hallte durch den leeren Raum der Balken und Gewölbe. Er kam auf mich zu und fuhr fort: »Für diejenigen, die die Symbole kennen, war nichts je verloren. Wir wechseln immer noch mit den Jahreszeiten das Gewand der heiligen Mutter Maria. Wir bringen ihr immer noch Blumen aus der Salbeisteppe, die den Geist des Lebens atmen. Es ist alles da, vor aller Augen verborgen.«

Kaum vorstellbar, wie es damals für diese Menschen gewesen sein muss. Ich hatte große Achtung vor ihrer Kraft und ihrem Mut, aber auch vor ihrem Einfallsreichtum, mit dem sie ihre Traditionen am Leben hielten. Jetzt verstand ich besser, was ich vor einer Stunde gehört hatte: Die beste Art, etwas zu verbergen, ist, es dorthin zu tun, wo es niemand erwartet: überall.

ଊଈ

Ist es möglich, dass wir ein großes Geheimnis auf die gleiche Weise geschützt haben? Könnte etwas so Einfaches wie unsere tiefste Herzensüberzeugung so viel Macht haben, dass mystische Traditionen, Weltreligionen und ganze Nationen darauf aufgebaut wurden? Haben wir mit dem, was manche die größte Kraft des Universums nennen, das Gleiche getan wie die indianische Weisheit, die ihr Heiligstes vor aller Augen verbarg? Alle diese Fragen müssen mit »Ja« beantwortet werden. Der Unterschied zwischen unserem Geheimnis und der verborgenen Religion der Pueblos besteht darin, dass sich die Tewa an das erinnern, was sie vor Jahrhunderten verbargen. Und wir? Haben wir die Macht der Überzeugungen so gut und lange vor uns selbst verborgen, dass wir sie vergessen haben, obwohl sie allgemein sichtbar ist?

Es gibt sicher viele Erklärungen dafür, *wie* ein so bedeutendes Wissen so lange in Vergessenheit geraten konnte und *warum* es überhaupt verborgen werden musste. Doch nun wollen wir erkunden, worum es sich bei dieser Kraft handelt und wie sie funktioniert. Damit erhalten wir nämlich nicht weniger als die Gabe der Quantensprache, der Programmsprache des Universums!

2

Die Programmierung des Universums: Die Wissenschaft von den Überzeugungen

>*»Das Universum ist möglicherweise nicht mehr als ein gigantisches, vom Geist erzeugtes Hologramm.«*
>
> DAVID BOHM (1917–1992), PHYSIKER

>*»Was zu sein scheint, IST – für jene, für die es zu sein scheint.«*
>
> WILLIAM BLAKE (1751–1827), DICHTER

Gerade als wir anfingen, mit den »Gesetzen« der Physik richtig vertraut zu werden, und dachten, wir könnten die Natur beherrschen, veränderte sich alles. Plötzlich wird uns gesagt, Atome glichen nicht mehr winzigen Sonnensystemen, die DNS sei nicht mehr ganz die Sprache, für die wir sie gehalten haben, und nun müssen wir feststellen, dass wir unmöglich unsere Welt einfach nur beobachten können, ohne sie zu beeinflussen.

Mit den Worten John Wheelers, Physiker an der Princeton University: »Wir hatten diese alte Idee, dass es *da draußen* ein Universum gibt und dass hier der Mensch sitzt, der

Beobachter, der vor dem Ganzen sicher durch ein kleines Glasfenster geschützt ist.«[1] Mit Bezug auf die Experimente des späten 20. Jahrhunderts, die uns zeigen, dass sich das Beobachtete durch die bloße Beobachtung verändert, fährt Wheeler fort: »Jetzt lernen wir von der Quantenwelt: Selbst um etwas so Winziges wie ein Elektron zu beobachten, müssen wir die Glasscheibe durchbrechen und dort hineinlangen ... Das alte Wort *Beobachter* müsste aus allen Büchern gestrichen werden und durch das neue Wort *Teilnehmer* ersetzt werden.«[2] Die Experimente zeigen also, dass wir bei allem, was wir als Welt um uns herum wahrnehmen, tatsächlich aktive Teilnehmer sind, genau wie es uns die spirituellen Traditionen der Vergangenheit immer gesagt haben.

Vor dem Hintergrund solcher Entdeckungen scheinen wir an einer denkwürdigen Wegkreuzung zu stehen, an der wir entscheiden müssen, welche unserer Überzeugungen über die Welt wahr sind und welche nicht, welche funktionieren und welche nicht. Als interessantes Nebenprodukt dieses Prozesses entsteht ein neues Verständnis dafür, welche Rolle Wissenschaft und Spiritualität in unserem Leben spielen.

Wenn das, was den Wissenschaften bislang heilig war, in sich zusammenbricht, und uns die Quantenphysik erzählt, dass allein unser Beobachten das Beobachtete verändert, verschwimmt die Grenze zwischen Wissenschaft und Spiritualität. Deswegen hat die offizielle Wissenschaft die Macht der Überzeugungen und des Glaubens immer mit Skepsis betrachtet.

Wenn wir über die Macht von »unsichtbaren Kräften« wie Überzeugungen sprechen, haben wir in den Augen vieler Wissenschaftler die Grenze überschritten, welche die reine

Wissenschaft von allem anderen trennt. Diese Grenze ist allerdings oft so schwer zu definieren, dass wir sie erst bemerken, wenn wir sie überschritten haben. Meiner persönlichen Ansicht nach werden wir die Macht größerer Weisheit jedoch nur finden, wenn wir mit diesen Grenzen, die Wissenschaft und Spiritualität traditionell voneinander trennen, entspannter umgehen. Angesichts der neuen Entdeckungen, wie das Bewusstsein alles, von den Zellen in unseren Körpern bis zu den Atomen unserer Welt, beeinflusst, stehen die Überzeugungen ganz oben auf der Liste des zu Erforschenden. Und sie sind ein Thema, bei dem sich Wissenschaft, Glaube und sogar Spiritualität zu verbinden scheinen.

Überzeugungen, die unsere Körper verändern

Als ich zur Schule ging, brachte man mir bei, dass die Welt um mich herum völlig unbeeindruckt sei von dem, was ich denke oder fühle. Egal wie intensiv ich liebte, fürchtete, hasste oder mitfühlte – meine inneren Erfahrungen hinterließen keine Wirkung in der Welt. Das lag daran, dass sie nicht »wirklich« waren. Die inneren Erfahrungen galten als etwas, das auf geheimnisvolle Weise nur im Gehirn jedes Einzelnen vor sich geht und für das Universum insgesamt keine Rolle spielt. Wie bereits erwähnt, hat ein neues wissenschaftliches Forschungsfeld diese Sicht der Dinge für immer infrage gestellt. Der Titel einer Studie des Weizmann Instituts in Rehovot, Israel, aus dem Jahr 1998 spricht für sich: »Nachweis der Quantentheorie erbracht: Beobachtung beeinflusst Wirklichkeit«. In Worten, die mehr wie eine philosophische Hypothese denn wie eine wissenschaftliche

Schlussfolgerung klingen, wird dort beschrieben, wie wir die Wirklichkeit beeinflussen: einfach indem wir sie beobachten.[3] Dies hat die Aufmerksamkeit aller möglichen Branchen auf sich gezogen, nicht nur der Mediziner und Wissenschaftler, sondern auch der Geistlichen und Künstler.

Die Ergebnisse sind deutlich. Die Konsequenzen sind verblüffend. Anstelle eines Puffers zwischen uns und unserer Welt sowie den Dingen, die das Leben ausmachen, zeigen die Experimente, dass wir mit allem aufs Innigste verbunden sind, sowohl mit der Welt innerhalb unseres Körpers als auch mit der Welt außerhalb unseres Körpers. Die Verbindung entsteht durch unsere Erfahrungen des Bewusstseins, die in Gefühlen und Überzeugungen zum Ausdruck kommen. Der einfache Akt des Hinschauens, zusammen mit den Gefühlen und Überzeugungen, die wir haben, während wir unsere Aufmerksamkeit auf die Teilchen lenken, aus denen die Welt besteht, verändert diese Teilchen unmittelbar.

Angesichts dieser Entdeckungen stellt sich die Frage, welche Rolle diese Beziehung zwischen Beobachtung und Realität in der Vergangenheit in unserem Alltag gespielt hat. Haben wir die Wirkung unseres Beobachtens vielleicht schon bemerkt und nur nicht als solches erkannt? Könnte unsere Rolle als »Teilnehmer« solche Rätsel wie Spontan- oder Wunderheilungen erklären? Und wenn dem so wäre, was bedeuten diese Verbindungen dann für unser Wohlbefinden?

☙ ❧

Das folgende Gespräch ist zwar fiktiv, aber es besteht aus Versatzstücken verschiedener Erfahrungen, die viele

Ärzte in ihrem Alltag machen, jedoch zu missachten gelernt haben. Der Grund dafür ist, dass es keine »wissenschaftliche« Erklärung für Heilungen ohne Medizin gibt. Wir werden jedoch feststellen, dass es sehr wohl eine wissenschaftliche Begründung dafür gibt, dass die gleiche Wissenschaft, die Spontanheilungen als »Wunder« abtut, uns die Mechanismen liefert, mit denen sie sich erklären lassen.

In einer fiktiven Klinik unterhalten sich zwei Ärzte beim Mittagessen über die mysteriöse Heilung einer Patientin. Am Bein der Frau gab es anomale Gewebewucherungen, und diese sind verschwunden. Das Mysteriöse bestand darin, dass diese Frau glaubte, eine neuartige Behandlung zu bekommen; tatsächlich wurde aber nur gefärbtes Leitungswasser auf ihr Bein gestrichen.

Sie hatte an einem Doppelblind-Versuch teilgenommen, bei dem manche Patienten ein neu entwickeltes Medikament bekamen und andere nur gefärbtes Wasser. Allen Patienten wurde gesagt, sobald die Färbung der Lösung verschwände, wären sie geheilt. Im Fall der Patientin löste sich die Verfärbung nach 24 Stunden auf – mitsamt ihren Beschwerden.

Hören wir den beiden Ärzten zu, von denen einer an die Macht der Überzeugung glaubt, während der andere ihr skeptisch gegenübersteht:

Überzeugter Arzt: »Was für eine tolle Heilung! Das tut doch gut, so die Woche zu beenden. Wir brauchten der Frau nur zu helfen, an ihre eigene Heilung zu glauben. Sie war überzeugt, und das hat ihrem Körper die entsprechenden Anweisungen gegeben. Der Körper wusste genau, was er zu tun hat, und heilte sich selbst.«

Skeptischer Arzt: »Moment mal, nicht so schnell! Woher wissen Sie, dass sich die Frau selbst geheilt hat? Woher wollen Sie wissen, dass ihr Körper wusste, was zu tun ist? Vielleicht war alles psychosomatisch. Wenn dem so wäre, hätten wir nur ein psychologisches Problem geklärt und die Wucherungen wären lediglich ein Nebenprodukt.«

Überzeugter Arzt: »Genau ... Darum geht es doch! Die neuen Untersuchungen zeigen, dass viele der körperlichen Beschwerden, die wir behandeln, auf psychischen Erfahrungen beruhen: auf unbewussten Überzeugungen, die den Körper auf gewisse Weise programmieren. Das Problem dieser Frau, das wir behandelt haben, war nur ein Ausdruck ihrer inneren Erfahrungen – ihrer Überzeugungen.«

Skeptischer Arzt: »Wenn das stimmt, was bedeutet das dann für uns? Heilen wir körperliche oder psychische Probleme?«

Überzeugter Arzt: »Genau!«

Skeptischer Arzt: »Hm ... Das würde ja alles verändern. Ich glaube, mir gefällt es besser, wenn der Patient nicht so eine große Rolle spielt und wir diejenigen sind, die heilen.«

Überzeugter Arzt: »Sie haben es nicht kapiert. Wir haben noch nie geheilt! Wir beginnen nur gerade, anzuerkennen, wie ein Placebo den Patienten dazu bringen kann, wieder seine eigene Körper-Geist-Beziehung herzustellen. Der Patient ist immer derjenige, der die Heilung vollbringt!«

Skeptischer Arzt: »Ja ..., ja, natürlich ..., das meine ich doch ...«

Wir wissen eigentlich seit Langem, dass Überzeugungen heilen können. Die Ärzte können zwar nicht erklären, warum sich manche Patienten kraft ihrer Überzeugungen heilen können, aber die Tatsache als solche wurde so oft dokumentiert, dass wir zumindest eine Verbindung akzeptieren müssen zwischen der Wiederherstellung der Gesundheit und der Überzeugung des Patienten, dass er geheilt sei.

> **Realitäts-Code 11:** Was wir im Leben für wahr halten, kann für uns bedeutender sein als das, was andere als Wahrheit bezeichnen.

Heilwirkungen: Der Placebo-Effekt

1955 veröffentlichte H.K. Beecher, der leitende Anästhesist des Massachusetts General Hospital in Boston, einen bedeutenden Artikel mit dem Titel »The Powerful Placebo« (»Das mächtige Placebo«)[4]. Darin beschreibt Beecher seine Prüfung von mehr als zwei Dutzend Fallstudien und stellt fest, dass ein Drittel der Patienten dieser Studien letztendlich geheilt wurden, ohne dass es medizinisch erklärbar war. Man bezeichnet dieses Phänomen als Placebo-Effekt.

Das lateinische Wort »Placebo« war früher durch die rituellen christlichen Lesungen der Psalmen bekannt. Psalm 116, Vers 9 beginnt auf Lateinisch mit den Worten *»Placebo domino in regione vivorum«*, was bedeutet: »Ich werde dem Herrn gefallen im Lande der Lebenden.«[5] Die Übersetzung des ganzen Satzes aus dem Lateinischen und Hebräischen ist zwar umstritten, aber über das Wort »Placebo« besteht Einigkeit. Es wird allgemein mit »Ich werde gefallen« übersetzt.

Heutzutage verwenden wir den Begriff »Placebo«, um Behandlungen zu beschreiben, in denen der Patient meint, etwas heilsam Wirkendes zu erhalten, während er tatsächlich nur etwas bekommt, das nach allgemeiner Kenntnis keine heilenden Eigenschaften hat. Das Placebo kann alle möglichen Formen annehmen: von einer einfachen Zuckerpille oder einer Kochsalzlösung bis hin zu Operationen, bei denen nichts Wirksames getan wird. Diese Vorgänge gehören in der Regel zu medizinischen Studien, bei denen sich die Patienten einverstanden erklären, dass sie nicht genau wissen werden, welche Rolle sie zugewiesen bekommen. Zum Beispiel werden alle Teilnehmer mit allem, was dazugehört, operiert – Narkose, Schnitt und Naht –, aber bei manchen wird nichts hinzugefügt, entfernt oder verändert. Es wird nichts behandelt.

Wesentlich ist, dass der Patient davon überzeugt ist, dass ihm etwas Gutes getan wird. Durch sein Vertrauen in die Ärzte und die moderne Medizin glaubt er, dass er etwas erfährt, das ihm helfen wird. Infolge dieser Überzeugung reagiert der Körper so, als hätte er tatsächlich das Medikament eingenommen oder die Operation durchlaufen.

Beecher erklärte, dass ungefähr ein Drittel der Fälle, die er überprüfte, positiv auf ein Placebo reagiert hatten. Andere Studien berichten von noch höheren Anteilen – abhängig von den jeweiligen Beschwerden –, zum Beispiel bei Migräne und Warzenentfernung. Der folgende Auszug aus einem Artikel, der im Jahr 2000 im *New York Times Magazine* veröffentlicht wurde, zeigt, wie mächtig der Placebo-Effekt sein kann:

»Vor vierzig Jahren führte Leonard Cobb, ein junger Kardiologe aus Seattle, einen außergewöhnlichen Versuch durch. Es war damals üblich, Angina Pectoris zu behandeln, indem man kleine Schnitte in die Brust und Knoten in zwei Arterien machte, um den

Blutzufluss zum Herzen zu steigern. 90 Prozent der so behandelten Patienten berichteten von einer Besserung. Doch als Cobb Placebo-Operationen durchführte, bei denen er die Schnitte machte, aber die Arterien nicht verknotete, hatte er genauso große Erfolge. Die sogenannte interne Mamma-Ligatur wurde als Therapieform für Angina Pectoris bald abgeschafft.«[6]

Im Mai 2004 führte eine Gruppe von Wissenschaftlern an der Medizinischen Hochschule von Turin eine bis dahin einzigartige Studie durch, um die Macht der Überzeugung zur Heilung medizinischer Probleme zu prüfen. Die Studie begann damit, dass man Patienten ein bestimmtes Medikament verabreichte: Es enthielt einen dopaminähnlichen Stoff und linderte ihre Beschwerden. Die Wirkung hielt jedoch nur etwa eine Stunde lang an. Sobald sich das Mittel im Körper zersetzte, kehrten die Symptome zurück. 24 Stunden später meinten die Patienten, eine weitere Dosis zu erhalten, welche die chemischen Vorgänge in ihrem Gehirn normalisieren würde. Allerdings handelte es sich dabei nur um eine einfache Salzlösung, die keine therapeutische Wirkung zeigen dürfte.

Mithilfe von Elektroden konnte man feststellen, dass die Hirnzellen genauso reagierten, als hätten sie das Medikament erhalten. Der Leiter der Studie, Fabrizio Benedetti, sagte dazu: »Dies ist das erste Mal, dass wir es auf der Ebene des einzelnen Neurons beobachten konnten.«[7] Die Studie aus Turin bestätigt, was ein Team von der Universität von Vancouver, Kanada, feststellte. Sie berichteten, dass Placebos tatsächlich den Dopamin-Level im Gehirn von Patienten erhöhen können. Vor diesem Hintergrund meint Benedetti, dass »die Veränderungen, die wir beobachtet haben, auch durch die Freisetzung von Dopamin ausgelöst wurden.«[8]

Vielleicht ist genau dies der Grund, weshalb der Arzt William James, der als der »Vater« der Psychologie gilt, nie die Medizin praktiziert hat, für die er ausgebildet war. 1864 beschrieb er in einem Artikel, weshalb er annahm, es gehe bei einer Heilung weniger um die Prozeduren als vielmehr um die Art, wie der Arzt dem Patienten helfe, sich zu fühlen. »Meine ersten Eindrücke [über Medizin] sind, dass es da viel Humbug gibt. Mit Ausnahme der Chirurgie, in der manchmal etwas Positives bewerkstelligt wird, bewirkt ein Arzt mehr durch die moralische Wirkung seiner Gegenwart auf den Patienten und seine Familie als durch irgendetwas anderes.«[9]

Solange es Menschen gibt, hat man versucht, Leiden zu lindern und Beschwerden zu heilen. Die Geschichte der Heilung ist über 8000 Jahre alt. Die »moderne« Medizin hat allerdings erst im 20. Jahrhundert begonnen. Vor dieser Zeit haben vielleicht viele Heilmittel nur wenig aktive Bestandteile enthalten. Wenn das zutrifft, dann ist der Placebo-Effekt für einen großen Teil der Heilungen in der Vergangenheit der Menschheit verantwortlich und hat vielleicht sogar bei unserem Überleben als Art eine entscheidende Rolle gespielt.

Wenn lebensfördernde Überzeugungen die Macht haben, Krankheiten rückgängig zu machen und unsere Körper zu heilen, dann müssen wir uns fragen, welchen Schaden negative Überzeugungen anrichten können. Welche Wirkung hat zum Beispiel die Art, wie wir über das Altern denken, auf die Art, wie wir altern? Welche Konsequenzen hat es, wenn die

Medien uns immer wieder erzählen, was uns alles fehlt, statt unsere Gesundheit zu feiern? Wir brauchen uns nur umzusehen, um diese Fragen zu beantworten.

Seit den Anschlägen vom 11. September 2001 wurden wir besonders hier in den USA darauf konditioniert, zu glauben, dass unsere Welt nicht mehr sicher sei. Daher überrascht es nicht, dass die Angst in unserem Land seit damals zugenommen hat – und damit auch die durch Angst ausgelösten gesundheitlichen Probleme. 2002 wiesen Studien darauf hin, dass bis zu 35 Prozent derjenigen, die dem Trauma dieses Ereignisses ausgesetzt waren, unter einem erhöhten Risiko stehen, posttraumatische Belastungsstörungen zu entwickeln.[10] Fünf Jahre später hat sich diese Möglichkeit bereits teilweise verwirklicht.

Im März 2007 berichtete die Yale Medical Group von einer Studie der Anxiety Disorders Association of America (Amerikanische Gesellschaft für Angsterkrankungen, ADAA). Darin wird festgestellt, dass immer mehr College-Schüler mit mentalen Störungen zu kämpfen haben und dass die Anzahl seit den Anschlägen noch deutlicher gestiegen ist.[11] Während wir intuitiv wissen, dass positive Überzeugungen gut für uns sind, bestätigen diese Zahlen, dass uns durch Schock oder Trauma ausgelöste negative Überzeugungen auch schaden können.

Das Beispiel zeigt, dass allein die Vorstellung, in einer unsicheren Welt zu leben, zum Stress der Studierenden beiträgt. Es wird ihnen ständig gesagt, dass es eine allgemeine Bedrohung gibt, doch es gibt nichts, was sie dagegen tun könnten. So geht es ihnen wie so vielen heutzutage in unserem Land: Sie befinden sich in einem alarmierten

Schwebezustand des »Kämpfe – oder ergreife die Flucht!«, ohne zu wissen, wogegen sie kämpfen sollten oder wohin sie fliehen könnten.

Während sich die Experten streiten, ob es eine tatsächliche Bedrohung gibt – und wenn ja, in welchem Umfang –, hat unser Körper das Gefühl, nicht sicher zu sein, und reagiert, als wäre er direkt bedroht. Unser Verstand sagt vielleicht, wir bräuchten uns keine Sorgen zu machen, aber unsere Autoritäten ermahnen uns ständig, wir müssten »aufpassen«. Da überrascht es nicht, dass unsere Nation seit September 2001 etwas »nervös« ist.

Gefährliche Überzeugungen: Der Nocebo-Effekt

Genauso wie die Überzeugung, ein Heilmittel genommen zu haben, in unserem Körper eine heilsame chemische Reaktion auslösen kann, hat es auch eine Wirkung, wenn wir glauben, in einer lebensbedrohlichen Situation zu stecken. Man nennt es den Nocebo-Effekt. Nach Arthur Barsky, einem Psychiater aus Boston, spielt die Erwartung des Patienten die »entscheidende Rolle für den Erfolg der Behandlung«, also die Überzeugung, dass eine Behandlung für ihn nicht funktionieren oder unangenehme Nebenwirkungen haben wird.[12]

Selbst wenn dem Patienten eine Behandlung verabreicht wird, die sich in der Vergangenheit bewährt hat, kann die Überzeugung, dass sie für ihn wertlos sei, einen starken negativen Effekt haben. Ich erinnere mich, vor ein paar Jahren etwas über ein Experiment an Menschen mit Atemproblemen gelesen zu haben. (Ich erinnere mich auch noch daran, dass ich froh war, nicht einer dieser Menschen zu sein.) In den

Tests atmeten Menschen, von denen man wusste, dass sie Asthma haben, ein verdampftes Mittel ein, das nach Aussage der Wissenschaftler ein Reizmittel sein sollte. Obwohl es sich dabei lediglich um eine atomisierte Kochsalzlösung handelte, entwickelten ungefähr die Hälfte der Teilnehmer Atemprobleme, manche sogar einen vollständigen Asthma-Anfall! Als man ihnen dann ein anderes Mittel gab, das heilsam sein sollte, erholten sie sich sofort. Tatsächlich war jedoch auch in diesem Mittel nichts als Kochsalz und Wasser.

In ihrem Buch mit dem Untertitel *The Science Behind Folk Remedies and Old Wives' Tales* (Die Wissenschaft hinter Volkheilmitteln und Ammenmärchen) fassen Robert und Michele Root-Bernstein diese unerwartete Wirkung in dem Satz zusammen: »Der Nocebo-Effekt kann die Reaktion des Körpers auf die richtige Behandlung vom Guten ins Schlechte verkehren.«[13]

Ähnlich wie die Physiker entdeckt haben, dass die Erwartungen des Beobachters während eines Experiments das Ergebnis des Experiments beeinflussen, kann die Aussage eines Arztes – »Na ja, versuchen wir es mal mit diesem Mittel, vielleicht hilft das ein bisschen« – entscheidend für den Erfolg oder Misserfolg der Behandlung sein. Selbst der zarteste Hinweis eines Arztes auf die Wirksamkeit einer Behandlung kann zum Versagen führen – und manchmal sogar tödlich sein. In der berühmten Framingham Herz-Studie, die 1948 unter der Leitung des National Heart Institute (NHLBI) durchgeführt wurde, ist genau so ein Fall dokumentiert.[14]

Die Studie begann mit 5209 Männern und Frauen aus Framingham, Massachusetts, im Alter zwischen 30 und 62 Jahren. Das Ziel der Untersuchung war, eine durchschnittliche

Gruppe von Menschen über einen langen Zeitraum zu beobachten, um die unbekannten Ursachen von Herzerkrankungen
zu erforschen. 1971 begann eine Folgeuntersuchung mit den
Kindern der ersten Untersuchungsgruppe und zurzeit läuft
eine weitere Studie mit den Enkeln.

Alle zwei Jahre wurden die Teilnehmer auf bekannte Risikofaktoren hin untersucht. Obwohl sie aus allen
Bevölkerungsschichten kamen, spielte die Überzeugung der
jeweiligen Person in Bezug auf das Risiko einer Herzer-
krankung eine überraschende Rolle. Es zeigte sich zum
Beispiel, dass Frauen, die *glaubten,* mehr zu Herzerkrankungen
zu neigen, viermal häufiger daran erkrankten als Frauen mit
ähnlichen Risikofaktoren, die das nicht glaubten.[15]

Aus medizinischer Sicht ist zwar nicht ganz klar, warum
diese Wirkung existiert, aber niemand zweifelt mehr
daran, dass es eine Verbindung gibt zwischen dem, was wir
über unseren Körper glauben, und dem, was in unserem
Leben geschieht. Aber ist das alles? Hört die Macht der
Überzeugungen an der Grenze auf, die durch das Fleisch
unseres Körpers definiert wird, oder geht sie weiter? Und
wenn dem so sein sollte: Könnte das die Phänomene erklären,
die wir in der Vergangenheit als Wunder bezeichnet haben?

Überzeugungen, die unsere Welt verändern

Während die Theorien der Überzeugungen interessant sein
mögen und die Experimente eindrucksvoll, verlangt mein
wissenschaftlich ausgebildeter Verstand immer noch nach
etwas Handfestem, nach einer sinnvollen Anwendbarkeit dessen, was die Theorien beschreiben.

Eines der erstaunlichsten Beispiele, wie die Gefühle und Überzeugungen einer Gruppe eine ganze Region beeinflussen, wurde als mutiges Experiment dokumentiert, als 1982 der Krieg zwischen Libanon und Israel begann. In dieser Zeit bildeten Forscher eine Gruppe von Menschen darin aus, Frieden in ihren Körpern zu »fühlen« und gleichzeitig davon überzeugt zu sein, dass in ihren Körpern Frieden herrsche (statt an Frieden zu denken oder dafür zu beten, dass Frieden geschehe). In diesem Experiment bedienten sich die Teilnehmer einer bestimmten Meditation, die »Transzendentale Meditation« (TM) genannt wird.

An bestimmten Tagen wurden diese Menschen zu bestimmten Zeiten an bestimmte Positionen der kriegsgeplagten Gegend gebracht. Und tatsächlich, in dem Zeitfenster, da sie Frieden fühlten, setzten die Terroranschläge aus, die Verbrechen gegen Menschen nahmen ab, es gab weniger Notaufnahmen und Verkehrsunfälle. Sobald diese Menschen ihre Übung beendeten, kehrten die Statistiken zum Normalzustand zurück. Diese Studie belegte frühere Ergebnisse: Wenn ein kleiner Anteil der Bevölkerung in sich Frieden erzeugt, spiegelt sich dieser Frieden in der Welt um sie herum.

In dieser Untersuchung wurden die Wochentage, Feiertage, selbst Mondzyklen berücksichtigt. Die Ergebnisse waren so durchgängig, dass die Forscher genau berechnen konnten, wie viele Menschen in der Erfahrung von Frieden sein müssen, damit es sich in der äußeren Welt zeigt: Die Quadratwurzel von 1 Prozent der Bevölkerung. In einer Stadt von 1 Million Einwohner zum Beispiel sind das 100 Menschen. In einer Welt von 6 Milliarden Menschen sind das knapp 8000. Das ist das Minimum, um den Prozess in Gang zu setzen. Je mehr Menschen damit beschäftigt sind, Frieden zu fühlen, desto schneller stellt sich die Wirkung ein. Diese Studie wurde unter dem Titel »International Peace Project in the Middle East« (Internationales Friedensprojekt im Nahen Osten) bekannt und 1988 in *The Journal of Conflict Resolution* veröffentlicht.[16]

Studien dieser Art bedürfen sicherlich weiterer Erforschung, aber es ist jetzt schon klar, dass es hier eine Wirkung gibt, die nicht zufällig sein kann. Unsere innersten Überzeugungen beeinflussen ganz deutlich die Qualität unserer äußeren Welt. Aus dieser Perspektive muss alles – von der Heilung unserer Körper bis zum Frieden zwischen den Nationen, von unserem geschäftlichen Erfolg über unsere Beziehungen bis hin zu Ehescheidungen – als Spiegel unserer selbst und der Bedeutung, die wir den Erfahrungen in unserem Leben geben, verstanden werden.

Historisch betrachtet ist die Annahme, dass das, was wir in unseren Herzen als wahr annehmen, irgendeine Wirkung auf unseren Körper haben könnte, eine echte Herausforderung. Selbst jenen, denen die Beziehung zwischen unserem Körper und unserem Geist selbstverständlich ist, fällt es nicht leicht, zu glauben, dass unsere Überzeugungen auch die Welt jenseits unseres Körpers beeinflussen. Doch es gibt ebenso Menschen, denen das unmittelbar einleuchtet.

Wer mit einem ganzheitlichen Weltbild aufgewachsen ist, war sich schon immer der Macht der Überzeugung bewusst. Doch die universelle Macht der Überzeugungen bietet jedem Menschen die Chance und die Fähigkeit, sich zu entscheiden, Leiden, Kriege und Mangel im Leben zu verändern.

Es gibt allerdings eine Bedingung, die erfüllt sein muss, bevor uns die Macht der Überzeugung in unserem Leben zur Verfügung steht: *Wir müssen von der Macht der Überzeugung überzeugt sein!* Das macht es manchmal sehr schwierig, die Macht der Überzeugungen ernsthaft in Erwägung zu ziehen.

Realitäts-Code 12: Wir müssen die Macht der Überzeugungen akzeptieren, um sie in unserem Leben nutzen zu können.

Wundersame Heilungen und zahllose »Synchronizitäten« mögen möglich sein, doch wir müssen dafür offen und bereit sein, sie anzunehmen, um in ihren Genuss zu kommen. Mit anderen Worten: *Wir brauchen einen Grund,* um an sie zu glauben. Hier wird die Unterscheidung von Überzeugung, Glauben und Wissenschaft wichtig.

Überzeugung, Glauben und Wissenschaft

Wir leben heute in einer Zeit, in der die drei wesentlichen Arten des »Wissens« – Überzeugung, Glauben und Wissenschaft – immer wieder an der Realität unserer Welt überprüft werden müssen. Wenn wir gefragt werden, ob wir wissen, dass etwas wahr sei, verlassen wir uns zur Beantwortung der Frage im Allgemeinen auf Annahmen, die auf einer dieser Arten der Weltwahrnehmung beruhen oder auf einer Kombination daraus.

Der wissenschaftliche Aspekt ist klar: Hier geht es um Fakten und Beweise. Doch zwischen Überzeugung und Glauben wird oft nicht so deutlich unterschieden; viele

Menschen verwenden die Begriffe sogar synonym. Vielleicht lässt sich der Unterschied am besten an einem Beispiel erklären.

Angenommen, ich bin schon viele Marathons gelaufen. Fragt mich dann jemand, ob ich demnächst einen Marathon laufen könnte, würde ich mit Ja antworten. Meiner Antwort läge sowohl die Tatsache zugrunde, dass ich in der Vergangenheit schon viele Marathons bewältigt habe, als auch die Überzeugung, dass ich es deswegen in der Zukunft auch schaffen werde. Es gäbe keinen Anlass, etwas anderes zu vermuten. In diesem Beispiel würde ich sagen, ich wäre von meiner Fähigkeit, das Rennen zu vollenden, überzeugt – eine Überzeugung, die auf direkter Erfahrung beruht.

Jetzt nehmen wir weiter an, ich erhielte von den Veranstaltern jenes Marathons die Unterlagen und müsste feststellen, dass dieser Marathon im Gebirge auf über 3000 Metern Höhe stattfindet. Das würde die Situation verändern.

So wahr es wäre, dass ich schon viele Marathons erfolgreich absolviert habe, müsste ich doch eingestehen, dass ich noch nie in so großer Höhe gelaufen bin. Ich habe also keine Erfahrung, ob ich das schaffen kann. Ich habe zwar auch keinen konkreten Grund, anzunehmen, dass ich es nicht schaffe, aber ich habe es noch nie versucht. Ich könnte nur Mutmaßungen anstellen. Meine Mutmaßung müsste auf meinem *Glauben* beruhen, weil ich keine Beweise dafür habe, ob ich es kann.

Überzeugungen beruhen auf Beweisen. Auch unser Glaube an etwas mag in gewissem Maß auf Beweisen beruhen, aber er braucht es nicht. Ein Gläubiger braucht keine Beweise.

In religiösen Zusammenhängen wird gerne zwischen

Glauben und Überzeugung unterschieden. Für manche Menschen ist zum Beispiel die Existenz Gottes ohne Frage wahr. Sie erklären, keine Beweise zu brauchen und einfach zu glauben, dass es Gott gibt. Für andere ist es dagegen schwierig, Gottes Existenz als Tatsache hinzunehmen, solange sie keine direkten Beweise dafür wahrnehmen können. Vielleicht sehnen sie sich sogar danach und verbringen mitunter ihr ganzes Leben mit der Suche nach so einem Beweis, der jedoch nie so aussieht, wie sie es erwarten. Sie können sich nicht auf den Glauben an Gott einlassen, ohne diesen Beweis zu haben.

Und wieder andere Menschen landen bei ihrer Suche nach Gott bei der Ordnung und Schönheit, welche die Wissenschaft in allem – von den kleinsten Materieteilchen bis hin zu den entferntesten Galaxien – gefunden hat, und entdecken darin den nicht zu leugnenden Beweis für ein intelligentes Universum. Für diese Menschen beweist die Wissenschaft selbst die Existenz Gottes.

Wie bereits erwähnt, sind es die Fakten, welche die Wissenschaften von Überzeugungen und Glauben unterscheiden. Auch wenn sich die Fakten verändern können – und es oft tun, wenn Neues entdeckt wird –, wird Wissenschaft allgemein als etwas verstanden, das generelle Wahrheiten oder generelle Gesetzmäßigkeiten aufgrund von wissenschaftlich überprüfbaren Beweisen feststellt.[17]

Die Erkundung der Macht der Überzeugungen als eine zuverlässige, wiederholbare und erlernbare Erfahrung ist also ganz klar eine Wissenschaft. Tun wir diese Dinge auf eine gewisse Weise und sind wir auf eine bestimmte Weise überzeugt, können wir ein bestimmtes Ergebnis erwarten. Das Geheimnis zu entdecken, dass es sich bei Überzeugungen um etwas wissenschaftlich Erfassbares handelt, kann zu einem der größten Wendepunkte der modernen Welt werden. Diese Entdeckung kann uns in die Lage versetzen, das Leiden in unserer Welt zu beenden, das unsere Welt seit Menschengedenken quält.

Es geht darum, unsere Überzeugungen als etwas Sinnvolles zu verstehen. Wir müssen einen Weg finden, sie im Rahmen von etwas zu begreifen, das uns bereits bekannt ist und das wir uns erklären können, wie zum Beispiel einen Computer. Genau das tun wir, wenn wir uns die Überzeugungen als das Programm des Bewusstseins vorstellen.

Im ersten Kapitel haben wir die Möglichkeit erkundet, dass das Universum wie ein gigantischer Computer funktioniert, in dem die Überzeugungen das Programm liefern. Wir wissen, wie ein Computer arbeitet. Und wir wissen, wie ein Computerprogramm funktioniert. Wir haben also einen vergleichenden Zusammenhang hergestellt. Jetzt wollen wir noch einen Schritt weiter gehen und schauen, wie sehr unsere Überzeugungen programmierend wirken und wie wir neue Überzeugungsprogramme entwickeln können, die mit dem Computer des Universums kommunizieren können.

Definition von Überzeugung

Die Gründe, warum etwas so Einfaches wie eine Überzeugung solche Macht hat, könnten Bände füllen. Dieses Buch soll nur einen Anfang darstellen. Im letzten Abschnitt haben wir gesagt, Überzeugung ist mehr als Glauben. Überzeugung ist mehr als eine Übereinkunft oder ein Kompromiss. Im Rahmen dieses Buches wollen wir

»Überzeugung« als eine Erfahrung definieren, die sowohl in unserem Geist als auch in unserem Körper stattfindet. Genauer gesagt gehen wir davon aus, dass »Überzeugung« die Akzeptanz ist, die aus der Verbindung dessen, was wir in unserem Geist für wahr halten, mit dem, was wir in unserem Körper als wahr empfinden, erwächst.

Realitäts-Code 13: Überzeugung wird definiert als die Gewissheit, die entsteht, wenn wir etwas akzeptieren, das wir sowohl in unserem Geist für wahr halten als auch in unserem Herzen als wahr empfinden.

Überzeugungen sind eine universelle Erfahrung, die wir verstehen, miteinander teilen und entwickeln können, um damit etwas zu verändern. Die folgenden Punkte sind die Grundlage einer Beschreibung dessen, was Überzeugungen sind und wie wir sie als eine kraftvolle innere Technologie einsetzen können:

- **Überzeugungen sind eine Sprache.** Und nicht irgendeine Sprache. Sowohl alte Traditionen als auch die modernen Wissenschaften beschreiben sie als den Schlüssel zu dem »Stoff«, aus dem unser Universum besteht. Die Erfahrung dessen, was wir »Überzeugung« nennen, wirkt ohne jegliche Worte in dem Quantenstoff unserer Körper und unserer Welt. In der Gegenwart unserer tiefsten Überzeugungen werden die Grenzen der Biologie, Physik, von Zeit und Raum, wie wir sie heute begreifen, zu einer Sache der Vergangenheit.

- **Überzeugungen sind persönliche Erfahrungen.** Jeder ist von irgendetwas überzeugt. Und jeder erfährt seine Überzeugungen anders. Es gibt da kein richtig oder falsch und nichts, was man tun oder lassen sollte. Man muss keine althergebrachten Körperhaltungen einnehmen oder die Finger auf bestimmte Art verbiegen. Wenn es diese Bedingungen gäbe, dann wäre die Macht der Überzeugungen jenen vorbehalten, die vollen Zugang zu ihrem Körper und ihren Gliedmaßen haben. Überzeugung ist mehr als das, was wir denken. Sie ist mehr als das, was uns durch ein Buch, ein Ritual, eine Übung oder die Erkenntnisse einer anderen Person als wahr vermittelt wird. Überzeugung ist unsere *Akzeptanz* dessen, was wir gesehen, erfahren oder erkannt haben.

- **Überzeugungen sind eine persönliche Kraft.** In unseren Überzeugungen liegt die gesamte Kraft dessen, was wir brauchen, um all die Veränderungen vorzunehmen, die wir uns wünschen: die Kraft, unserem Immunsystem, unseren Stammzellen und unserer DNS Heilungskommandos zu senden; die Kraft, die Gewalt in unseren Familien, Städten und Gegenden zu beenden; die Kraft, unsere tiefsten Wunden zu heilen, unseren größten Freuden Leben einzuhauchen und unsere alltägliche Wirklichkeit tatsächlich zu erschaffen. Durch unsere Überzeugungen haben wir Zugang zu der mächtigsten Kraft des Universums: der Macht, unser Leben, unseren Körper und unsere Welt durch unsere Entscheidungen zu verändern.

Um die Macht der Überzeugungen zu verstehen, müssen wir ganz genau begreifen, wie sie entstehen und wo sie in unserem Körper sind. Unsere Überzeugungen sind zwar mit Gefühlen eng verbunden, doch sie fallen in eine etwas andere Kategorie als einfache Gefühle wie Ärger oder Freude. Wenn wir uns diesen Unterschied klarmachen, wissen wir auch, wie wir Überzeugungen ablegen können, die uns nicht mehr dienlich sind.

Die Anatomie der Überzeugungen

Damit unsere Überzeugungen auf die Welt um uns herum eine Wirkung haben, müssen zwei Dinge gegeben sein:

- Es muss ein Medium geben, in dem sich unsere Überzeugungen über unsere Körper hinaus bewegen können, und unsere Überzeugungen müssen in der Lage sein, etwas in der physischen Welt zu bewirken.

- Sie müssen die Atome bewegen, aus denen die Welt besteht, damit etwas passieren kann. Die neuesten wissenschaftlichen Entdeckungen beweisen zweifelsfrei, dass unsere Überzeugungen zu beidem in der Lage sind.

Wie auch immer wir den Raum zwischen der Welt und uns, den wir bislang als leer bezeichnet haben, nennen wollen: Sowohl die wissenschaftlichen Experimente als auch die spirituellen Prinzipien sagen uns, dass er alles andere als leer ist. Im frühen 20. Jahrhundert bezog sich Albert Einstein auf die geheimnisvolle Kraft, von der er mit Gewissheit annahm, dass sie den Raum erfüllt, den wir als Universum wahrnehmen: »Die Natur zeigt uns nur den Schwanz des Löwen.« Und er fuhr mit seiner Analogie fort: »Ich zweifele nicht daran, dass dazu auch ein Löwe gehört, auch wenn er sich aufgrund seiner enormen Größe nicht auf einmal zeigen kann.«[18]

Wie im ersten Kapitel beschrieben, zeigen die neuen Versuche, dass Einsteins Löwe jene Kraft ist, die der Physiker Max Planck als den »Urgrund« bezeichnet hat, der den leeren Raum erfüllt und alles mit allem verbindet. Dieser Urgrund ist die Verbindung zwischen unserer inneren Erfahrung der Überzeugung und der Welt um uns herum. Die moderne Wissenschaft hat unser Verständnis von Plancks Urgrund verfeinert, indem sie ihn als eine Energie beschreibt, die schon immer und überall existiert, seit mit dem Urknall die Zeit begann.

Die Existenz dieses Feldes impliziert drei Dinge, die direkt mit der Macht der Überzeugung in unserem Leben zu tun haben. Diese drei Prinzipien mögen im Widerspruch zu vielen wohlbekannten Lehrsätzen der Wissenschaft und Spiritualität stehen, doch sie eröffnen uns auch die Möglichkeit, uns selbst in unserem Leben in einen sehr viel kraftvolleren Zusammenhang zu stellen.

1. Das erste Prinzip legt Folgendes nahe: Wenn alles innerhalb dieses Urgrundes, dieser Matrix existiert, ist auch alles miteinander verbunden. Ist alles verbunden, dann hat alles, was wir an einer Stelle tun, eine Wirkung an anderer Stelle. Dieser Einfluss kann groß oder klein sein – abhängig von einer Reihe von Faktoren, die wir noch betrachten werden. Hier geht es zunächst darum, dass eine Erfahrung an einer Stelle die Macht hat, die Welt an einer anderen Stelle zu beeinflussen. Dazu gehören auch Wirkungen auf physischer Ebene.

2. Das zweite Prinzip weist darauf hin, dass die göttliche Matrix holografisch ist, das heißt, dass jeder Bereich des Feldes alles enthält, was es im Feld gibt. Wir können also bei uns im Wohnzimmer sitzen und von der Heilung eines lieben Menschen, der auf der anderen Seite der Welt lebt, so überzeugt sein, als wäre sie bereits geschehen – und die Essenz unserer Überzeugung wird bereits an ihrem Zielort wirken. Die Veränderungen, die wir in uns selbst vornehmen, sind also sozusagen als Blaupause der Matrix unmittelbar überall gegenwärtig. Unsere Aufgabe ist also weniger, dafür zu sorgen, dass unsere guten Wünsche auch da ankommen, wo sich der andere gerade befindet, als die Möglichkeiten mit Leben zu erfüllen, die wir in unseren Überzeugungen erschaffen.

»Nun gut«, mögen Sie sagen, »da gibt es also ein Energiefeld, das alles zusammenhält, und wir sind ein Teil dieses Feldes. Intuitiv mag es sinnvoll erscheinen, dass alles durch dieses Feld verbunden ist, aber damit kann ich noch lange nicht verstehen, wie diese Verbindung genau funktioniert.«

Hier helfen uns die wissenschaftlichen Entdeckungen der letzten 100 Jahre, die uns zeigen, warum unsere Überzeugungen von der Welt eine Wirkung in der Welt haben. Unsere Überzeugungen wirken in energetischen Mustern – Muster der gleichen Energie, aus der auch alles andere besteht. Wenn wir die alltägliche Welt auf Muster dieser Energie reduzieren, dann wird es plötzlich durchaus denkbar, dass es möglich ist, die Wirklichkeit zu verändern.

Überzeugungswellen: Die Sprache der Atome

Das folgende Ablaufschema oder Flussdiagramm zeigt die generelle Verbindung zwischen Energie, den Atomen der Wirklichkeit und den Überzeugungen. Die Darstellung soll uns als Bezugsrahmen dienen, um jedes Element detaillierter zu betrachten und dann alles auf eine für unser Leben nützliche Weise zusammenzuführen.

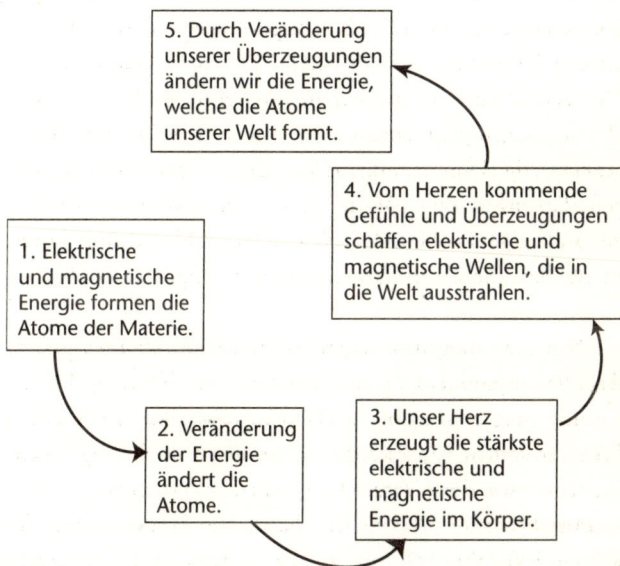

5. Durch Veränderung unserer Überzeugungen ändern wir die Energie, welche die Atome unserer Welt formt.

4. Vom Herzen kommende Gefühle und Überzeugungen schaffen elektrische und magnetische Wellen, die in die Welt ausstrahlen.

1. Elektrische und magnetische Energie formen die Atome der Materie.

2. Veränderung der Energie ändert die Atome.

3. Unser Herz erzeugt die stärkste elektrische und magnetische Energie im Körper.

Abb. 4. Ein Ablaufschema, das die Beziehung zwischen unseren Überzeugungen und den Veränderungen, die sie in der physischen Welt verursachen, darstellt.

Natürlich kann die Wissenschaft nicht alle Fragen dazu beantworten, *wie* unsere Überzeugungen auf die Realität wirken. Wenn sie es könnte, würden wir in einer anderen Welt leben. Aber sie kann uns mit Gewissheit sagen, dass unser Herz tatsächlich im Herzen der elektrischen und magnetischen Felder sitzt, die mit den Organen in unserem Körper kommunizieren. Und man hat festgestellt, dass die Felder, die unser Herz erzeugt, nicht auf das Innere unseres Körpers beschränkt sind. Man hat sie bis zu zweieinhalb Meter um unseren Körper herum gemessen![19]

Als ich die Wissenschaftler, die diese Untersuchungen durchgeführt haben, fragte, warum ein Feld eines so kraftvollen Organs wie des menschlichen Herzens auf zweieinhalb Meter begrenzt sei, gaben sie mir die Auskunft, dass diese Zahl durch die Beschränkungen ihrer experimentellen Ausrüstung zustande komme und dass es sehr wohl möglich sei, dass sich das Feld des Herzens sehr viel weiter erstreckt.

1993 dokumentierte das HeartMath Institute die Tatsache, dass die in unseren Emotionen enthaltenen Informationen eine Schlüsselrolle dabei spielen, wie das Herz dem Gehirn mitteilt, welche Chemikalien (Hormone, Endorphine etc.) es im Körper zum jeweiligen Zeitpunkt produzieren soll.[20] Genauer gesagt teilen unsere Emotionen uns mit, was wir im jeweiligen Augenblick zu brauchen *meinen*. Diese Verbindung zwischen Herz und Gehirn ist in der öffentlichen Literatur gut dokumentiert und in der progressiven Medizin allgemein anerkannt.

Nicht so gut dokumentiert ist jedoch, *wie* unsere Überzeugungen unsere physische Welt verändern können. Vielleicht ist diese mangelhafte »Verbindung« von Herz,

Gehirn und Realität ein direktes Ergebnis dessen, dass die Biowissenschaften hinter den aufregendsten Entdeckungen unserer Zeit herhinken – Entdeckungen, welche die Prinzipien infrage stellen, auf denen diese Wissenschaften beruhen.

Es gibt in der Wissenschaft eine gewisse Hierarchie, an die sich alle halten müssen, die besagt: Wenn eine Wissenschaft auf den Erkenntnissen einer anderen Wissenschaft aufbaut und sich die zugrunde liegende Wissenschaft verändert, muss sich auch alles verändern, was darauf aufbaut. Wir wissen zum Beispiel, dass die Chemie auf den Erkenntnissen der Physik beruht und die Biologie wiederum auf den Prinzipien der Chemie, die ihrerseits ja auf der Physik aufbaut. Nun ist es so, dass unsere wissenschaftliche Weltsicht seit Isaac Newton bis zum Anfang des 20. Jahrhunderts eine mechanische war: Dinge stehen in einer bestimmten Beziehung zu anderen Dingen. All das veränderte sich 1925 mit der Akzeptanz der Quantenphysik. Plötzlich sahen wir im Universum eher Energiefelder, die als Möglichkeiten existieren, als eine absolut vorhersehbar funktionierende Maschine.

Als sich die Erkenntnisse der Physik veränderten, hätten sich auch alle Wissenschaftsfelder, die auf der Physik aufbauen, verändern müssen. Manche taten es. Die Mathematik veränderte sich, ebenso die Chemie. Doch die Biowissenschaften taten es nicht. Viele Biowissenschaftler arbeiten und lehren bis zum heutigen Tag auf der Grundlage einer mechanischen Weltsicht, statt das Universum, unsere Welt und unsere Körper als Energiefelder zu sehen, die sich fortwährend in einem Tanz miteinander befinden.

Die Sprache der Atome

Während sich die Wissenschaftler abmühen, zu verstehen, wie unsere Überzeugungen in den althergebrachten Modellen des Lebens und der Wirklichkeit unsere Welt beeinflussen könnten, lässt uns die neue Sicht von allem als miteinander in Wechselwirkung stehenden Energiefeldern eher fragen, wie es denn anders sein könnte. Wenn wir anfangen, alles aus dieser Perspektive zu betrachten, fallen die Beschränkungen der Vergangenheit plötzlich weg. Nun werden die Mechanismen deutlich, wie unsere Überzeugungen unsere physische Welt beeinflussen können. Alles beginnt damit, wie wir über die Materie denken!

Wenn Sie schon eine Zeit lang kein Schulzimmer mehr von innen gesehen und kein Buch über die »neue Physik« gelesen haben, sind Sie vielleicht überrascht, wie man sich Atome heutzutage vorstellt. Statt des mechanischen Modells von umeinander kreisenden Teilchen, die wie ein Mini-Sonnensystem aussehen, besteht das Atom gemäß Quantensicht aus der Möglichkeit, dass sich Energie zu einem bestimmten Zeitpunkt an dem einen oder anderen Ort konzentriert (Abb. 5).

Diese Energie besteht zu Teilen aus elektrischen und magnetischen Feldern – *den gleichen Feldern, die wir in den Gedanken unseres Gehirns und den Überzeugungen unseres Herzens erzeugen.* Mit anderen Worten: Die universalen Erfahrungen, die wir als Gefühle und Überzeugungen kennen, sind Bezeichnungen für die Fähigkeit unseres Körpers, unsere Erfahrungen in elektrische und magnetische Wellen umzusetzen.

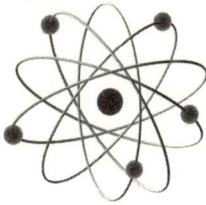

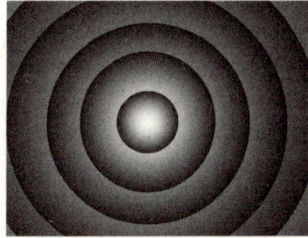

Abb. 5. Links das alte mechanische Modell des Atoms als eine Ansammlung von »Dingen«; rechts das neue Quantenmodell des Atoms in Form von Konzentrationen von Energie in verschiedenen Zonen.

Hier wird es richtig interessant. Egal ob sich das elektrische Feld eines Atoms verändert oder das magnetische Feld oder beides: Das Atom verändert sich. Es ändert sein Verhalten und es ändert seinen Ausdruck als Materie. Wenn sich ein Atom verändert, wandelt sich unsere Welt.

Die Veränderung der Energie eines Atoms durch ein magnetisches Feld ist ein gut dokumentiertes Phänomen, das zuerst 1896 entdeckt wurde. Der nach seinem Entdecker Pieter Zeeman benannte Zeeman-Effekt besteht darin, dass eine magnetische Kraft den Stoff der Materie verändert. Noch deutlicher wird es klassischerweise in den Physikbüchern gesagt: »In einem äußeren magnetischen Feld verändert sich die Energie des Atoms ...«[21]

Ein ähnliches Phänomen ist der sogenannte Stark-Effekt.[22] Johannes Stark fand 1913 heraus, dass ein elektrisches Feld die gleiche Wirkung hat, wie sie Zeeman mit Magnetismus bewiesen hatte. Für sich genommen sind der Zeeman- und der Stark-Effekt interessant, doch zusammengenommen bilden sie den Schlüssel zu einem Verständnis der Macht der herzerfüllten Überzeugung.

Untersuchungen des HeartMath Instituts haben gezeigt, dass die elektrische Kraft des Herz-Signals (EKG) bis zu 60 Mal stärker ist als das elektrische Signal vom Gehirn (EEG). Das magnetische Feld des Herzens ist sogar 5000 Mal stärker als das des Gehirns.[23] Jedes dieser Felder hat die Macht, die Energie von Atomen zu verändern. *Und wir erzeugen beide Felder* durch die Erfahrung der Überzeugung!

Wenn wir in unserem Körper herzzentrierte Überzeugungen erschaffen, kommt in der Sprache der Physik unsere Überzeugung in Form von elektrischen und magnetischen Wellen zum Ausdruck. Diese Überzeugungswellen sind weder auf unser Herz beschränkt noch durch die physischen Barrieren unserer Haut und Knochen begrenzt. In jedem Augenblick jedes Tages »sprechen« wir mit der Welt um uns herum in einer Sprache, die keiner Worte bedarf: durch die Überzeugungswellen unseres Herzens.

Das Herz pumpt nicht nur ständig das Blut des Lebens durch unseren Körper, es dient uns auch als eine Art Vermittler zwischen unseren Überzeugungen und der Materie. Es übersetzt die Wahrnehmungen unserer Erfahrungen, Überzeugungen und Vorstellungen in die codierte Sprache der Wellen, die mit der Welt jenseits unseres Körpers kommunizieren. Vielleicht ist es das, was der Dichter und Philosoph John Mackenzie meinte: »Die Unterscheidung zwischen dem, was wirklich ist, und dem, was imaginär ist, kann letztendlich nicht aufrechterhalten werden ... Alle existierenden Dinge sind ... imaginär.«[24]

Realitäts-Code 14: Überzeugungen kommen im Herzen zum Ausdruck. Dort verwandeln sich unsere Erfahrungen in elektrische und magnetische Wellen, die mit der physischen Welt in Wechselwirkung stehen.

Was bedeutet all das? Die Aussage ist im Grunde einfach. Die Auswirkungen sind enorm. Genau die Energiefelder, die unsere Welt zu dem machen, was sie ist, werden durch das mysteriöse Organ erzeugt, in dem unsere tiefsten Überzeugungen liegen. Vielleicht ist es kein Zufall, dass die Macht, unsere Körper und die Atome der Materie zu verändern, an jenem Ort fokussiert ist, der seit Langem mit den spirituellen Qualitäten assoziiert wird, die uns zu dem machen, was wir sind. Da erscheint es sinnvoller denn je, einander anzuschauen und voll tiefer Dankbarkeit für alles, was wir im Leben erfahren haben, zu sagen: »Gesegnet seien unsere Herzen!«

Das große Geheimnis, das jeder kennt – außer uns!

Durch Bücher und Filme wie *The Secret* und *What the Bleep Do We Know?* ist die Art, wie wir denken, mehr in den Fokus der Aufmerksamkeit gerückt. Merkwürdigerweise finden die naheliegenden Erfahrungen des Fühlens und der Emotion in dieser Diskussion kaum Berücksichtigung. Manchmal werden sie sogar herabgesetzt. Und wenn sie ins Gespräch kommen, werden die Begriffe »Gefühl« und »Emotion« oft synonym verwendet und verschwimmen zu einer nebulösen Erfahrung, die schwer zu definieren ist.

Meine Mutter und ich sprachen vor vielen Jahren darüber. »Ich dachte immer, Gefühle und Emotionen seien dasselbe«, sagte sie wieder und wieder. Viele Menschen verallgemeinern auf diese Weise. Mit wenigen Ausnahmen haben sowohl die Wissenschaften als auch die Spiritualität – jene beiden Quellen, aus denen wir in der Geschichte unser Wissen über die Welt bezogen haben – die Macht der Gefühle und der Emotionen völlig unbeachtet gelassen.

In unserer traditionellen Version der christlichen Bibel zum Beispiel gingen jene Dokumente (z.B. das Thomas-Evangelium), die uns die Macht der Gedanken und der Emotionen lehren, durch die Kürzungen, die im 4. Jahrhundert vorgenommen wurden, »verloren« – vielleicht tatsächlich zufällig. Doch es gibt andere spirituelle Traditionen, die auf den gleichen Lehren beruhen und in denen sie erhalten blieben.

Als ich Mitte der Achtzigerjahre noch als Wissenschaftler in der Rüstungsindustrie arbeitete, dachte ich mir, dass die besterhaltenen Beispiele solcher Lehren sicher an Orten zu finden seien, die am wenigsten von der modernen Zivilisation beeinträchtigt wurden. So reiste ich auf der Suche nach solchen Lehren zu einigen der abgelegensten Heiligtümer, die es heute auf der Erde gibt. Auf einer dieser Reisen hörte ich im Jahr 1998 an einem klaren, kalten Morgen Worte, welche die Macht der Gefühle in unserem Leben beschrieben und die keinen Zweifel offen ließen.

§⊙Ω

Auf dem tibetischen Hochplateau ist jeden Tag Sommer und Winter – Sommer im intensiven Licht der Höhensonne, Winter, sobald die Sonne hinter den Gipfeln verschwindet. Als ich auf dem eiskalten Steinfußboden saß, schien nichts mehr zwischen meiner Haut und den alten Platten zu sein. Aber ich wusste, ich konnte nicht gehen. An diesem Tag sollte sich das erfüllen, weshalb ich eine kleine Gruppe eingeladen hatte, mich auf eine Reise um die halbe Welt zu begleiten.

Zwei Wochen lang hatten wir unsere Körper allmählich an die Höhe von viereinhalbtausend Metern gewöhnt. Wir hatten uns an unsere Sitze und sogar aneinander geklammert, wenn der alte, klapprige Bus über halb zerfallene Brücken und durch wegelose Wüsten gefahren war, nur um an diesen Ort zu gelangen – in ein 800 Jahre altes Kloster, das einsam am Fuß eines Berges lag. Ich konzentrierte meine Aufmerksamkeit direkt auf die Augen des schönen, alterslos scheinenden Mannes, der im Lotussitz vor uns saß: der Abt des Klosters. Mithilfe unseres Übersetzers stellte ich ihm die gleiche Frage, die ich jedem Mönch und jeder Nonne, die uns auf unserer Pilgerfahrt begegnet waren, gestellt hatte: »Wenn wir eure Gebete sehen«, begann ich, »was macht ihr dann eigentlich? Wir sehen, dass ihr bis zu 14 und 16 Stunden am Tag singt, wir sehen die Glocken, die Schalen, die Gongs, die Mudras und all das Äußerliche – *aber was passiert dabei in euch?*«

Als der Übersetzer die Antwort des Abtes an uns weitergab, lief ein Schauder durch meinen Körper und ich wusste, dies war der Augenblick, für den wir uns auf den Weg gemacht hatten.

»Ihr habt unsere Gebete nie gesehen«, erwiderte er, »weil man Gebete nicht sehen kann.« Er rückte die schwere Wollrobe um seine Füße zurecht. »Was ihr seht, ist das, was wir tun, um das Gefühl in unserem Körper zu erzeugen. *Das Gefühl ist das Gebet!*«

Die Klarheit der Antwort des Abtes begeisterte mich! In seinen Worten klang das Echo der Ideen an, die in den alten gnostischen und christlichen Traditionen vor 2000 Jahren aufgezeichnet worden waren. In frühen Übersetzungen des Johannes-Evangeliums (z.B. Kapitel 16, Vers 24) werden wir aufgefordert, unsere Gebete damit zu stärken, dass wir uns mit der Erfüllung unseres Verlangens umgeben, genauso wie es der Abt vorschlug. »Betet ohne Hintergedanken und seid umgeben von der Antwort.« Damit unsere Gebete erhört werden, müssen wir den Zweifel transzendieren, der so oft mit unseren Wünschen einhergeht. Nach einer kurzen Anweisung, wie man Zweifel überwinden kann, lesen wir im Thomas-Evangelium Jesu Erklärung, wie wir die Gefühle erzeugen können, die Wunder vollbringen.

Diese Worte wurden Mitte des 20. Jahrhunderts als Teil der ägyptischen Nag-Hammadi-Bibliothek entdeckt. Es gibt in dem Text sogar zwei verschiedene Passagen, aus denen wir lernen können, wie wir unsere Gedanken und Emotionen zu einer einzigen Kraft bündeln können. In Logion 48 wird zum Beispiel gesagt: »Wenn zwei [Gedanke und Emotion] miteinander Frieden schließen (oder: halten) im gleichen Haus, werden sie zum Berg sagen: ›Hebe dich hinweg!‹ Und er wird sich hinwegbewegen.«[25]

Logion 106 ist bemerkenswert ähnlich: »Wenn ihr die zwei (zu) einem macht, werdet ihr Söhne des Menschen werden. Und wenn ihr sagt: ›Berg, hebe dich hinweg!‹, wird er sich umdrehen.«[26]

Wenn sich eine Lehre über so lange Zeit hinweg erhalten hat, dass der Abt die Essenz nach 2000 Jahren praktisch nur wiederholt, dann könnte diese Lehre auch heute noch nützlich sein. Sowohl der Abt als auch die alten Schriften beschreiben eine Form des Gebets und ein großes Geheimnis, die im Westen weitgehend in Vergessenheit geraten sind. Überzeugungen und unsere Gefühle hinsichtlich unserer Überzeugungen sind die Sprache der Wunder.

Gedanken, Gefühle und Emotionen: Erfahrungen, die etwas miteinander zu tun haben

Könnten wir wirklich begreifen, was unsere von Herzen kommende Kraft der Überzeugung uns mitteilt, dann gewönne das Leben eine völlig neue Bedeutung. Wir würden zu den Bauherren unserer Wirklichkeit, statt weiter Opfer einer geheimnisvollen Kraft zu sein, die wir weder sehen noch verstehen. Um dahin zu gelangen, müssen wir jedoch nicht nur verstehen, *wie* unsere Überzeugungen mit dem Universum kommunizieren, sondern auch, *wie* wir die Kommunikation beeinflussen können, wenn wir unsere Überzeugungen ändern. Wenn wir das tun, programmieren wir tatsächlich das Universum. Alles beginnt damit, die drei einzelnen, aber zusammenhängenden Erfahrungen zu verstehen, die wir *Gedanken*, *Gefühle* und *Emotionen* nennen.

Das Diagramm in Abb. 6 stammt aus einem alten, mystischen Sanskrit-Text. Es illustriert, wie wir Gedanken und Emotionen nutzen können, um in unserem Körper von Herzen kommende Gefühle und Überzeugungen hervorzurufen. Der Schlüssel zur Zeichnung liegt in der Platzierung der Energiezentren des Körpers, die auch als *Chakren* bekannt sind (»Chakra« ist Sanskrit und bedeutet »drehendes Energierad«). In dem alten Chakrensystem wird unterschieden zwischen den obersten drei Chakren vom Scheitelpunkt nach unten und den untersten drei Chakren vom unteren Ende der Wirbelsäule aufwärts. Die Rolle, die beide Gruppen von Chakren bei der Entstehung unserer Überzeugungen spielen, bildet den Schlüssel dafür, wie wir unser Leben in die Hand nehmen.

Wenn wir die Beziehungen zwischen unseren Gedanken, Gefühlen und Emotionen verstehen, erkennen wir auch, wie unsere Überzeugungen die Welt beeinflussen. Auf der körperlichen Ebene ist jedes Energiezentrum mit einem Organ des Drüsensystems verbunden; auf der energetischen Ebene jedoch spielen sie in unserem Leben verschiedene Rollen. In den folgenden Abschnitten definieren wir Gedanken, Gefühle und Emotionen zunächst getrennt und zeigen dann, wie sie in den inneren Erfahrungen, die zu unserer Wirklichkeit werden, zusammenspielen.

Definition für Emotion

Die unteren drei Chakren der Kreativität werden gewöhnlich mit unserer Erfahrung von Emotionen assoziiert. Wenn wir uns diese Zentren als reine Energie vorstellen, repräsentieren sie die einzigen zwei Emotionen, derer wir fähig sind: Liebe und das Gegenteil von Liebe. So merkwürdig das auf den ersten Blick erscheinen mag, wird aus dem Folgenden doch klar, dass die Freude, der Hass oder der Frieden, die wir in der Vergangenheit für Emotionen gehalten haben mögen, tatsächlich Gefühle sind, die aus unseren Emotionen entstehen.

Abb. 6. Die sieben Energiezentren, die zusammen das Chakrensystem bilden, verteilen sich vertikal vom Schädeldach bis zum Perineum über den menschlichen Körper. Diese Zeichnung stammt aus einem alten Sanskrit-Manuskript.

Wir alle haben in unserem Leben Erfahrungen der Liebe gemacht. Und weil wir alle einzigartig sind, sind auch unsere Erfahrungen der Liebe einzigartig. Das Gegenteil der Liebe kann für verschiedene Menschen Unterschiedliches bedeuten. Für manche ist das Gegenteil von Liebe die Erfahrung der Angst. Für andere kann es die Erfahrung des Hasses sein. Wie auch immer wir es nennen: Im Grunde sind Liebe und das Gegenteil von Liebe zwei Aspekte derselben Erfahrung, zwei Polaritäten der gleichen Kraft, der Emotion.

Emotion ist unser Antrieb im Leben. Liebe oder Angst ist die Kraft, die uns durch die Wände der Widerstände treibt und uns die Hindernisse überwinden lässt, die uns von unseren Zielen, Sehnsüchten und Träumen trennen. Genauso wie die Kraft jeder Maschine zielgerichtet eingesetzt werden muss, um nützlich zu sein, braucht auch die Kraft der Emotion eine Richtung und einen Fokus, um unserem Leben zu nutzen. Wenn wir unseren Emotionen keine klare Richtung geben, werden sie chaotisch. Wir kennen alle das Drama und das Chaos im Leben von Menschen, die ganz aus ihren Emotionen heraus leben.

Diese beiden Emotionen können zwar eine Quelle physischer und emotionaler Kraft in unserem Leben bilden, doch sie sind ein zweischneidiges Schwert: Sie können uns dienen und sie können uns zerstören, je nachdem wie wir unsere Emotionen fokussieren und ihnen Richtung geben. Und dabei spielt die Macht der Gedanken eine entscheidende Rolle.

Definition von Gedanken

Gedanken sind mit den oberen drei Chakren assoziiert: mit den Chakren, die mit Logik und Kommunikation verbunden sind. Man kann Emotionen als eine Kraftquelle und Gedanken als das Steuerungssystem dieser Kraft begreifen. Unsere Gedanken fokussieren die Macht unserer Emotionen ganz genau. Für sich genommen liegt in einem Gedanken nur wenig Kraft. Aus technischer Sicht könnte man sagen, ein Gedanke ist hinsichtlich einer bestimmten Situation eine skalare Energie (eine potenzielle Kraft), und die Vektor-Energie (eine tatsächliche Kraft) ist das, was tatsächlich in unserem Leben geschieht. Dieser Sicherheitspuffer bewahrt uns davor, dass sich jeder Gedanke, der uns durch den Sinn geht, in unserem Leben manifestiert. Die folgende Statistik zeigt, dass das sehr gut so ist.

Vor ein paar Jahren berichtete die National Science Foundation, dass ein Mensch durchschnittlich 1000 Gedanken pro Stunde denkt. Je nachdem, ob jemand eher nachdenklich ist oder nicht, summiert sich das auf 12 000 bis 50 000 Gedanken pro Tag. Weil ich ein neugieriger Mensch bin, frage ich meine Freunde und Mitarbeiter manchmal einfach so, was sie denken. Dabei habe ich festgestellt, dass sich die meisten ihrer Gedanken um Dinge drehen, die sie lieber nicht aussprechen wollen. Es ist unser Glück, dass die Mehrzahl unserer Gedanken einfach nur flüchtige Ideen davon sind, was sein könnte oder was gewesen ist.

Definition von Gefühlen

Ein Gedanke ohne die Kraft der Emotion ist nur ein Gedanke. Er ist weder gut noch schlecht, weder richtig noch falsch. Für sich genommen hat er kaum eine Auswirkung, außer dass er im Geiste ein Samenkorn dessen bildet, was sein könnte – harmlos und relativ kraftlos.

Einen Gedanken ohne den emotionalen Kraftstoff, der ihn zum Leben erwecken würde, nennen wir einen Wunsch. So gut sie auch gemeint sein können: Unsere Wünsche haben nur wenig Wirkung in der Außenwelt – bis wir sie zum Leben erwecken.

Wenn wir die Gedanken in unserem Geist mit der Kraft der Emotionen verbinden, die aus unseren unteren Energiezentren stammen, erzeugen wir Gefühle. Ein Gefühl ist die Vereinigung dessen, was wir denken, angetrieben von der Emotion unserer Liebe oder unserer Angst in Bezug auf diesen Gedanken. Jetzt ist klar, wie sich Gefühle von Emotionen unterscheiden.

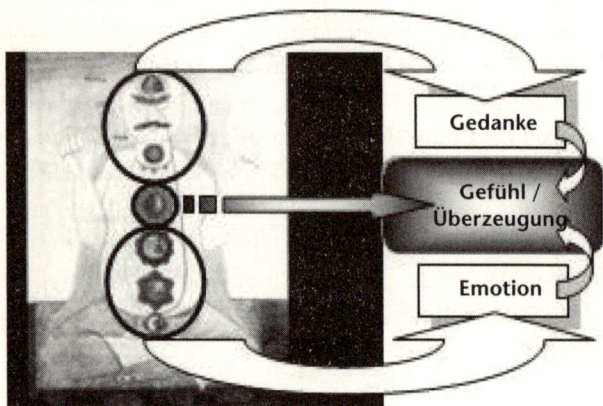

Abb. 7. Vereinen wir unsere Gedanken mit der Emotion der Liebe oder der Angst, die mit diesem Gedanken einhergeht, erzeugen wir Gefühle. Gefühle definieren wir als die Einheit aus Gedanke und Emotion. Gefühle sind die Grundlage unserer Überzeugungen und werden in unseren Herzen gebildet.

Es gibt zwar nur zwei grundlegende Emotionen – Liebe und Angst –, aber wir können natürlich eine unendliche Anzahl von Gefühlen erfahren, zum Beispiel Ärger, Mitgefühl, Wut, Eifersucht, Dankbarkeit, Verwunderung und Frieden, um nur ein paar zu nennen. Aus technischer Sicht bilden sie eine Vektorform der Energie. Man kann auch sagen: Da kann wirklich etwas passieren! Unsere Gefühle können die Welt verändern.

Überzeugungen: Eine besondere Art von Gefühl

Überzeugungen sind eine Art Gefühl. Wenn wir von etwas überzeugt sind, haben wir meistens auch ein Gefühl dazu, oft sogar ein starkes. Die Wahrheit dieser Aussage bestätigt sich schnell, wenn man die Menschen zu ihren Gefühlen bezüglich ihrer moralischen Überzeugungen befragt.

> **Realitäts-Code 15:** Überzeugungen und die mit ihnen zusammenhängenden Gefühle sind die Sprache, mit der wir mit dem Quantenstoff kommunizieren, aus dem unsere Welt besteht.

Themen wie die Todesstrafe, Stammzellenforschung, Abtreibung und Sterbehilfe sind Beispiele dafür, wie starke Gefühle mit unseren Überzeugungen verbunden sein können. Selbst wenn wir uns unserer Haltung einem bestimmten Thema gegenüber gar nicht ganz sicher sind, zeigen doch die Gefühle, die es während einer Unterhaltung in uns auslöst, recht deutlich, wo wir damit stehen. Unsere Gefühle beruhen auf unseren Überzeugungen.

Um deutlicher zu erkennen, wie sich Überzeugungen von alltäglichen Gefühlen wie Ärger, Mitgefühl oder Traurigkeit unterscheiden, wollen wir uns genauer anschauen, wie diese Gefühle erzeugt werden.

Die Schwingung ehren

Wir haben »Gefühl« definiert als von Angst oder Liebe angetriebene Gedanken. Bei Überzeugungen kann es jedoch passieren, dass sie ohne vorhergehende Gedanken da sind

– zumindest ohne Gedanken, die uns bewusst wären. Wir haben es alle schon erlebt, dass Überzeugungen einfach aufzutauchen scheinen, zum Beispiel das Gefühl, zur falschen Zeit am falschen Ort zu sein. Es mag keinerlei offenkundige Anhaltspunkte für diese Überzeugung geben, doch wir nehmen sie ganz klar wahr. Meistens ist es klug, diese Wahrnehmung zu ehren und uns später in einer sicheren Umgebung anzuschauen, was unseren inneren Alarm ausgelöst haben könnte. Häufig stellen wir dann fest, dass unsere Überzeugung durch etwas ausgelöst wurde, was jenseits von Angst und Liebe liegt: Manche Menschen nennen es die »Schwingung der Körperwahrheit« oder einfach »Resonanz«.

In ihrer einfachsten Form ist Resonanz ein Austausch von Energie zwischen zwei Dingen. Der Austausch erfolgt beidseitig, wodurch beide Beteiligten in ein größeres Gleichgewicht miteinander kommen. Resonanz spielt in unserem Leben heutzutage eine sehr große Rolle: von der Einstellung unserer Fernseh- oder Radiogeräte auf einen bestimmten Kanal bis hin zu dem unvergesslichen Gefühl, wenn uns jemand in die Augen schaut und sagt: »Ich liebe dich.« Unsere Erfahrungen dessen, wovon wir überzeugt sind, beruhen alle auf einer Resonanz zwischen uns selbst und den Tatsachen, mit denen wir konfrontiert sind.

Um klarer zu verstehen, was Resonanz ist, wollen wir uns anschauen, wie zwei Gitarren, die sich in einem Raum gegenüberstehen, miteinander in Schwingung geraten: Wird die tiefste Saite der einen Gitarre angeschlagen, *gerät die gleiche Saite der anderen Gitarre in Schwingung,* als hätte sie jemand berührt. Sie reagiert auf die Schwingung der Saite der ersten Gitarre, weil sie sich in ihrer Fähigkeit, eine bestimmte Art von Energie aufzunehmen, gleich sind. In diesem Fall handelt es sich um Energie in Form einer Welle, die durch den Raum läuft.

Genauso erfahren wir in unserem Leben Überzeugungen.

Statt zwei aufeinander abgestimmte Gitarrensaiten sind wir Energiewesen, die fähig sind, unsere Körper darauf einzustellen, mit anderen Körpern bestimmte Energien auszutauschen. Wenn unsere Gedanken unsere Aufmerksamkeit auf etwas lenken, das wir sehen, hören oder anders wahrnehmen, reagieren unsere Körper auf die Energie dieser Erfahrung. Wenn sie in uns mitschwingt, haben wir eine Körpererfahrung, die uns zeigt, dass das Wahrgenommene wahr ist – oder zumindest für uns in diesem Augenblick wahr ist.

Bei dieser Art von Wahrheit geht es nicht darum, ob die Information oder die Erfahrung faktisch wahr ist. Wer die Resonanz in sich spürt, ist davon *überzeugt,* dass es wahr ist. In diesem Augenblick ist es für ihn wahr. In der Erfahrung der Resonanz tragen vergangene Erfahrungen, Wahrnehmungen, Urteile und Konditionierungen dazu bei, in diesem Moment das jeweilige Gefühl auszulösen.

Genauso interessant ist die Tatsache, dass die gleiche Person eine Woche später eine ganz ähnliche Erfahrung machen kann, die keine Resonanz mehr in ihr auslöst. Es schwingt nichts mehr mit, also ist es auch nicht mehr wahr für sie. In solch einem Fall haben sich die Wahrnehmungsfilter verändert und die Person ist nicht mehr von den gleichen Überzeugungen erfüllt wie die Woche zuvor.

Viele Menschen nehmen ihre »Körperwahrheit« als ein konkretes Körpergefühl wahr, an dem sie erkennen können, dass etwas in ihnen mit dem mitschwingt, was sie gerade erlebt haben. Das kann sich zum Beispiel durch eine Gänsehaut, ein Klingeln im Ohr oder durch Erröten von Gesicht, Brust und Armen zeigen.

Resonanz in Aktion

Resonanz ist eine mehrschichtige Erfahrung. Sie zeigt uns nicht nur, was für uns wahr ist, sondern bildet auch einen Schutzmechanismus, der uns warnt, wenn uns etwas schaden könnte. Wenn wir uns zum Beispiel in übertragenem Sinn in der »dunklen hohlen Gasse« befinden, haben wir vielleicht das Gefühl, am falschen Ort zur falschen Zeit zu sein. Unser Körper weiß das und demonstriert es uns mit Symptomen, die von einer gewissen Schwäche bis hin zu Schweißausbrüchen und kreidebleichem Gesicht führen können, wenn wir nur noch an Angriff oder Flucht denken.

Interessanterweise reagieren wir oft ähnlich, wenn wir es mit Lügen zu tun haben oder zumindest mit Informationen, die unser Körper als unwahr empfindet. Vielleicht verfügen wir einfach nicht über alle Informationen oder wir sind falsch informiert, aber in dem Augenblick, da wir eine Lüge vermuten, reagieren wir körperlich auf diese Erfahrung. Hören wir zum Beispiel etwas, von dem wir zweifelsfrei wissen, dass es unwahr ist, dann spüren wir in unserem Körper eine Spannung, die wir in Amerika unseren »bullshit-detector« nennen.

Unser »Bauchgefühl« mag zwar oft nicht auf Fakten beruhen, die uns im jeweiligen Augenblick bewusst sind, aber es kann im Alltag ein sehr nützliches Werkzeug sein – vom Gefühl der Untreue in einer romantischen Beziehung bis zum

Gefühl, an der Nase herumgeführt zu werden, wenn auf einer Lebensmittelpackung steht, dass alle enthaltenen Zusätze ungefährlich seien.

Meine Familie machte kürzlich so eine Erfahrung, als ein paar »Baum-Ärzte« vor unserer Tür standen und unsere Bäume mit einem Pestizid einsprühen wollten, das die Nachbarschaft vor bestimmten Insekten bewahren sollte. Sie versicherten uns, dass die Chemikalien für Menschen und sogar für Kinder (die ich bislang auch immer für Menschen gehalten hatte), Tiere und Insekten harmlos seien, wiesen uns aber trotzdem an, unsere Haustiere und Kinder 24 Stunden lang nicht barfuß auf den Rasen gehen zu lassen und sehr sorgsam die Füße zu reinigen, wenn jemand aus dem Garten ins Haus komme.

Ich hatte mich weder mit dem Pestizid noch mit der Firma je befasst, ich hatte also keinen Grund, den Männern an meiner Tür zu misstrauen, aber ich war mir innerlich vollkommen sicher, dass sie mir etwas Falsches erzählten. Die ersten Worte, die ich erwiderte, gingen denn auch in die Richtung, warum wir denn so vorsichtig sein sollten, wenn doch alles so ungefährlich sei.

Ich überprüfte die Sache schnell im Internet und fand meine Ahnung bestätigt: Das Pestizid stand im Verdacht, mit etlichen Gesundheitsproblemen im Zusammenhang zu stehen. Es schien fast so, als müssten nach einer Woche dreiköpfige Ameisen auftauchen, damit die Firma ihr Produkt als bedenklich einstufen würde.

Was ich damit sagen will: Wir müssen nicht lange über etwas nachdenken, um zu wissen, ob es für uns richtig ist oder nicht. Unser Körper kennt die Antwort bereits und zeigt sie uns anhand der uns bekannten Signale. Solche Erfahrungen teilen uns mit, ob wir etwas in unserem Leben als wahr annehmen oder nicht. Die Frage ist nur, ob wir den Mut oder die Weisheit haben, darauf zu achten.

Erst schauen, dann springen

Manchmal kann uns unser Bauchgefühl schon etwas über eine Erfahrung sagen, bevor sie tatsächlich stattfindet. Das ist der Vorzug davon, über etwas nachdenken zu können, bevor es sich ereignet. Wir können es in unserem Geist nachbilden und von allen Seiten auf Vor- und Nachteile prüfen, während die Erfahrung selbst immer noch lediglich eine Möglichkeit darstellt. Wissenschaftler glauben, dass wir die einzige Lebensform sind, die ihr Denkvermögen für diese Art des Überlegens verwendet. Vielleicht ist das der Grund, weshalb unsere Fähigkeit, über unsere Überzeugungen nachzudenken, ein derart unverwüstlicher Bestandteil unseres Geistes ist. 2004 berichtete die Ärztin Rebecca Saxe, Dozentin des Fachbereichs Hirnforschung am Massachusetts Institute of Technology (MIT), dass die Fähigkeit, über die Dinge nachzudenken, von denen wir überzeugt sind, »sich früher entwickelt und dem Verfall länger widersteht als ähnlich strukturierte Arten logischen Denkens.«[27]

Wenn wir Gedanken, Gefühle und Emotionen als die Art betrachten, wie wir uns eine Situation vorstellen, bevor wir sie tatsächlich erleben, eröffnet sich ein machtvoller Weg, diese miteinander in Verbindung stehenden Erfahrungen zu nutzen. Durch unsere Fähigkeit, genau zu wählen, *wann* wir die Dinge lieben oder hassen, die wir uns innerlich vorstellen, wählen wir auch, ob und – wenn ja – wann unsere Schöpfungen lebendig werden. Unser Geist ist wie ein Simulator, und unsere Gedanken führen die Simulation durch. Sie ermöglichen es uns, eine bestimmte Situation mit all ihren Möglichkeiten durchzuspielen, bevor sie eintritt. So können wir auch das Ergebnis mit all seinen Konsequenzen durchspielen, bevor wir selbst aktiv werden.

In meiner Zeit als Ingenieur hatte ich einen Freund, der seine Gedanken besonders dann auf diese Weise einsetzte, wenn es um romantische Beziehungen ging. Er tat es nicht bewusst, sondern hatte es sich einfach so angewöhnt. Es faszinierte mich, wie er ganze Szenarien in seinem Kopf ablaufen ließ und was sich daraus für ihn entwickelte.

Nur wenige Minuten, nachdem er einer Frau begegnet war, die möglicherweise interessant sein könnte, loteten seine Gedanken bereits alle nur denkbaren Möglichkeiten aus, wie sich die Beziehung entwickeln könnte. In gewissem Maß mag das jeder tun, aber bei ihm war es wirklich extrem.

Es konnte passieren, dass er in der Mittagspause auf einer Konferenz oder an der Kasse im Supermarkt einer Frau begegnete, zu der er sich stark hingezogen fühlte. Selbst wenn er nur ein paar Worte mit ihr gewechselt hatte, fing sein Verstand an, sämtliche zukünftigen Möglichkeiten des Lebens mit dieser Frau zu erforschen. Vielleicht würden sie in einem Jahr heiraten und dann bald eine Familie gründen, allerdings könnte es auch sein, dass sie mit dem neuen Beratungsunternehmen, das sie gemeinsam gründen würden, so viel unterwegs wären, dass keine Zeit mehr für Kinder bliebe. Andererseits waren sie bereits in einem gewissen Alter, die extreme Herumreiserei würde ihnen wahrscheinlich bald zu anstrengend werden. Vielleicht wäre es besser, Kinder zu adoptieren und in den ersten Jahren immer mit Kindermädchen zu reisen. Und so weiter.

Mein Freund erzählte dann ausführlich von seinen Spekulationen über all die Möglichkeiten, die sich daraus ergeben könnten, bis er plötzlich merkte, dass er bereits sein ganzes Leben mit einer Frau verplant hatte, die er nicht mal 20 Minuten lang kannte! Ich will damit deutlich machen: Würde sich jeder unserer Gedanken sofort in unserem Leben verwirklichen, kämen wir sicherlich schnell sehr durcheinander. Natürlich verwendet jeder von uns seine Denkfähigkeit, um mögliche Szenarien und logische Ergebnisse zu erkunden, aber hoffentlich tun es die meisten von uns nicht mit der Intensität wie mein damaliger Freund.

Gedanken, Affirmationen, Wünsche und Gebete

Die Erfahrungen, die man mit Affirmationen machen kann, sind ein perfektes Beispiel für die Macht der Gedanken in unserem Leben. Ich habe Leute gekannt, die jeden Tag ihres Lebens mit Affirmationen verbracht haben. Sie kritzelten sie auf Klebezettel und klebten sie an den Spiegel im Badezimmer, an das Armaturenbrett ihres Wagens und neben den Bildschirm ihres Computers. Sie wiederholten die Worte x-hundert Mal pro Tag und murmelten ständig Sätze wie »Mein perfekter Partner manifestiert sich für mich jetzt« oder »Ich lebe jetzt und in allen vergangenen, gegenwärtigen und zukünftigen Manifestationen im Wohlstand«. Manchmal fragte ich nach, ob ihre Affirmationen denn funktionierten. Manchmal taten sie es. Meistens eher nicht.

Wenn die Affirmationen nicht wirkten, fragte ich die

Leute, warum. Was hielten sie für den Grund des Versagens? Die verschiedenen Erklärungen wiesen einen roten Faden auf. Jedes Mal, wenn die Affirmationen nicht zu wirken schienen, tat die betreffende Person nichts anderes, als die Worte zu wiederholen: Es steckte keine Emotion hinter den Worten. *Wir müssen unsere Affirmationen durch die Kraft unserer Liebe antreiben, sie behandeln, als wären sie bereits eingetroffen,* damit der neue Zustand in unserem Leben Wirklichkeit wird. Meiner Ansicht nach ist das der Schlüssel für erfolgreiche Affirmationen, der sie von einfachen Wünschen und leeren Gedanken unterscheidet.

Gedanken und Wünsche

Wie bereits erwähnt, ist ein Gedanke nichts als ein Abbild in unserem Geist – ein Abbild dessen, was in einer Situation möglich ist oder was möglich werden könnte: von Beziehungen bis zu Heilungen und allem dazwischen. Ohne die Energie der Liebe oder der Angst als Treibstoff haben unsere Gedanken nur wenig Kraft. Hinsichtlich der Heilungen, die ich zuvor in diesem Kapitel angesprochen habe, ist die Idee, wie die Heilung einer Person aussehen könnte und wie sich das Leben der Person durch diese Heilung verändern könnte, ein Beispiel für einen Gedanken. Natürlich ist es wichtig, wo die Heilung beginnen soll, aber der Gedanke alleine reicht nicht aus, um die Heilung zu initiieren.

Die Hoffnung, dass sich ein Gedanke verwirklichen möge, ohne eine Emotion, die ihn belebt, ist ein *Wunsch*. Ein Wunsch ist einfach ein Bild von etwas, das möglich ist. Ohne die Emotion, die nötig ist, um ihn in die Welt der Wirklichkeit zu bringen, ist ein Wunsch eine offene Angelegenheit. Er kann ein paar Sekunden, Jahre oder ein Leben lang als ein Bild von einer Möglichkeit in der Schwebe verharren.

In unserem zuvor erwähnten Beispiel der Heilung wird es wenig Wirkung auf die Situation haben, einfach auf den Erfolg der Heilung zu hoffen, ihn zu wünschen oder in entsprechende Worte zu fassen. Solchen Erfahrungen fehlt die Überzeugung – die Gewissheit, die daraus entsteht, wenn wir das, was wir in unseren Gedanken für wahr halten, auch in unserem Körper als wahr empfinden. Das ist es, was Wünsche wahr werden lässt.

Affirmationen und Gebete

Ein mit der Kraft der Emotion verbundener Gedanke erzeugt das Gefühl, das diesem Gedanken Leben verleiht. Wenn wir das tun, haben wir sowohl eine Affirmation als auch ein Gebet erschaffen. Beide wurzeln im Fühlen, vor allem in dem Gefühl, dass das Ergebnis bereits in der erwünschten Weise eingetreten ist. Studien haben gezeigt, dass ein erfolgreiches Ergebnis umso wahrscheinlicher eintritt, je spezifischer dieses Gefühl ist.

Deswegen erinnern uns die Worte des Abtes daran, dass das Gefühl das Gebet ist. Sie stammen aus einer Lehrtradition, deren Wurzeln über 5000 Jahre zurückreichen.

Eine wirkungsvolle Affirmation oder ein wirksames Gebet beruht auf dem Gefühl, dass das Ergebnis bereits vollzogen ist, dass die Heilung bereits erfolgt ist. Durch Dankbarkeit für das, was bereits geschehen ist, erzeugen wir die Veränderungen im Leben, die unser Gefühl reflektieren.

Überzeugungen: Die Programme des Bewusstseins

»Alles, was du erblickst, mag es auch im Außen erscheinen, ist doch innerlich – in deiner Imagination, von der diese Welt der Sterblichkeit nur ein Schatten ist.«[28] Mit diesen Worten erinnert uns der Dichter William Blake an die Kraft, die jeden Tag, in jedem Augenblick in uns ruht. Die Worte mögen sich im Lauf der Jahrhunderte verändert haben, doch die Ähnlichkeit zwischen der Aussage Blakes und der traditionellen, jahrhundertealten buddhistischen Lehre ist unübersehbar.

Wenn also gilt: »Die Wirklichkeit existiert nur, wo der Geist einen Fokus erzeugt«, und wenn alles, was wir erfahren – »mag es auch im Außen erscheinen« – »doch innerlich [ist]«, dann sind unsere Überzeugungen die Programme, die bestimmen, was wir erfahren. Im 19. Jahrhundert war William James einer der einflussreichsten Menschen seiner Zeit. Als ein moderner »Renaissance«-Mensch sah er, noch bevor er Psychologe wurde, welche Rolle das Bewusstsein und die Überzeugungen in unserem Leben spielen. In seiner Schrift aus dem Jahr 1904 »Does ›Consciousness‹ Exist?« (Existiert das Bewusstsein?) stellt er fest, dass manchmal das, was wir als Bewusstsein erfahren, nicht greifbar ist und sich als Gedanke darstellt.[29] Zu anderen Zeiten jedoch, schreibt er, werden dinglich erlebte Erfahrungen in unserem Leben real. Wenn dies geschieht, ist es seiner Meinung nach unsere Kraft der Überzeugung, welche die Tatsachen erzeugt.

Wir haben definiert, was wir mit Überzeugung meinen, und es durch Beispiele untermauert, doch es handelt sich dabei trotzdem um eine der am wenigsten greifbaren

Erfahrungen unseres Daseins. Deswegen ist es auch ein so schwer zu verändernder Bereich. Wenn wir von etwas wirklich überzeugt sind, haben wir entsprechende Gefühle dazu. Wir können dieses Gefühl einen Instinkt nennen oder ein Bauchgefühl, es sitzt jedenfalls auf einer sehr tiefen, beinahe urtümlichen Ebene. Wir müssen jedoch diese Erfahrung der Überzeugtheit gar nicht ganz verstehen; wir müssen nur wissen, wie sie funktioniert, um ihre Macht in unserem Leben nutzen zu können.

Wenn wir uns Überzeugungen als einen Code vorstellen, der das Universum programmiert, und wenn die kleinen Programme unseres Lebens wie Miniaturausgaben (Fraktale) der größeren Programme des Universums sind, dann bekommen wir anhand eines Computerprogramms eine Ahnung davon, wie Überzeugungen entstehen. Wenden wir uns also unseren Überzeugungen so zu, als wären sie einfache Programme. Dann nimmt die verschwommene Idee der Überzeugungen eine Gestalt an, mit der wir arbeiten können! Dann sehen wir genau, wie unsere inneren Erfahrungen die äußere Welt beeinflussen. Und noch wichtiger ist vielleicht, dass wir dann auch entdecken, was wir tun oder lassen müssen, um unsere Herzenswünsche in unserem Leben Wirklichkeit werden zu lassen.

Es mag überflüssig erscheinen, zu sagen, dass der Zweck eines Computerprogramms darin besteht, etwas zu erledigen, doch es gilt, sich das klarzumachen, wenn wir mit Überzeugungen wie mit einem Programm umgehen wollen. Wenn wir eine ganz neue Überzeugung erschaffen oder eine bereits existierende Überzeugung verändern wollen, müssen wir uns vollkommen klar darüber sein, was wir damit erreichen möchten. Eine verschwommene Überzeugung wird zu verschwommenen Ergebnissen führen.

Programme können komplex sein oder einfach. Manche Programme enthalten Millionen von Zeilen und manche bestehen nur aus drei einfachen Aussagen. Alle Programme sind jedoch aus den gleichen Grundbausteinen gebildet. Es gibt einen Startbefehl, einen Arbeitsbefehl, der umfasst, was getan werden soll, und einen Endbefehl, der die Vollendung der Aufgabe anzeigt.

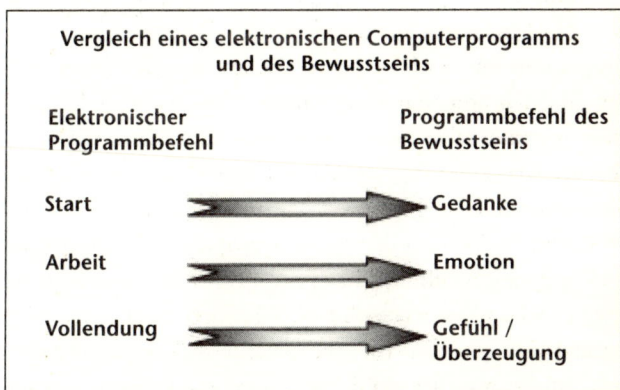

Vergleich eines elektronischen Computerprogramms und des Bewusstseins

Elektronischer Programmbefehl		Programmbefehl des Bewusstseins
Start	→	Gedanke
Arbeit	→	Emotion
Vollendung	→	Gefühl / Überzeugung

Abb. 8. Vergleich zwischen den drei grundlegenden Elementen eines Computerprogramms und ihren Äquivalenten im Bewusstseinsprogramm des Universums.

Bevor ein Programm geschrieben wird, umreißen die Programmierer ungefähr, was damit erreicht werden soll. Diese Beschreibung wird oft »Pseudoprogramm« genannt, weil es sich eben nicht um das eigentliche Programm handelt. Schauen wir uns jetzt Gedanken, Gefühle und Emotionen als äquivalente Teile unserer eigenen Software an, erkennen wir, wie unsere inneren Erfahrungen im Bewusstsein die gleiche Rolle erfüllen wie die entsprechenden Computerteile (siehe Abb. 8).

Das Start-Kommando

In einem elektronischen Computer sorgt der Startbefehl dafür, dass ein Programm beginnt und etwas in Bewegung kommt. Dieser spezielle Befehl enthält alle Informationen, die das Programm braucht, um seine Arbeit zu erledigen. Ein Startbefehl umfasst zum Beispiel den Wert bestimmter Symbole und die Information, wie oft der Computer eine bestimmte Aufgabe durchführen soll. In unserem Bewusstseinscomputer spielen die Gedanken die Rolle des Startbefehls.

Mit unseren Gedanken können wir alles zusammenbringen, was wir brauchen, um eine Erfahrung zu erkunden, bevor wir uns wirklich auf sie einlassen. Wenn wir zum Beispiel erwägen, uns auf eine romantische Liaison einzulassen, können wir gedanklich alle Informationen sammeln, die uns bei unserer Entscheidung helfen könnten. Wir können uns die Eigenschaften des anderen vergegenwärtigen, seine Träume und Lebensziele, wie er leben möchte und wie wichtig ihm Kinder oder Karriere sind. Dann sehen wir, ob unsere Lebenswege zusammenpassen.

Das Sammeln von Informationen und Abgleichen von Werten gleicht dem Startbefehl unseres elektronischen Computers. Wie wir alle Zutaten besorgen müssen, bevor wir anfangen können, ein gutes Essen zuzubereiten, so brauchen wir diesen Schritt auch, bevor unser Überzeugungsprogramm laufen kann.

Die Arbeitsbefehle

Die Arbeitsbefehle sagen einem Programm, was es tun soll. Sie verleihen der Information, die im Startbefehl enthalten ist, Bedeutung. Emotionen sind das Äquivalent zu den Arbeitsbefehlen.

Unsere Liebe oder unsere Angst hinsichtlich der Dinge, an die wir denken, verleihen ihnen Leben. In unserem Beispiel einer romantischen Beziehung können wir wahrscheinlich davon ausgehen, dass es sich bei dem Arbeitsbefehl, der unsere Gedanken bezüglich des Partners antreibt, um die Emotion der Liebe handelt. Unsere Liebe für die Möglichkeiten, die in der neuen Beziehung liegen, bestimmt die Gefühle und Überzeugungen, die wir erfahren. Die Träume und Ziele, die wir mit unserem neuen Partner teilen, und unsere liebevollen Hoffnungen für seine Träume setzen die Ereignisse in Bewegung, die sich in unserem Leben verwirklichen.

Der Endbefehl

Im Kontext unseres Bewusstseinsprogramms stellt der Endbefehl eher den Anfang als das Ende eines Prozesses dar. Er markiert den Punkt, an dem alle Einzelteile zusammenkommen und unsere Überzeugung ihre endgültige Form angenommen hat. Diese Form bildet jetzt in unserem Leben die Vorlage, das zu realisieren, was wir in unseren Herzen erzeugt haben. Weil unsere Herzen unsere vollständigen

Überzeugungen in Wellen umformen, welche die Information durch unsere Körper und durch unsere Welt tragen, werden unsere Überzeugungen zu der Sprache, mit der wir mit dem Quantenstoff, aus dem diese Welt besteht, kommunizieren können. Das Gefühl entspricht dem Endbefehl.

Nur um es ganz klar auszudrücken: Der Endbefehl bringt *nicht* alles zum Stillstand. In unserem Überzeugungsprogramm tut er genau das Gegenteil: Er signalisiert, dass sich in uns eine neue Überzeugung gebildet hat, die sich jetzt manifestieren und verwirklichen kann. Im Beispiel der genannten Liaison ist es das Gefühl, die neue Beziehung bestehe bereits, als hätten wir uns bereits mit unserem neuen Partner auf den Weg begeben.

Wenn wir uns diese Äquivalente vor Augen halten, ist es leicht, sich Gefühle und Überzeugungen als Programme des Bewusstseins vorzustellen. Und da wir diese Programme erstellen, sind wir die Programmierer. *Wir* wählen, welche Gedanken unsere Startbefehle werden und mit welchen Emotions-Signalen wir diese Gedanken zum Leben erwecken wollen. Durch die innere Technologie unserer Überzeugungs-Software werden wir zu den Architekten unseres Lebens.

Es beginnt alles dort in dem mysteriösen Reich, das wir Geist nennen – an jenem Ort, wo unsere Erfahrungen mit der Erinnerung eines Augenblicks zusammenfließen.

3

Vom Gehirn zum Geist:
Wer produziert eigentlich unsere
Überzeugungen?

»Unser Unterbewusstsein hat keinen Sinn für Humor, macht keine Witze und kann nicht zwischen der Wirklichkeit und einer gedanklichen oder bildhaften Vorstellung unterscheiden.«
ROBERT COLLIER (1885–1950), AUTOR VON MOTIVATIONS-
UND SELBSTHILFEBÜCHERN

»Die Unterscheidung zwischen dem, was wirklich ist, und dem, was imaginär ist, kann letztendlich nicht aufrechterhalten werden ... Alle existierenden Dinge sind ... imaginär.«
JOHN S. MACKENZIE (1860–1935), PHILOSOPH

In den vorangegangenen Kapiteln haben wir gesehen, wie uns die Prinzipien des Computers helfen können, Bewusstsein besser zu verstehen. Neue Forschungsergebnisse zeigen, dass die gleiche Analogie auch nützlich ist, um die geheimnisvolle Beziehung zwischen unserem Gehirn und unserem Geist zu ergründen. In seinem bahnbrechenden Buch *Philosophie des menschlichen Bewusstseins* erklärt Daniel Dennett, Direktor des Center of Cognitive Studies an der Tufts University, dass wir uns unser Bewusstsein als eine »Art Computer« vorstellen könnten und dass dies eine ausgezeichnete Metapher sei, um zu verstehen, wie wir mit Informationen umgehen.[1] Dennets Vergleiche helfen uns, uns besser in der »Terra incognita«, dem unbekannten Land, zurechtzufinden, also zwischen dem, was uns die Wissenschaft über das Gehirn mitteilt, und dem, was wir durch unser Gehirn erfahren.

Der Mathematiker John von Neumann, der allgemein als der »Vater« des modernen Computers gilt, hat einmal berechnet, dass im menschlichen Gehirn 280 Trillionen Bits (das sind 18 Nullen hinter der 280) gespeichert werden können. Unser Gehirn verarbeitet nicht nur unglaubliche Mengen an Informationen, es tut dies auch sehr viel schneller als die schnellsten Computer.[2] Das ist wichtig, weil die Art, wie wir Informationen über das Leben sammeln, verarbeiten und speichern, entscheidend zur Bildung unserer Überzeugungen beiträgt. In den 1970er-Jahren hat man festgestellt, dass unsere Erfahrungen nicht in bestimmten Hirnbereichen verankert sind. Die revolutionären Arbeiten des Neurologen Karl Pribram zum Beispiel haben gezeigt, dass die Hirnfunktionen allgemeiner sind, als wir uns das vorgestellt haben. Vor seinen Studien meinte man, es gebe eine 1 zu 1 Entsprechung zwischen bestimmten Arten von Erinnerung, sowohl des Bewussten als auch des Unbewussten, und den Stellen, wo diese Erinnerungen gespeichert werden. Doch diese Theorie ließ sich im Labor nicht beweisen.

Die Experimente zeigten, dass Tiere, bei denen die Gehirnteile entfernt wurden, die man für bestimmte Funktionen verantwortlich machte, trotzdem diese Funktionen weiterhin erfüllen konnten. Es gab also keine direkte Verbindung zwischen den Erinnerungen an das Erlernte und einen bestimmten Ort im Gehirn. Das Gehirn und das Gedächtnis funktionierten also nicht so mechanisch. Etwas anderes war im Gange – etwas Geheimnisvolles und Wunderbares.

Während seiner Forschungen bemerkte Pribram eine Ähnlichkeit zwischen der Art, wie das Gehirn Informationen speichert, und dem auf Mustern beruhenden Informationsspeicher des Hologramms, das Mitte des 20. Jahrhunderts entwickelt wurde. Wenn Sie jemanden bitten, Ihnen zu erklären, was ein Hologramm ist, beginnt er wahrscheinlich damit, eine bestimmte Art von Fotografie zu beschreiben, bei der unter direktem Lichteinfall ein dreidimensionales Bild sichtbar wird. Diese Art von Bildern wird mit Laserlicht hergestellt, welches das Bild gleichmäßig über die gesamte Oberfläche streut. Diese Eigenschaft der Streuung unterscheidet den holografischen Film von einem gewöhnlichen.

Durch die Streuung enthält jeder Teil der Oberfläche das gesamte Bild – nur in einem kleineren Maßstab. Das ist die Definition eines Hologramms. Jeder Teil des Ganzen enthält das Ganze. Die Natur ist holografisch. Sie verwendet dieses Prinzip, um Informationen zu streuen und wichtige Veränderungen durchzuführen, zum Beispiel die Reparatur von mutierter DNS.

Ob wir das Universum in Galaxien, Menschen in Atome oder Erinnerungen in Fragmente aufteilen: Das Prinzip bleibt das gleiche. Jedes Teil spiegelt das Ganze, nur in einem kleineren Maßstab. Darin liegt sowohl die Schönheit als auch die Kraft des Hologramms: Seine Information ist überall und kann überall wahrgenommen werden.

In den 1940er-Jahren verwendete der Wissenschaftler

Dennis Gabor komplizierte Gleichungen – sie wurden als Fourier-Transformationen bekannt –, um die ersten Hologramme zu erzeugen, und erhielt dafür 1971 den Nobelpreis. Wenn das Gehirn wie ein Hologramm funktioniert und durch seine Kreisläufe Informationen streut, dann – so vermutete Pribram – müsste es diese Informationen entsprechend der Fourier-Transformationen verarbeiten. Da die Gehirnzellen elektrische Wellen erzeugen, konnte Pribram mithilfe der Fourier-Transformationen die Muster der Hirnkreisläufe testen. Und seine Theorie wurde bestätigt. Die Experimente zeigten, dass das Gehirn seine Informationen ähnlich verarbeitet wie in einem Hologramm.

Pribram vertiefte sein Modell des Gehirns durch die einfache Metapher von Hologrammen in Hologrammen. In einem Interview, das vom neurophysiologischen Forschungslabor der Stanford University veröffentlicht wurde, erklärte er: »Die Hologramme im visuellen System sind … zusammengesetzte Hologramme.«[3] Diese sind kleinere Teile eines größeren Bildes. »Das ganze Bild ist ähnlich konstruiert wie ein Insektenauge, das Hunderte von kleinen Linsen hat statt einer einzigen großen Linse … In dem Moment, wo die Erfahrung stattfindet, wird das ganze Muster zu einem einheitlichen Stück zusammengewoben.«[4] Diese ganz neue Art, uns selbst und das Universum zu sehen, verschafft uns Zugang zu jeder Möglichkeit, die wir uns je erträumen könnten.

Es beginnt alles mit unseren Überzeugungen und den Gedanken, die zu unseren Überzeugungen beitragen. Während die Überzeugung selbst in unserem Herzen entsteht, wie wir im letzten Kapitel gezeigt haben, stammen die Gedanken, aus denen sie erzeugt werden, aus den beiden geheimnisvollen Bereichen unseres Gehirns: dem Bewussten und dem Unbewussten.

Bewusster und unterbewusster Geist:
Der Pilot und der Autopilot

Natürlich haben wir ein Gehirn, aber wir wissen, dass verschiedene Teile unseres Gehirns auf unterschiedliche Weise arbeiten. Als geläufigste Unterscheidung, wie das Gehirn funktioniert, steht unsere Erfahrung des Bewussten und des Unbewussten. Wir wissen seit Langem, dass sowohl das Bewusste als auch das Unbewusste dazu beitragen, wer *wir* sind. Jetzt entdecken wir, dass sie auch zum großen Teil dafür verantwortlich sind, wie die *Realität* ist.

Unser Erfolg und unser Wohlsein, unser Versagen und unser Leiden, unsere körperlichen Zustände wie Unfruchtbarkeit oder Immunschwäche und selbst unsere Lebenserwartung hängen alle mit unseren unbewussten Überzeugungen zusammen. Und manche der schädlichsten Überzeugungen entstehen in unserer frühen Kindheit, wenn wir die Erfahrungen anderer Menschen zu den Vorlagen unserer eigenen Überzeugungen machen. Um genau zu verstehen, wie diese Verbindungen zwischen dem Leben und der Erinnerung erschaffen werden und wie wir sie verändern können, müssen wir begreifen, wie sich unser bewusster und unser unbewusster Geist unterscheiden und wie sie funktionieren.

Der bewusste Geist ist die Gehirnfunktion, mit der wir uns in der Regel am stärksten verbunden fühlen, weil wir sie am meisten bemerken. Es ist der Ort, wo wir sowohl das Bild von uns selbst erzeugen, das wir innerlich von uns haben, als auch das Bild, das die anderen gerne von außen wahrnehmen sollen. Durch unseren bewussten Geist nehmen wir Informationen über unsere alltägliche Welt auf: die Menschen um uns herum, die Tageszeit, wohin wir uns bewegen und wie wir dorthin kommen wollen. Unser bewusster Geist analysiert und verarbeitet all diese Informationen und entwickelt dann Pläne, was wir tun möchten, wenn wir erst dort angekommen sind, wohin wir wollen. Die Erfahrung, an einer belebten Straßenkreuzung zu stehen, ist ein gutes Beispiel für das Wirken des bewussten Geistes und dafür, wie leicht der unbewusste Geist das Steuer übernehmen kann. Im bewussten Geist wissen wir: Es ist am besten, so lange zu warten, bis die Fußgängerampel auf Grün schaltet. Wir wissen auch, dass manche Menschen nicht warten, sondern sich in den Verkehr stürzen, um die Straße zu überqueren, und dabei vielleicht sogar ihr Leben riskieren. Wir schauen vielleicht zu, wie sich andere so verhalten, doch wenn wir uns entschieden haben, auf das grüne Signal zu warten, nimmt unser bewusster Geist alle Faktoren auf und trifft seine Entscheidungen.

Doch wenn die Menschenmenge, die an der Straßenkante steht, plötzlich anfängt, die Straße zu überqueren, weil sich vielleicht eine Lücke im Verkehr aufgetan hat, und wir einfach mitgehen, während wir mit einer Freundin schwatzen oder telefonieren, dann geschieht etwas anderes: Unsere Aufmerksamkeit ist mit dem Gespräch beschäftigt und nicht mit der Ampel. Wir folgen der Menge wie das Schaf der Herde, weil unser Unterbewusstsein die Entscheidungen trifft. Und das Unterbewusstsein denkt nicht nach, es reagiert einfach.

Aus diesem kleinen Beispiel wird klar, dass das Unbewusste

eine ganz andere Rolle spielt als das Bewusste. Wir bemerken es auch weniger. Wenn wir nicht darin geübt sind, seine Sprache und sein Wirken zu erkennen, nehmen wir es vielleicht sogar überhaupt nicht wahr. In unserer Computer-Analogie können wir uns das Unbewusste als die Festplatte vorstellen. Es tut, was Festplatten eben tun: Sie speichern große Mengen an Informationen. In Ihrem Unbewussten gibt es Erinnerungen an alles, was Sie je in Ihrem Leben erlebt haben. Und Ihr Unbewusstes enthält nicht nur die Erinnerung an die Ereignisse selbst, sondern auch Querverbindungen zu den damit verbunden Gefühlen und Überzeugungen. Jeder Gedanke, jede Emotion, all das Lob und die Ermutigungen genauso wie alle harten Worte, alle Kritik und aller Verrat ist auf der Festplatte Ihres Unbewussten gespeichert. Das sind die Erinnerungen, die dann plötzlich und unerwartet in unserem Leben an die Oberfläche treten – und zwar scheinbar besonders zu Zeiten, wo wir sie am wenigsten haben wollen!

Das Unbewusste ruht nie

»Nun gut«, sagen Sie vielleicht, »bewusste Überzeugungen oder unbewusste Überzeugungen, holografische Erinnerungen hin oder her ... Angenommen, alle Ereignisse meines Lebens sind irgendwo gespeichert – was geht mich das an? Spielt das für mich eine Rolle?« Aber sicher! Der unbewusste Geist ist viel größer und mächtiger als der bewusste Geist. Es mag zwar individuelle Unterschiede geben, aber man geht davon aus, dass etwa 90 bis 95 Prozent unseres täglichen Lebens vom Unterbewusstsein gesteuert werden. Dies ist gut so, denn darunter fallen auch alle Funktionen, die uns am Leben erhalten.

Realitäts-Code 16: Der unbewusste Geist ist größer und schneller als der bewusste Geist und für etwa 90 Prozent unserer täglichen Aktivitäten verantwortlich.

Haben Sie sich je gefragt, wie es wäre, wenn Ihr Unterbewusstsein nicht so funktionieren würde? Wenn Sie zum Beispiel daran denken müssten, ein- und auszuatmen? Oder wenn Sie nach jedem Essen den Verdauungsprozess bewusst in Gang setzen und steuern müssten? Um all die biologischen Prozesse aufrechtzuerhalten, die zum Leben nötig sind, ist das Unterbewusstsein äußerst nützlich, denn es lässt uns Zeit, unsere Aufmerksamkeit anderen Dingen zuzuwenden, zum Beispiel der Liebe, der Leidenschaft, einem Stück Schokolade oder herrlichen Sonnenuntergängen. Der große Unterschied zwischen der Funktionsweise des bewussten und des unbewussten Geistes hat in unserem Leben große Bedeutung.

Beide nehmen zwar enorme Mengen an Informationen auf, aber ihre unterschiedliche Art, Informationen zu verarbeiten, weist den Überzeugungen eine zentrale Rolle in unserem Leben zu. Der bewusste Geist kann zwar sehr viele Informationen verarbeiten, aber er tut es langsam, Schritt für Schritt, wie ein serieller Prozessor eines Computers. Unser Unterbewusstsein dagegen arbeitet wie ein paralleler Prozessor. Es unterteilt Informationen in kleinere Einheiten, die an verschiedenen Orten gleichzeitig verarbeitet werden können.

Der Zellbiologe Bruce Lipton schätzt die Geschwindigkeit, mit welcher der bewusste Geist Informationen verarbeitet, im Vergleich mit einem Computer auf ungefähr 40 Bits pro Sekunde, während das Unterbewusstsein Informationen mit ungefähr 20 Millionen Bits pro Sekunde umsetzt.[5] Das würde bedeuten, dass der unbewusste Geist 500 000-mal schneller arbeitet als der bewusste Geist. Das mag den Psychologen William James zu der Auffassung geführt haben, die Macht, die Welt zu bewegen, liege im Unterbewusstsein. Es ist schnell und arbeitet instinktiv, ohne Zweifel und Bedenken, die den Prozess verlangsamen könnten.

Die Fähigkeit, schnell und instinktiv zu reagieren, kann eine gute Sache sein, wenn man sich spontan entscheiden muss. Wenn ein Lastwagen auf uns zurollt, dann mobilisiert unser Unterbewusstsein alles, um uns möglichst schnell aus der Gefahrenzone zu bringen. Es wartet nicht ab, um dem bewussten Geist Zeit zu geben, zu überlegen, was für eine Art von Lastwagen das sein könnte und mit welchem Tempo er wohl fährt.

Wenn wir in solchen Situationen abwarten wollten, bis der langsame bewusste Geist mit seiner Analyse fertig ist, könnte es zu spät sein. Wenn es auf Bruchteile von Sekunden ankommt, sind die Details manchmal nicht so wichtig. Dann tut unser Unterbewusstsein, was es am besten kann: blitzschnell reagieren! In anderen Situationen ist es jedoch nicht unbedingt zu unserem Besten, das Leben so schnell und reaktiv anzugehen – vor allem, wenn diese Reaktionen auf den Überzeugungen anderer Menschen beruhen, die wir seit unserer frühen Kindheit nachahmen.

Woher kommen unbewusste Überzeugungen?

Man hat festgestellt, dass sich unser Gehirn bis zum Alter von sieben Jahren in einem hypnagogischen oder traumähnlichen Zustand befindet, in dem es alles über unsere Welt aufnimmt, was es kann. Wir sind in dieser Zeit wie kleine Schwämme, die ihre Tage damit verbringen, ungefiltert Informationen aufzusaugen.

Dazu gehören auch Informationen, die wir später als gut, schlecht oder hässlich einzuordnen lernen, mit all den Urteilen, Vorurteilen, Vorlieben, Abneigungen und Verhaltensmustern der Menschen um uns herum, vor allem jener Menschen, die uns am meisten umsorgen. Wahrscheinlich wusste der Gründer des Jesuitenordens, Ignatius von Loyola, um diesen für Eindrücke empfänglichen kindlichen Geist, als er sagte: »Gebt mir einen Jungen, bevor er sieben ist, und ich gebe euch den Mann.«[6]

Offensichtlich wusste von Loyola: Wenn er die religiösen Werte der Jesuiten in den Geist der Kinder einflößen könnte, würden sich daraus die Überzeugungen des künftigen Erwachsenen entwickeln. Ohne Zweifel dachte William James ebenfalls an diese Prinzipien: »Würden die Jungen erkennen, wie schnell sie nichts weiter werden als wandelnde Gewohnheitsbündel, dann würden sie mehr auf ihr Verhalten achten, solange sie noch im formbaren Zustand sind.«[7]

Ob es sich um eine Jesuitenschule oder um eine normale Familie handelt: Bis zu einem gewissen Alter sind wir einfach den Erfahrungen der anderen ausgesetzt und übernehmen sie, ohne zu filtern oder zu unterscheiden. Da überrascht es nicht, dass die Überzeugungen der anderen die Grundlage dessen bilden, was wir im Leben für wahr halten. An jener Stelle unseres Geistes, wo wir unsere Überzeugungen entwickeln, haben wir jeden Standpunkt gespeichert, dem wir in unseren frühen Lebensjahren ausgesetzt waren: von jedem Moment, in dem uns gesagt wurde, dass wir alles erreichen können, was wir uns vornehmen, bis zu jedem Moment, in dem uns unter die Nase gerieben wird, dass wir es nie zu etwas bringen werden. So werden die Ansichten anderer Menschen zur Basis unserer Überzeugungen.

Realitäts-Code 17: Viele unserer tiefsten Überzeugungen sind unbewusst und entstehen bis zum Alter von sieben Jahren, also in einer Zeit, in der unser Gehirn bereitwillig die Ideen anderer aufnimmt.

Manche Überzeugungen unserer Kindheit bleiben uns unser gesamtes Leben lang erhalten. Und manchmal finden wir gute Gründe, sie zu verändern. Jeder von uns glaubte irgendwann, seine Eltern seien allwissend und unfehlbar, oder nicht? Es gab eine Zeit in meinem Leben, da dachte ich, meine Eltern wüssten alles. Erst als ich anfing, das Gelernte mit dem zu vergleichen, was andere Kinder und deren Familien dachten, entdeckte ich, dass man die Dinge auf unterschiedliche Weise betrachten kann. Und manche Ansichten, denen ich begegnete, waren sehr anders als das, was ich als Kind in einer konservativen amerikanischen Kleinstadt gelernt hatte.

Erinnerungen und das Unbewusste

Das Gedächtnis ist eine merkwürdige Sache. Manchmal entschwinden ihm die Details der wichtigsten Augenblicke unseres Lebens innerhalb kürzester Zeit, und manchmal können wir uns an die banalsten Dinge ewig erinnern. Ich weiß noch, wie ich mit meiner Mutter am Ufer eines Flusses saß. Die herbstliche Luft war frisch und ich war in ein Bündel Decken gehüllt, die mich wärmten. Wir schauten zu, wie einige Männer in langen, schmalen Booten schnell den Fluss hinabruderten. Ich erinnere mich an den vollkommenen Rhythmus und die fließenden Bewegungen; keine Welle schien die glatte Wasseroberfläche zu brechen, als die Boote an uns vorüberschossen.

Ich erinnere mich, wie ich auf den Schultern meines Vaters auf- und abwippte, wenn er mit mir die steile Wendeltreppe von unserer winzigen Wohnung im zweiten Stock zur Straße hinunterging. Auf unserem Weg kamen wir jeden Tag an einem Papagei vorbei, dessen Käfig vor der Wohnungstür einer unserer Nachbarinnen hing.

Als ich meiner Mutter einmal von diesen Erinnerungen erzählte, schaute sie mich ungläubig an. »Du kannst dich unmöglich daran erinnern«, meinte sie. »Dein Vater war damals gerade von der Armee zurückgekehrt und wir waren nach Providence gezogen, weil er dort an der Brown University studierte. Ich bin oft mit dir an den Fluss gegangen, wo im Herbst die Rudermannschaft der Universität trainierte. Aber damals warst du gerade eineinhalb Jahre alt!«

Das Gedächtnis ist eine merkwürdige Sache: Wir erinnern uns zwar, wie eben erwähnt, an kleine Ausschnitte des Lebens, aber wir erinnern uns meistens nicht bewusst daran, wie die Menschen um uns herum auf das reagierten, was damals geschah. Doch weil wir anwesend waren, erinnern wir uns unbewusst, und diese unbewussten Erinnerungen werden zum Muster dafür, wie wir mit unseren Beziehungen und unserem Leben umgehen.

Weil es sich um unbewusste Erinnerungen handelt, bemerken wir meistens gar nicht, dass wir sie ausagieren, auch wenn es für andere ganz offensichtlich sein mag. Doch selbst wenn wir es nicht gleich bemerken, haben wir die Möglichkeit, diese Überzeugungen und ihre Wirkung auf unser Leben aufzuspüren. Sie werden uns in unseren engsten Beziehungen gespiegelt, in unseren romantischen Beziehungen sowie in unseren Freundschaften, Arbeitssituationen und selbst in unserer Gesundheit. Die Welt ist nicht mehr und nicht weniger als ein Spiegel dessen, wovon wir sowohl individuell als auch kollektiv, sowohl bewusst als auch unbewusst überzeugt sind.

Mehr als 90 Prozent unseres täglichen Tuns und Lassens beruht auf den Informationen, die wir in den ersten sieben Jahren unseres Lebens gesammelt haben. Gingen unsere Bezugspersonen mit der Welt auf gesunde, lebensbejahende Art um, dann kann uns die Erinnerung an ihre Reaktionen sehr nützlich sein. Doch ich begegne nur selten jemandem, der ehrlich behaupten kann, in so einer Umgebung aufgewachsen zu sein. Tatsächlich haben die meisten von uns ihre unbewussten Gewohnheiten in einer gemischten Umgebung entwickelt. Manche unserer tief sitzenden Überzeugungen haben uns geholfen, auf positive und heilsame Weise mit den Prüfungen des Lebens umzugehen. Andere bewirkten das Gegenteil.

Finden Sie Ihre unbewussten Überzeugungen

Unsere positiven Überzeugungen werden selten zum Problem. Kaum jemand beklagt sich, dass er zu viel Freude empfände oder dass zu viele gute Dinge in seinem Leben geschähen. Die negativen Muster hingegen machen uns das Leben schwer. Oder genauer gesagt: Unsere Wahrnehmung dieser Muster als etwas Negatives kann zur Wurzel unseres größten Leidens werden. Beinahe immer haben die Erfahrungen, die dazu führen, dass Menschen nicht zurechtkommen, ihre Ursache in negativen Überzeugungen aus der frühen Kindheit. Und weil diese Überzeugungen unbewusst sind, entziehen sie sich so leicht unserem Blick.

> Wenn wir die Muster erkennen können, die uns in den Menschen, Situationen und Beziehungen unseres Lebens umgeben, erhalten wir eine nützliche Vorstellung davon, welche unserer unbewussten Überzeugungen dahinterstecken.

Aus diesem Grund fordere ich die Teilnehmer meiner Seminare gerne auf, ein Formular auszufüllen, mit dessen Hilfe sie die Eigenschaften der wichtigsten Bezugspersonen ihrer Kindheit erkennen können, vor allem Eigenschaften, die sie als »negativ« bezeichnen würden. Dabei sollen die unbewussten Eindrücke und Überzeugungen deutlich werden, die wir in unserer Kindheit entwickelt haben, statt die Situation aus unserer heutigen Erwachsenen-Perspektive zu beurteilen. Der Prozess ist einfach, schnell und wirkungsvoll. Wenn Sie einen Einblick in die unbewussten Überzeugungen erlangen möchten, die für Ihr heutiges Leben eine Rolle spielen könnten, füllen Sie die Tabellen (Abb. 9 bis Abb. 11) aus.

	Männlich	Weiblich
B **(+)**		
A **(−)**		

Abb. 9. Anleitung für die Tabelle zur Identifikation der positiven und negativen Eigenschaften der Bezugspersonen Ihrer Kindheit:

• Schreiben Sie in den oberen Teil (B) die positiven Merkmale Ihrer männlichen und weiblichen Bezugspersonen. Das können Ihre Eltern oder Pflegeeltern sein, aber auch ältere Geschwister, andere Verwandte oder Erziehungsberechtigte. Es geht um alle Menschen, die sich in Ihren formbaren Jahren (bis etwa zum Alter von 15 Jahren) um Sie gekümmert haben.

• In den unteren Bereich (A) schreiben Sie die negativen Eigenschaften derselben Personen.

Hinweis: Beschreiben Sie, wie Sie diese Personen mit den unvoreingenommenen Augen des Kindes gesehen haben, das Sie einmal waren. Verwenden Sie möglichst Stichworte, prägnante Adjektive oder kurze Sätze.

Wenn ich die Übung in meinen Seminaren durchführe, lasse ich die Teilnehmer nach dem Ausfüllen der Papiere einfach die Begriffe in den Raum rufen, die sie notiert haben. Wir beginnen dabei mit den negativen Eigenschaften, da wir, wie gesagt, hierin Hinweise auf unsere schwierigsten unbewussten Muster finden.

Dabei geschieht immer wieder in kurzer Zeit etwas sehr Interessantes: Wenn ein Teilnehmer wiedergibt, was er aufgeschrieben hat, melden sich andere, die das Gleiche erlebt haben und oft sogar das gleiche Wort notiert hatten. Wenn wir sie sammeln, stoßen wir eigentlich immer auf die gleichen negativen Begriffe, mit denen die Bezugspersonen beschrieben werden:

unnahbar	kontrollierend	abwesend	kritisch
verurteilend	eifersüchtig	streng	gemein
kalt	ängstlich	unehrlich	unfair

Wenn die Teilnehmer diese Gemeinsamkeiten erkennen, erfüllt Erleichterung den Raum, und sie beginnen zu lachen. Wüsste man es nicht besser, könnte man meinen, wir stammten alle aus derselben Familie. Wie ist es möglich, dass so viele Menschen mit so unterschiedlichen Hintergründen so ähnliche Erfahrungen machen? Die Antwort liegt in dem Muster, das tief in unseren unbewussten Überzeugungen verankert ist.

Wenn Sie die Tabelle (Abb. 9) ausgefüllt haben, können Sie die Frage in Abb. 10 beantworten. Es mag unzählige Dinge geben, durch die unser Leben vielleicht besser verlaufen wäre, aber an dieser Stelle wollen wir fragen, was wir uns *wirklich* von unseren Eltern oder engsten Bezugspersonen wünschten. Diesmal beantworten Sie die Fragen bitte *aus Ihrer heutigen Perspektive* als erwachsener Mensch! Verwenden Sie auch hier möglichst einzelne Stichwörter oder kurze Sätze. Ich will Ihre Antworten nicht beeinflussen, aber vielleicht helfen Ihnen ein paar Beispiele: Es kann sich hierbei um Liebe, Freundschaft, Aufmerksamkeit und dergleichen handeln.

	Was ich als Kind von meinen Bezugspersonen am meisten gebraucht hätte:
C	

Abb. 10. Beschreiben Sie in einfachen Worten oder ganz kurzen Sätzen, was Sie sich – aus heutiger Sicht! – am meisten von den Bezugspersonen Ihrer Kindheit gewünscht hätten.

Der nächste Schritt besteht darin, die Tabelle von Abb. 11 auszufüllen. Hier geht es darum, die sich wiederholenden Frustrationen Ihrer Kindheit zu identifizieren, an die Sie sich erinnern. Das können große oder kleine Ereignisse sein: von dem Gefühl, kein Gehör zu finden, bis zu dem Bedürfnis, dass Ihre Leistungen anerkannt werden.

Als Kinder sind wir sehr kreativ und finden in der Regel einen Weg, die Dinge zu bekommen, die wir brauchen. Schreiben Sie also hinter die Frustration, wie Sie damit umgegangen sind. Wie haben Sie die Hindernisse in Ihrem Leben umschifft, um das zu erhalten, was Sie brauchten? (Beispiele: Ich missachtete die Regeln. Ich zog mich zurück. Ich fand eine andere Quelle ...) Auch hier ist es nützlich, die Notizen möglichst kurz und prägnant zu halten.

D	1. Ihre Frustrationen	2. Wie gingen Sie mit Ihren Frustrationen um?

Abb. 11. Beschreiben Sie möglichst kurz und präzise die Frustrationen Ihrer Kindheit und wie Sie damit umgegangen sind.

Der letzte Teil dieser Übung zur Entdeckung Ihrer unbewussten Überzeugungen besteht darin, die folgenden Aussagen mit den Worten oder Sätzen aus Abb. 9, Abb. 10 und Abb. 11 auszufüllen. Bitte bedenken Sie dabei, dass es im Leben kaum etwas gibt, das »absolut« so oder so ist. Wir suchen hier nach Themen und unbewussten Mustern, die möglicherweise in Ihrem heutigen Leben eine Rolle spielen. Vervollständigen Sie also folgende Aussagen:

Aussage 1: Ich ziehe manchmal Menschen an, die .... sind. (Setzen Sie hier die Begriffe aus Abb. 9 (A) ein.)

Aussage 2: Ich möchte, dass sie .... sind. (Setzen Sie hier die Begriffe aus Abb. 9 (B) ein.)

Aussage 3: Denn ich hoffe, dadurch .... zu bekommen. (Setzen Sie die Worte von Abb. 10 (C) ein.)

Aussage 4:   Ich verhindere manchmal, dass ich das bekomme, indem ich .... (Setzen Sie die Worte von Abb. 11 (D2) ein.)

Wahrscheinlich werden Sie schon bestimmte Muster in Ihrem Leben erkennen, bevor Sie mit den Aussagen ganz fertig sind. Wir werden uns gleich damit befassen, wie Ihnen all dies hilft, Ihre unbewussten Überzeugungen zu erkennen. Wenn wir erst einmal anfangen, unsere Muster zu identifizieren, scheint sich alles in einen sinnvollen Zusammenhang zu fügen. Hier ein Beispiel, wie die Vervollständigung der obigen Aussagen aussehen könnte:

Aussage 1:   Ich ziehe manchmal Menschen an, die *ärgerlich, abwesend oder verurteilend* sind.

Aussage 2:   Ich möchte, dass sie *liebevoll, verständnisvoll, voller Akzeptanz* sind.

Aussage 3:   Denn ich hoffe, dadurch *Liebe und Freundschaft* zu bekommen.

Aussage 4:   Ich verhindere manchmal, dass ich das bekomme, indem ich *mich zurückziehe, gegen die Regeln verstoße.*

Diese einfache Übung dient als ein machtvolles Werkzeug, um die Muster Ihrer tatsächlichen Überzeugungen zu erkennen, die das Ergebnis Ihrer Erinnerungen, Wahrnehmungen, Urteile und Wünsche sind. Wenn Sie jede Frage aufrichtig beantworten, können Sie die Elemente Ihrer unbewussten Überzeugungen so zusammensetzen, dass Sie die Erfahrungen, die Sie in Ihr Leben gezogen haben, in ein neues Licht stellen. Wie bereits erwähnt, gibt es im Bereich der Überzeugungen nichts Absolutes. Es geht bei diesen Fragen um Richtlinien und allgemeine Muster.

Die einzelnen Aussagen können Ihnen Folgendes mitteilen:

Aussage 1 hilft Ihnen, zu erkennen, dass Sie manchmal Menschen in Ihr Leben ziehen oder gezogen haben, deren Eigenschaften Ihnen bei den Bezugspersonen Ihrer Kindheit am unangenehmsten waren. Sie haben sich diese Menschen vielleicht nicht bewusst ausgesucht, aber es ist kein Zufall, dass Sie ihnen begegnet sind. Weil Sie diese Eigenschaften in der Kindheit als negativ empfanden und sie ablehnten, haben sie eine emotionale »Ladung« für Sie. Ihre Abneigung, zum Beispiel gegen Unnahbarkeit oder Strenge, wird zu dem Magneten, der solche Menschen in Ihr Leben als ein Erwachsener zieht.

Natürlich werden solche Eigenschaften oft von anderen, angenehmeren Qualitäten dieser Menschen verdeckt – Qualitäten, von denen Sie sich vielleicht in positiver Weise anzogen fühlen. Das trifft besonders bei romantischen Beziehungen oder Freundschaften zu, wo wir am Anfang dazu neigen, nur die positiven Aspekte zu sehen. So kann uns eine anfängliche Anziehung in Beziehungen hineinlocken, die uns irgendwann mit tiefster Abneigung erfüllen.

So kommt es, dass in der Hitze des Gefechts unter Freunden, Freundinnen oder Lebenspartnern dann Sätze fallen wie »Du bist genau wie meine Mutter (oder mein Vater oder eine andere Bezugsperson aus der Kindheit)«. Es fühlt sich echt so an, weil unsere erwachsenen Beziehungen die Art spiegeln, wie unsere damaligen Bezugspersonen mit dem Leben umgegangen sind. Auf einer unbewussten Ebene entwickeln wir sogar zuweilen die Haltung, dass Menschen mit »schlechten« Eigenschaften auch schlechte Menschen seien.

Aussage 2 hilft Ihnen, zu erkennen, dass die Dinge, die Sie von anderen häufig erwarten, den positiven Qualitäten entsprechen, die Sie bei den Bezugspersonen Ihrer Kindheit erlebt haben. Es überrascht nicht, dass Sie als erwachsener Mensch in Ihren persönlichen Beziehungen nach genau dem Ausdruck von Liebe, Zuwendung oder Besonnenheit suchen, den Sie in Ihrer Kindheit als positiv erlebt haben. Es hat Ihnen damals gut getan – und heute ebenfalls. Menschen, die diese Eigenschaften aufweisen, halten wir für gute Menschen.

Aussage 3 macht Sie auf die Dinge aufmerksam, die Sie aus der Perspektive eines Kindes im Leben am meisten brauchen. Hier erkennen Sie, dass Sie auch als Erwachsener letztendlich immer noch nach den gleichen Dingen suchen, die Sie als Kind ersehnt haben. Nur dass Sie es heute auf raffiniertere und erwachsenere Weise versuchen, sie zu bekommen.

Alle diese Aussagen sind interessant und werfen vielleicht ein neues Licht auf gewisse Muster in Ihrem Leben, doch der wesentliche Grund für die Übung liegt in **Aussage 4**. Hier finden Sie Hinweise darauf, wie Sie sich möglicherweise die Freuden und Errungenschaften Ihres heutigen Lebens versagen, indem Sie immer noch versuchen, Ihren Bedürfnissen auf ähnliche Weise nachzukommen, wie Sie es als Kind getan haben.

Wir Menschen sind »Gewohnheitstiere«. Wenn wir erst einmal etwas gefunden haben, das funktioniert, neigen wir dazu, dabei zu bleiben. Das kann nützlich sein, wenn es sich um einen lebensbejahenden Prozess handelt, doch es kann zu etwas Zerstörerischem ausarten, wenn es rücksichtslos gegenüber uns selbst oder anderen nur die Erfüllung der eigenen Bedürfnisse verfolgt.

Um es zu wiederholen: Es gibt in dieser Übung nichts, was sich mit Gewissheit behaupten ließe. Die Fragen sollen Hinweise geben auf mögliche Muster unserer unbewussten Überzeugungen, die uns davon abhalten, in unserem Leben Freude, Erfolg und Fülle zu erfahren. Wir tun uns schwer, die Muster in uns selbst zu erkennen, aber sie werden uns in unseren Beziehungen gespiegelt. Jedes Mal, wenn ich diese Übung in einem Seminar durchführe, mache ich selbst auch mit. Und jedes Mal entdecke ich etwas Neues. Ich weiß nicht mehr, wie oft ich es schon aufgeschrieben habe, und doch finde ich jedes Mal eine neue Eigenschaft meiner Bezugspersonen oder eine neue Art, wie ich versuche, die Hindernisse meiner Kindheit zu umschiffen. Unsere Antworten auf diese Fragen verändern sich im Lauf der Zeit, weil wir uns im Leben verändern. Damit verändern sich unter anderem unsere Ansichten, auch die Ansichten unserer Vergangenheit.

Die Übungen geben uns einen guten Einblick in die komplexe Welt der unbewussten Überzeugungen. Sie sind einfach und leicht durchzuführen und gleichzeitig höchst wirkungsvoll. Ich habe selbst erlebt, wie die Erkenntnisse, die aus der Beantwortung der Fragen entstehen können, extreme Erfahrungen – von völligem Lebensüberdruss bis hin zu lebensbedrohlichen Krankheiten – gewandelt haben. Es genügte der Blick auf die Erinnerungen aus der frühen Kindheit und die Erkenntnis, dass die bedrückendsten Überzeugungen gar nicht die eigenen waren, sondern von den jeweiligen Bezugspersonen übernommen wurden.

Ich möchte Sie also ermutigen, die Listen öfter als ein Mal auszufüllen, vor allem, wenn Sie große Veränderungen in Ihrem Leben durchmachen. In solchen Zeiten kommen in unseren Beziehungen oft Dinge an die Oberfläche, die wir in uns selbst kaum erkennen. Diese Chance sollten Sie wahrnehmen! In solchen Zeiten sind nämlich auch die Möglichkeiten am größten, die tief sitzenden Überzeugungen in unser Bewusstsein zu integrieren und zu heilen.

Realitäts-Code 18: In den schwierigsten Zeiten unseres Lebens kommen oft unsere tiefsten Überzeugungen ans Licht und können geheilt werden.

Überzeugung und Realität

Viele Menschen haben zunächst Schwierigkeiten mit der Vorstellung, dass unsere Überzeugungen in unserem Leben eine enorme Rolle spielen. Wie soll etwas so Simples wie eine Überzeugung so viel Macht haben?

Wir leben in einer Welt, in der wir gelernt haben, Veränderungen als Ergebnis von Krafteinwirkung zu betrachten. Wenn etwas anders getan werden soll, meinen wir, dass zunächst die existierende Wirklichkeit niedergemacht werden muss, damit sich etwas verändern kann. Ob es sich um die chirurgische Entfernung eines Tumors handelt oder um lautstarke Meinungsäußerungen oder um die militärische Überwindung eines Diktators: Die allgemeine Ansicht ist, dass es anstrengend sein muss, um wirksam zu sein. Und da soll es möglich sein, unsere Welt und unsere Körper mithilfe einer unsichtbaren Kraft zu verändern, über die jeder bereits verfügt? Dazu ein Beispiel:

Die folgende Geschichte erzählt von der Macht, die durch die Überzeugung einer einzigen Person entstehen kann – in diesem Fall eines Mannes, der in seinem Körper das Leiden eines anderen spiegelte. Hier hat die Überzeugung nicht nur die Person selbst für immer verändert, sondern auch all jene, die Zeugen der Ereignisse waren.

ॐ ☙

Ich kam am späten Nachmittag zu einer Konferenz, auf der ich am nächsten Morgen einen Vortrag halten sollte. Ich traf ein paar Bekannte, die aus dem gleichen Grund da waren, und wir verabredeten uns für ein frühes Abendessen, um uns danach noch vorzubereiten.

Wir hatten uns gerade an unseren Tisch gesetzt, als wir bemerkten, dass sich im Foyer des Restaurants etwas tat. Es ließ sich nicht übersehen, denn die wie üblich brummende Geräuschkulisse des etwa 200 Gäste umfassenden Hotelrestaurants verebbte mit einem Mal. Wie die Welle, die durch ein Publikum läuft, wenn deutlich wird, dass die Aufführung gleich beginnt, kam plötzlich alles zur Ruhe. Alle Augen waren auf den Eingangsbereich gerichtet. Dort hatte eine Gruppe von etwa zehn Menschen das Restaurant betreten, in deren Mitte sich ein Mann befand.

Ich beobachtete, wie die Bedienung die Gruppe durch die Tische hindurch führte, und konnte meinen Blick nicht von dem Mann im Zentrum wenden. Er überragte die anderen ein wenig, hatte friedvolle Augen und dickes, dunkles, lockiges Haar und einen ebenso vollen Bart, der sein Gesicht zum größten Teil bedeckte. Er war in verschiedene lockere, weiße Kleidungsstücke gehüllt, die kaum voneinander zu unterscheiden waren. Die meisten Menschen hier trugen die üblichen Jeans und T-Shirts. Dieser Mann kam offensichtlich nicht von hier, aber das war es nicht, was die allgemeine Aufmerksamkeit erregte.

Das Zusammenspiel seiner Kleidung, seines Haars und seines Bartes erweckte in vielen Gästen bestimmte Assoziationen. Ich hörte, wie der Name Jesus geflüstert wurde. Als er an unserem Tisch vorbeiging, begegneten sich unsere Blicke und wir nickten einander leicht zu. In diesem Augenblick sah ich deutlich, was ich aus der Entfernung schon vermutet hatte: Von der Mitte seiner Stirn über seinen Nasenrücken und quer über seine Stirn oberhalb der Augenbrauen verlief eine deutliche Wunde. Es war ein Kreuz. Und nicht irgendein Kreuz. Mitten im Gesicht dieses Mannes befand sich eine offene Wunde, die genau den Proportionen des christlichen Kreuzes entsprach. Die Wunde war nicht verbunden, sodass man sowohl frisches als auch getrocknetes Blut sehen konnte.

Im Vorübergehen hob er die Hand zu einem angedeuteten Gruß. Ich sah, dass er nicht nur auf seiner Stirn eine Wunde hatte. Seine Hände waren mit weißer Gaze verbunden. Es passte wunderbar zu seiner Kleidung, bis auf die Stellen, wo das Blut durchsickerte. Die ihm nachfolgende Gruppe schaute mich und andere mit leicht gereizten Blicken an, als wollten sie sagen: »Na und, haben Sie noch nie einen blutenden Mann gesehen?« Sicher waren sie es gewohnt, in der Öffentlichkeit bestaunt zu werden.

»Stigmata«, dachte ich im Stillen. »Dieser Mann lebt mit Stigmata.«

Als sich die Gruppe niedergelassen hatte, setzte allmählich das übliche Reden wieder ein und die Menschen wandten sich ihren Unterhaltungen und ihrem Essen zu. Ich hatte schon von dem Phänomen der Stigmata gehört. Es handelt sich dabei um Menschen, die sich so stark mit den Kreuzigungswunden Jesu identifizieren, dass sie sich in ihrem Körper manifestieren. Aber ich hatte es noch nie leibhaftig gesehen. Nun saß so ein Mensch 10 Meter von mir entfernt im Hotelrestaurant und bestellte sein Essen. Ich erfuhr kurz darauf, dass er in letzter Minute als Vortragender für die Konferenz eingeladen worden war.

Ich begann sofort, insgeheim alle möglichen Fragen zu stellen. Die erste war natürlich: Wie ist so etwas möglich? Wie kann die Überzeugung und der Glaube eines Mannes so viel Kraft haben, dass er sich in körperlichen Wunden manifestiert? Später erfuhr ich, dass er auch an anderen Stellen seines Körpers Wunden hatte, an seinem Leib und an seinen Füßen, genau wie in den Evangelien die Wunden Jesu beschrieben werden. Was war an diesem Ereignis, das vor 2000 Jahren stattgefunden hatte, so mächtig, dass es auf diesen Mann heute noch so einen starken Einfluss ausübte? Oder besser gefragt: Was war an den Gefühlen, die dieser Mann hinsichtlich dieses Ereignisses hatte, so mächtig, dass es sein Leben so stark prägte? Die Antwort auf diese Frage und das Geheimnis des Placebo-Effekts weisen beide in eine Richtung, welche die Wissenschaft der Medizin etwas ungewisser erscheinen lässt.

Überzeugungen, die stärker sind als der Körper

Während der letzten drei Jahrhunderte haben wir auf die Sprache der Wissenschaften vertraut, um uns das Universum zu erklären. Doch es gibt in unserem traditionell-wissenschaftlichen Weltbild nichts, was Stigmata erklären könnte. Wissenschaftler neigen dazu, solche Phänomene als Anomalien abzuhaken. Es ist für sie ein purer Zufall, den sie in die Kategorie der »unerklärlichen Rätsel« packen, mit denen man sich später noch mal befassen kann. Dieses Verhalten hat zwar so weit funktioniert, aber es kann sein, dass wir dabei Hinweise übersehen haben, wie das Universum wirklich funktioniert.

Können der Glaube und die Überzeugungen einer Person so stark sein, dass sie sich im Fleisch ihres Körpers widerspiegeln? Absolut! Die Studien über den Placebo-Effekt sind vielleicht nicht so beeindruckend wie ein christliches Kreuz im Fleisch eines Mannes, aber genau darum geht es in beiden Fällen. Wenn wir davon überzeugt sind, dass etwas wahr ist, vereint sich unsere Überzeugung mit anderen Kräften des Feldes von Max Plancks Urgrund aller Dinge, und sie weisen den Körper an, unsere Überzeugung zu verwirklichen. Manchmal sehen wir die Auswirkungen in der physischen Welt jenseits unseres Körpers, wie bei dem Friedensexperiment im Nahen Osten. Oder sie spiegeln sich wie bei den Stigmata im Körper wider, der die Gefühle hat.

Bewusst oder unbewusst – unsere Überzeugungen sind ein Teil der Informationen, die uns und unsere Welt umgeben. Von der Regeneration unserer Organe und unserer Haut bis zu den Heilungen, die in den Placebo-Experimenten beschrieben wurden, hält sich der Stoff, aus dem wir bestehen, an die Vorgaben unserer tiefsten Überzeugungen. Und die neuesten Entdeckungen der Zellbiologie bestätigen all dies in der Sprache der Wissenschaften!

Die neuen Erkenntnisse, dass das Feld »da draußen« irgendwie beeinflusst, wie der Stoff, aus dem wir bestehen, in unseren Zellen arbeitet, haben die Welt der traditionellen Biowissenschaften schockiert. Biologen, die fest in dem Glauben verwurzelt waren, dass die DNS der Schlüssel zur Enträtselung des Lebens sei, mussten ihre Überzeugungen hinterfragen, seit deutlich gezeigt wurde, dass die Gene auf Informationen aus ihrem Umfeld reagieren. Und unsere Überzeugungen – die elektrischen und magnetischen Wellen, die von unserem Herzen ausgehen – sind Teil dieses Feldes. Das bedeutet, die DNS ist zwar wichtig und ist mit Sicherheit der Code, der die Sprache des Lebens in unsere Zellen bringt, doch es gibt eine Kraft, welche die DNS steuert.

Dieses kolossale Umdenken hat zu einem ganz neuen Wissenschaftszweig geführt: der Epigenetik. Epigenetik wird definiert als die Erforschung der verborgenen Einflüsse auf die Gene. Diese Einflüsse können die unterschiedlichsten Quellen haben, unter anderem unsere Überzeugungen.[8] Diese Denkrichtung macht uns wieder zu einem Faktor in der Gleichung des Lebens: als machtvolle »Agenten« der Veränderung. Dies ist die Art von Erkenntnissen, die uns helfen, Dinge wie den Placebo-Effekt zu verstehen, und zu erklären, warum sich der Glaube eines Mannes an etwas, das 2000 Jahre früher geschah, in Form von Stigmata manifestieren kann.

Es wird oft gesagt, was wir von unserer Welt glauben, sei wichtiger als das, was wirklich existiert. Wenn wir nur stark genug von etwas überzeugt sind, wird unser Unterbewusstsein nämlich unsere Überzeugung in die Realität umsetzen, die wir zu beginnen glaubten. Das Sprichwort »Man sieht nur, was man glaubt« scheint sich hier wieder zu bestätigen. Robert Collier hat schon vor einem Jahrhundert gesagt: »Unser Unterbewusstsein kann nicht zwischen Wirklichkeit und Vorstellung unterscheiden.«[9] Wenn sich also jemand sehr stark mit der Erfahrung von Jesu Kreuzigung identifiziert, überrascht es nicht, zu beobachten, dass dessen Unterbewusstsein seinen Körper dirigiert und genau die gleichen Wunden produziert. So wird das Leiden Jesu für ihn zur erlebten Wirklichkeit.

ജുഇൽ

Wenn wir etwas erleben, das uns zeigt, dass unsere bisherige Art, die Wirklichkeit zu sehen, unvollständig oder sogar ganz und gar falsch ist, dann haben wir den schwierigsten Teil der Veränderung einer Überzeugung bereits hinter uns. Unsere direkte Erfahrung ist der Katalysator, mit dessen Hilfe wir die Fesseln der Wahrnehmung durchbrechen, die uns in unserer alten Sichtweise gefangen hielten. Dann sind wir auf dem Weg zu einer neuen Perspektive. Der Schlüssel ist, dass das spontan geschieht. Wir setzen uns nicht ins Café und beschließen, jetzt mal eine neue Überzeugung zu entwickeln.

Die neue Überzeugung entsteht automatisch, wenn wir etwas Entsprechendes erleben.

Es geht hier also weniger darum, ob Überzeugungen unseren Körper und unser Leben beeinflussen oder nicht, sondern mehr um die Überzeugungen, welche die Grundlage unserer Gesundheit oder Krankheit, unserer Freuden oder unserer Leiden bilden. Was glauben wir? Wovon sind wir überzeugt? Es geht nicht darum, was wir *denken*, dass wir glauben, oder wovon wir *gerne überzeugt* wären. Sondern wovon sind wir *wirklich* überzeugt?

4

Was glauben Sie?
Die große Frage im Zentrum
Ihres Lebens

»Glaube nichts auf bloßes Hörensagen hin;
glaube nichts aufgrund von Gerüchten oder weil
die Leute viel davon reden;
glaube nichts aufgrund der bloßen Autorität
deiner Lehrer und Geistlichen.
Was nach eigener Erfahrung und Untersuchung
mit deiner Vernunft übereinstimmt
und deinem Wohl und Heil wie dem aller
anderen Wesen dient,
das nimm als Wahrheit an und lebe danach.«
BUDDHA (563–483 V.D.Z.)

»Es gibt zwei Arten der Täuschung:
Die eine ist, zu glauben, was nicht wahr ist,
und die andere, nicht zu glauben, was wahr ist.«
SØREN KIERKEGAARD (1823–1855), PHILOSOPH

Wir haben beschrieben, wie unsere Überzeugungen funktionieren und warum sie die Macht haben, unseren Körper
und unser Leben zu verändern. Angesichts dieser Macht, die

unsere Erfolge und Misserfolge, unsere Beziehungen und alles in unserem Leben bis hin zu seiner Dauer bestimmt, ist es von höchstem Interesse, die eigenen Überzeugungen näher zu untersuchen. Woher kommen sie? Wie wirken sie in meinem Leben? Und vor allem: Was sind meine Überzeugungen? Nicht: was halte ich für meine Überzeugungen oder wovon wäre ich gerne überzeugt – sondern: was glaube ich wirklich zutiefst über mich selbst, über andere Menschen und die Welt? Die ehrliche Beantwortung dieser Fragen öffnet die Tür für weitreichende Erkenntnisse und für Heilung. Ohne dieses Verständnis bleiben die großen Rätsel des eigenen Lebens oft ungelöst.

Tödliche Überzeugungen

Wir entwickeln unsere tiefsten Überzeugungen meistens früh im Leben. Sie bestehen aus grundlegenden Vorstellungen von uns selbst, von anderen Menschen und der Welt. Diese Überzeugungen können positiv oder negativ, lebensfördernd oder lebensverleugnend sein. Die Erfahrungen unserer Kindheit spielen dabei eine große Rolle. Hören wir zum Beispiel immer wieder, das wir dies oder jenes nicht verdienen, entwickeln wir möglicherweise die Überzeugung, nicht wertvoll zu sein. Weil sich solche Ideen im Unbewussten festsetzen, können sie sich auf unerwartete Weise in unser Leben drängen. Die unbewusste Überzeugung, nicht wertvoll zu sein, kann sich zum Beispiel in einem von Mangel geprägten Leben ausdrücken, sei es ein Mangel an Liebe, an Geld, an Erfolg oder an Lebenskraft.

Vor einigen Jahren hörte ich eine Geschichte, die mich

sehr berührte. Sie ist ein sehr gutes Beispiel dafür, welche Macht eine Überzeugung haben kann. Eine Freundin von mir erzählte mir, dass ihr Vater nach einer kurzen, heftigen Krebserkrankung im Alter von 75 Jahren verstorben war. Ich brachte mein Beileid zum Ausdruck, doch was sie mir dann erzählte, ließ mich noch lange nachdenken.

Meine Freundin und ihre Familie waren über seinen Tod traurig; dennoch habe es niemanden überrascht, denn seit ihrer Kindheit redete ihr Vater davon, dass er nicht älter als 75 Jahre werde. Er war ein gesunder, lebensfroher Mann; es gab keinen Hinweis darauf, dass sein Leben bald zu Ende sein würde. Doch sein eigener Vater war im Alter von 75 Jahren verstorben und irgendwie hatte er beschlossen, seine irdische Lebensspanne nach dem Vorbild seines Vaters zu gestalten.

Es schien, als hätte er das schon immer geglaubt. Er genoss das Leben, doch er schien weder wütend noch enttäuscht darüber, dass sein Leben nach siebeneinhalb Lebensjahrzehnten zu Ende gehen sollte. Vor dem Hintergrund dessen, was ich in den vorigen Kapiteln dargestellt habe, verwundert es uns nicht, dass sich die Ereignisse dann wie erwartet entwickelten. An seinem 75. Geburtstag versammelte er noch Freunde und die Familie um sich und feierte. Kurz danach zeigte sich der Krebs, und zwar eine besonders aggressive Art. Nach einem kurzen Kampf mit der Krankheit starb er, wie er immer erwartet hatte, im Alter von 75 Jahren.

Es gibt viele Beispiele dafür, wie Überzeugungen »vererbt« werden können, sogar über mehrere Generationen hinweg. Sind diese Überzeugungen positiv und lebensfördernd, mag es hilfreich sein, sie viele Generationen lang aufrechtzuerhalten. Wenn die Überzeugungen allerdings einengend und lebensbehindernd sind, können sie die Erfahrung dieses kostbaren Lebens, die wir oft als selbstverständlich ansehen, erschweren und verkürzen. *Doch ein einziger Mensch in irgendeiner Generation kann solche einengenden Überzeugungen heilen. Und wenn er das tut, hat er nicht nur sich selbst einen Dienst erwiesen, sondern auch vielen zukünftigen Generationen,* wie das nächste Beispiel zeigt.

Die Heilung einer »ererbten« Überzeugung

Die Geschichte vom Vater meiner Freundin, die ich eben erzählt habe, erinnerte mich an eine Situation, die sich mehr als 20 Jahre früher zugetragen hatte. Damals endete die Geschichte jedoch anders und sie erzählt von der Macht eines Mannes, der eine Überzeugung heilte, die seit mindestens zwei Generationen bestand.

Die späten Siebzigerjahre waren in den USA eine Zeit großer Anspannungen und Ungewissheiten. Die Nation stand immer noch unter dem Schock des Ölembargos, der das Land nur wenige Jahre zuvor in die Knie gezwungen hatte. Ende 1979 hatten militante Iraner 52 Amerikaner als Geiseln genommen, und die ganze Welt zitterte, wie die amerikanische Regierung reagieren würde. Gleichzeitig war der furchterregendste unerklärte Krieg im Gange, den unser Land je erlebt hat: der sogenannte Kalte Krieg.

In dieser Zeit heuerte mich ein großer Energiekonzern an, damit ich mit seinen neuesten und modernsten Computern, die damals noch ganze Räume ausfüllten, den Meeresboden nach unentdeckten Falten und Brüchen absuchen sollte, aus denen sich vielleicht neue Energiequellen ergeben könnten.

Weder unsere Nation noch das Unternehmen, für das ich arbeitete, beschäftigte sich irgendwie damit, dass unsere Überzeugungen eine Wirkung auf die Wirklichkeit haben könnten.

Ungefähr zur gleichen Zeit wurde eine Frau eingestellt, die ich auch bald kennenlernte. In den ersten Tagen erklärte man uns als neuen Angestellten alle möglichen organisatorischen und vertraglichen Möglichkeiten des Betriebs. Man bot uns eine Unmenge verschiedener Versicherungsmöglichkeiten und Kombinationsangebote an, in der man kaum den Überblick behalten konnte. Nach der Präsentation unterhielt ich mich mit meiner neuen Kollegin über das Thema mit einer überraschenden Intensität.

Ich war zwar ebenfalls der Ansicht, dass man sich darum kümmern muss, möglichst die beste Versicherung zu haben. Doch nach diesem vollgepackten Präsentationstag schienen mir allmählich alle Angebote gleich zu sein. Ich war bereit, mich einfach für irgendetwas zu entscheiden und es dabei zu belassen. Doch meine Kollegin setzte sich mit allen Details intensiv auseinander. Ich war der Ansicht, dass die Unterschiede doch nicht so bedeutsam seien, schließlich würden wir die Leistungen, wenn überhaupt, sicher nicht so bald in Anspruch nehmen müssen. Ich verstand nicht, warum es so wichtig für sie war, wie sie sich in einem Schadensfall verhalten müsse, wie schnell die Versicherung beim Tod Ihres Ehegatten zahlen würde und ab wann die Versicherung gültig wäre. Doch dann erzählte sie mir von ihrer familiären Situation.

»In der Familie meines Mannes wird kein Mann älter als fünfunddreißig«, berichtete sie ungerührt.

»Im Ernst?«, fragte ich mit größtem Staunen.

»Oh ja«, erwiderte sie in einem Ton, dem man anmerkte, dass sie nicht das erste Mal über dieses Thema sprach. »Da kann man gar nichts machen. Das ist erblich. Der Großvater meines Mannes starb mit fünfunddreißig, sein Vater starb mit fünfunddreißig und vor ein paar Jahren starb sein Bruder mit fünfunddreißig. Mein Mann ist jetzt dreiunddreißig, er ist als Nächster dran und wir müssen uns darauf vorbereiten.«

Ich konnte kaum glauben, was ich hörte. Ich erfuhr, dass sich meine Kollegin und ihr Mann schon lange kannten und dass sie zwei wundervolle Kinder hatten. Jetzt verstand ich, warum sie sich so für die Details der Lebensversicherungen interessierte. Sie ging davon aus, dass sie sie bald brauchen würde.

Gleichzeitig konnte ich ihre Geschichte nicht einfach hinnehmen. Ich glaube durchaus, dass es solche Dinge gibt. Ich glaube allerdings auch, dass sie sich nicht so ereignen *müssen*. Ich konnte nicht akzeptieren, dass jemand nur eine bestimmte Zeit leben sollte, weil es in seiner Familie eben so war. Ich wurde den Gedanken nicht los, dass seine Geschichte auch ein anderes Ende nehmen konnte. Vielleicht konnte sich etwas im Leben dieser Familie verändern und der Mann meiner Kollegin könnte den Bann brechen.

Es folgten viele tiefgehende Gespräche, in denen ich lernte, dass der Tod eines Ehegatten ein äußerst empfindliches Thema sein kann, das sehr viel Vorsicht und Taktgefühl erfordert, besonders wenn man mit der betroffenen Person im gleichen Büro arbeitet.

Man hat zwar wissenschaftlich eindeutig festgestellt, dass es eine Beziehung zwischen unseren Überzeugungen und der Gesundheit, Vitalität und Langlebigkeit unseres Körpers gibt, aber man kann da vieles falsch interpretieren. Natürlich wacht niemand morgens auf und beschließt bewusst, sich jetzt eine Krankheit zu manifestieren, die ihm selbst Schmerzen und seinen Nächsten viel Leid verursachen wird. Andererseits weiß ich genauso sicher, dass die Veränderung eines Überzeugungsmusters eine Veränderung der Gesundheit und der Vitalität des Körpers nach sich ziehen kann. Der Trick besteht darin, solche Möglichkeiten darzustellen, ohne damit irgendwelche Schuldzuweisungen nahezulegen. Ich gab mir meiner Kollegin gegenüber größte Mühe mit dieser Gratwanderung und wir verbrachten viele Mittagspausen mit Gesprächen über die Welt der Quantenmöglichkeiten und die Macht der Überzeugungen mit ihrer Wirkung auf unser Leben.

Ich weiß nicht, wie die Geschichte letztendlich ausgegangen ist, denn ich habe das Unternehmen nach ein paar Jahren wieder verlassen und seitdem nichts mehr von meiner damaligen Kollegin gehört. Doch als ich ging, hatte der Mann meiner Kollegin auf jeden Fall sein 35. Lebensjahr gesund und lebendig hinter sich gebracht! Zur Überraschung und Erleichterung seiner Familie hatte er den »genetischen Bann« gebrochen, der seit Generationen über seiner Familie zu liegen schien. Weil er die Grenzen überwand, von denen andere im Hinblick auf ihn immer überzeugt waren, konnte er eine andere Lebenseinstellung entwickeln und seine Freunde und Familie inspirieren, es ihm gleichzutun.

Manchmal reicht das: ein Mensch, der in Anwesenheit der anderen das scheinbar Unmögliche vollbringt. Wenn sie sehen, wie die Grenzen überwunden werden, können auch sie neue Möglichkeiten erkennen – weil sie es persönlich erlebt haben.

ɞɷ

Wenn wir solche Geschichten hören, fragen wir vielleicht, ob es nur Zufall gewesen sein könnte. Kann es ein Zufall sein, wenn die Lebensspanne eines Menschen genau seiner Erwartung oder den Erwartungen aller Menschen um ihn herum entspricht? Oder ist da mehr im Spiel?

Infolge des großen Interesses an der Verbindung zwischen Geist und Körper, das Ende des 20. Jahrhunderts aufkam, entstand ein unablässiger Strom von Studien, die sich mit diesen Themen befassen. Sie konstatieren eine direkte Verbindung zwischen dem, was wir denken und fühlen, und dem, wie unser Körper funktioniert. Diese Verbindung wirkt sich auf jeden Tag unseres Lebens aus, wie die obigen Geschichten bestätigen.

Hier ging es nur um die Macht der Überzeugung im Leben eines einzelnen Menschen. Könnte es jedoch sein, dass es auch kollektive Überzeugungen gibt, die so verbreitet sind und eine so große Wirkung auf uns haben, dass sie zum Beispiel unsere menschliche Lebensspanne bestimmen? Und wenn dem so wäre, könnten dann auch solche Überzeugungen geheilt und verändert werden? Beide Fragen können mit »Ja« beantwortet werden. Die Quelle dieser Überzeugungen wird Sie überraschen.

Sterben wir vor unserer Zeit?

Haben Sie sich je gefragt, warum wir nach 70 oder 100 Jahren sterben? Mal abgesehen von äußeren Eingriffen in das Leben eines Menschen wie Kriegen, Mord, Unfällen oder schädlicher Lebensführung: Was ist die eigentliche Ursache für den Tod eines Menschen? Warum fällt es uns so schwer, weiter gesund und fröhlich zu leben, wenn wir die sogenannte »Mitte« unseres Lebens überschritten haben und uns langsam der 100-Jahre-Linie nähern?

Viele Wissenschaftler und Mediziner sind sich einig, dass unsere Körper über eine wunderbare Fähigkeit verfügen, sich am Leben zu erhalten. Die geschätzten 50 Milliarden Zellen, aus denen ein Menschenkörper durchschnittlich besteht, sind fast alle in der Lage, sich im Lauf unseres Lebens zu reparieren und zu erneuern. Wir regenerieren uns also ständig, durch und durch.

Bis vor Kurzem meinten die Wissenschaftler, dass es im Phänomen der Zellreproduktion zwei Ausnahmen gebe. Interessanterweise sind dies die Zellen in den zwei Bereichen, die wir am meisten mit den spirituellen Qualitäten verbinden, die uns zu dem machen, was wir sind: die Gehirnzellen und die Herzzellen. Neue Studien haben jetzt gezeigt: Diese Zellen können sich zwar nicht regenerieren, sind aber so belastbar, dass sie ein Leben lang halten können und sich gar nicht zu erneuern brauchen. Wir kehren also zu unserer Eingangsfrage zurück: Warum geht unsere Lebenserwartung kaum über 100 Jahre hinaus? Was nimmt uns das Leben?

Neben Fehldiagnosen und Fehlbehandlungen sind Herzerkrankungen im Alter von über 65 Jahren die häufigste

Todesursache. Ich finde diese Statistik faszinierend, weil sie daran erinnert, welche Arbeit unsere Herzen leisten. Das menschliche Herz schlägt durchschnittlich 100 000 Mal am Tag bzw. 35 Millionen Mal im Jahr. Es pumpt dabei 24 Stunden am Tag ungefähr 6 Liter Blut durch zigtausend Kilometer Gefäße und Kapillaren. Unser Herz scheint für unsere Existenz so wichtig zu sein, dass es sich als erstes Organ im Mutterleib bildet, noch vor dem Gehirn.

Aus der Sicht eines Ingenieurs nennt man ein Teil, von dessen Funktion das ganze Projekt abhängt, »betriebsnotwendig«. Wenn in den Raumfahrtprogrammen zum Beispiel ein Rover konstruiert wird, der auf dem Mars landen soll, wo ihn niemand reparieren kann, wenn etwas kaputtgeht, dann haben die Ingenieure zwei Möglichkeiten, um seine Mission sicherzustellen: Entweder sie bauen die betriebsnotwendigen Teile so, dass einfach nichts schiefgehen kann, oder sie bauen Ersatzmöglichkeiten ein sowie Ersatzmöglichkeiten für die Ersatzmöglichkeiten. Manchmal machen sie auch beides.

Das wundersame »betriebsnotwendige« Organ, das jede Zelle unseres Körpers mit lebensspendendem Blut versorgt, muss entweder durch bewusste Konstruktion oder durch einen natürlichen Entwicklungsprozess zu den dauerhaftesten und am besten selbstheilenden Organen des Körpers gehören. Also müssen wir uns jedes Mal, wenn jemand an sogenanntem »Herzversagen« stirbt, fragen, was mit diesem Menschen wirklich passiert ist. Warum sollte das erste Organ, das sich im Körper bildet und das so lange und so zuverlässig funktioniert, einfach nach ein paar Jahrzehnten aufhören, zu funktionieren – obwohl es doch aus Zellen besteht, die so unverwüstlich sind, dass sie nicht einmal einen

Reproduktionsprozess brauchen? Das erscheint nicht sinnvoll, es sei denn, andere Faktoren sind im Spiel.

In der modernen Medizin werden Herzkrankheiten meistens verschiedenen körperlichen Konstitutionen und Lebensstilen zugeschrieben, von Cholesterin über Ernährung bis zu Umweltgiften und Stress. Sicher spielen diese Dinge auf der chemischen Ebene eine Rolle, aber was passiert wirklich, wenn das Herz eines Menschen »versagt«?

Vielleicht ist es kein Zufall, dass alle Faktoren des Lebensstils, die im Zusammenhang mit Herzkrankheiten erwähnt werden, auch mit der Kraft zu tun haben, die mit dem Universum spricht: den menschlichen Emotionen. Gibt es möglicherweise ein *Gefühl*, das wir im Leben haben und das im Ernstfall zum Versagen des wichtigsten Organs im Körper führen kann? Die Antwort lautet: Ja!

Die tödliche Verletztheit

Die modernsten wissenschaftlichen Erkenntnisse legen immer mehr die Vermutung nahe, dass *Verletztheit* zu Herzversagen führen kann. Vor allem die unerlösten negativen Gefühle, die chronischen Verletztheiten zugrunde liegen – nämlich unsere Überzeugungen –, verfügen über die Macht, körperliche Zustände zu erzeugen, die zu Herz-Kreislauf-Erkrankungen gehören: Anspannung, Entzündungen, Bluthochdruck, verstopfte Arterien. Diese Verbindung zwischen Geist und Körper wurde kürzlich in einer bahnbrechenden Studie der Duke Universität dokumentiert:[1] James Blumenthal konnte feststellen, dass langfristige Erfahrungen von Angst, Frustration, Besorgnis und Enttäuschung Beispiele sind für starke negative Emotionen, die sich schädigend auf das Herz auswirken und das Risiko erhöhen. All diese Gefühle lassen sich unter dem Begriff »Verletztheit« zusammenfassen.

Auch andere Studien bestätigen diese Art von Beziehung. Der Therapeut Tim Laurence, Direktor des Hoffman Institutes in England, beschreibt die möglichen Auswirkungen unserer Unfähigkeit, sogenannte »alte Wunden und Enttäuschungen« zu vergeben: »Auf jeden Fall trennt es sie von guter Gesundheit«, schreibt er.[2] Er stützt seine Aussage, indem er eine Anzahl von Forschungsarbeiten zitiert, die wie Blumenthals Arbeiten zeigen, dass Ärger und Anspannung zu gesundheitlichen Problemen wie Bluthochdruck, Kopfschmerzen, Immunschwäche, Magenproblemen und zuletzt Herzinfarkten führen können.

Blumenthals Untersuchungen haben gezeigt, dass es Herzversagen vorbeugen kann, wenn man die Menschen lehrt, auf Lebenssituationen weniger emotional zu reagieren. Und wenn es darum geht, Verletztheiten zu heilen, spielen unsere Überzeugungen im Hinblick auf das, wovon wir uns verletzt fühlen, eine bedeutende Rolle.

Realitäts-Code 19: Unsere Überzeugungen hinsichtlich unverarbeiteter Verletzungen können körperliche Auswirkungen haben, die uns schaden und uns sogar umbringen.

Diese Untersuchungen wollen nicht darauf hinaus, dass es schlecht oder ungesund sei, negative Gefühle zu haben. Negative Gefühle sind zunächst einfach ein Indikator dafür, dass wir etwas erlebt haben, das unserer Aufmerksamkeit und der Heilung bedarf. Nur wenn wir diese Emotionen mitsamt den dahinterstehenden Überzeugungen ignorieren und wenn wir Monate, Jahre oder Jahrzehnte damit leben, können sie zum Problem werden. Könnte es sein, dass wir sterben, weil uns die Enttäuschungen des Lebens zu Tode verletzt haben? Im Zusammenhang mit dieser Möglichkeit erklärt Blumenthals Studie: »Wenn man sagt, jemand sei an gebrochenem Herzen gestorben, bedeutet das vielleicht, dass die intensive emotionale Reaktion auf Verluste und Enttäuschungen bis zum tödlichen Herzschlag führen kann.«[3] In der Sprache ihrer Zeit weisen alte Traditionen auf genau diese Möglichkeit hin.

Die ersten hundert Jahre sind die schwersten

Warum scheint das maximal erreichbare Alter der Menschen kaum 100 Jahre zu überschreiten? Warum nicht 200 Jahre oder 500 oder länger? Wenn wir den Erzählungen der Thora und des Alten Testaments Glauben schenken wollen, dann maßen viele Menschen längst vergangener Zeiten ihr Leben in Jahrhunderten und nicht in Jahrzehnten wie heutzutage. Zum Beispiel wird in der Thora erzählt, Noah lebte noch 350 Jahre *nach* der Sintflut. Und da berichtet wird, dass er im Alter von 950 Jahren starb, muss er im Alter von 600 Jahren noch fit genug gewesen sein, um die Arche zu bauen.

Den alten Texten zufolge waren die Menschen in diesem hohen Alter auch nicht nur schrumpelige Überreste ihres früheren Selbst, die sich gerade noch so an den Lebensfaden klammerten. Sie waren aktive, lebendige Menschen, die am Familienleben teilnahmen und manchmal sogar noch neue

Familien gründeten. Warum auch nicht? Wir leben offensichtlich in Körpern, die dafür gebaut sind, lange zu halten. In der Vergangenheit taten sie es offensichtlich. Warum also nicht auch heute? Was hat sich verändert?

Um diese Fragen zu beantworten, müssen wir die traditionelle Grenze zwischen Wissenschaft und Spiritualität aufheben. Natürlich spielt dabei noch mehr eine Rolle als lediglich die Elemente, aus denen die DNS unseres Körpers besteht. Die Wissenschaft kann zwar die Existenz der Seele noch nicht messen, doch wir wissen, dass es eine geheimnisvolle Kraft gibt, welche die Elemente unseres Körpers belebt. Unsere Seele verleiht dem Körper Leben. Und hier finden wir auch unsere Antwort. Wenn unsere Seele schmerzt, wird dieser Schmerz als die spirituelle Qualität unserer Lebenskraft in jede unserer Zellen übermittelt.

Realitäts-Code 20: Wenn unsere Seele schmerzt, wird dieser Schmerz als die spirituelle Qualität unserer Lebenskraft in jede unserer Zellen übermittelt.

Die ungefähr 100 Jahre, die wir als die Dauer eines menschlichen Lebens betrachten, scheinen anzuzeigen, wie lange wir unerlöstes Leiden in der Seele aushalten können, wie lange wir die Traurigkeiten und Enttäuschungen des Lebens ertragen können, bevor sie uns vollends einholen. Wir alle kennen den Schmerz, wenn ein Mensch, der uns nahesteht, oder ein geliebtes Haustier oder eine Situation, an der wir hängen, aus unserem Leben verschwindet. Kann ein Leben der Verluste, Enttäuschungen und der Treuebrüche denn die Macht haben, unser stärkstes und dauerhaftestes Organ zu schädigen? Allerdings! Und vielleicht liegt die Verletztheit, die uns umbringt, sogar noch tiefer. Neben den offensichtlichen Traumata gibt es eine weitere Schmerzquelle, die zwar weniger offenkundig, aber gleichzeitig so groß und so universell ist, dass wir es kaum aushalten, darüber nachzudenken. Quer durch alle Kulturen und Gesellschaften erzählen die Schöpfungsmythen der Menschheit davon, dass wir, um in dieser Welt zu sein, eine größere, kollektive Seelenfamilie hinter uns lassen mussten. Und unsere tiefste universelle Angst hängt genau damit zusammen: Es ist die Angst, getrennt und allein zu sein.

Vielleicht ist die große Verletztheit, die allen anderen Kränkungen zugrunde liegt, der Schmerz über die Trennung von einem umfassenderen Sein. Wenn das stimmt, dann beruht vielleicht unser Bedürfnis, ein Gefühl der Harmonie in kleineren, irdischen Familien herzustellen, auf unserer Sehnsucht nach unserer größeren Seelenfamilie. Dann ist es nicht so erstaunlich, dass Verluste in der Familie so niederschmetternd für uns sind. Sie rühren den alten, ursprünglichen Schmerz wieder an.

Das Verlangen, sich an ihren Familien, Beziehungen und Erinnerungen festzuhalten, erzeugt bei vielen Menschen ein großes Leiden. In ihrer Sehnsucht nach den Tieren, die nie wieder um sie sein werden, nach den Menschen, die sie vermissen, wenden sie sich dann den sozial akzeptierten Betäubungsmitteln wie Alkohol oder Medikamenten zu, um den Seelenschmerz weniger zu spüren.

Wenn wir einen Weg finden, die gemeinsame Zeit mit unseren Lieben zu genießen und zu schätzen, auch wenn sie endet, dann sind wir im Hinblick auf unsere größte Heilung einen entscheidenden Schritt vorwärtsgekommen. Die gleichen Prinzipien, die uns zu Tode leiden lassen, können uns auch die heilende Kraft des Lebens schenken. Der Schlüssel liegt in unseren Gefühlen hinsichtlich dessen, was uns das Leben zeigt.

> **Realitäts-Code 21:** Die gleichen Prinzipien, die uns zu Tode leiden lassen, wirken auch umgekehrt: Sie können uns die Erfahrung der heilenden Kraft des Lebens schenken.

All dies sind Möglichkeiten, aber eines wissen wir gewiss: Es gibt ein biologisches Potenzial, dass unser Körper sehr viel länger »halten« könnte, sodass wir länger und gesünder leben könnten, als wir es zurzeit tun. Offensichtlich hängt unsere Lebenserwartung nicht nur von den körperlichen Elementen unseres Körpers ab. Wie auch immer man es nennen will: Es ist eine spirituelle Kraft, die unseren Körper nährt. In den alten spirituellen Traditionen werden wir aufgefordert, in uns Raum zu schaffen für diese Lebenskraft, von der alles abhängt. Um lange und gesund zu leben, müssen wir die beschränkenden Überzeugungen heilen, die unseren Verletzungen zugrunde liegen. Da Sie jetzt wissen, wie sich unsere unbewussten Überzeugungen in unserer Gesundheit, in unseren Beziehungen und Karrieren spiegeln, mag es Ihnen sinnvoll erscheinen, sich die Beziehungen Ihres täglichen Lebens daraufhin einmal anzuschauen. Beginnen wir mit Ihrer Beziehung zur Liebe: Werden Sie sich darüber klar, wo Sie hinsichtlich der lebensspendenden Kraft der Liebe in Ihrem Leben stehen.

Die drei folgenden Fragen mögen Ihnen zunächst so offensichtlich erscheinen, dass Sie sich wundern, warum ich sie überhaupt stelle. Doch in unserem geschäftigen Leben und unserem Bemühen, schnelle Antworten und Lösungen zu finden, übersehen wir oft das Offensichtliche. Manchmal ist es hilfreich, sich einen Moment Zeit zu nehmen, sich zurückzulehnen und sich so aufrichtig wie möglich nochmals den Grundlagen zuzuwenden. Die Antworten werden uns zu unserem nächsten Schritt führen.

Bis jetzt haben wir oft das kollektive »Wir« verwendet, doch an dieser Stelle wird die spontane Heilung der Überzeugungen zu einer individuellen Angelegenheit. Diese Fragen gelten Ihnen; deswegen werde ich sie direkt an Sie richten.

Lieben Sie von ganzem Herzen?

- Fällt es Ihnen schwer, zuerst sich selbst zu lieben? → Ja Nein

- Haben Sie das Gefühl, es sei unsicher, Ihre Liebe vollkommen und furchtlos mit anderen zu teilen? → Ja Nein

- Führen die Beziehungen, die Sie in Ihr Leben einladen, dazu, dass Sie sich leer und unerfüllt fühlen? → Ja Nein

Abb. 12. Drei einfache Fragen, mit deren Hilfe Sie mehr Akzeptanz, Langlebigkeit und Heilung in Ihr Leben bringen können. Die Art, wie Sie die Fragen beantworten, hilft Ihnen, zu erkennen, was zwischen Ihnen und der erfüllenden Erfahrung lebensfördernder Liebe steht.

Wenn Sie irgendeine dieser Fragen mit »Ja« beantwortet haben: Halten Sie es für möglich, dass die Verletztheiten, die Enttäuschungen, der Verrat und das Leiden, die Sie erlebt haben, aus einer unbewussten Überzeugung stammen, die sich nun auf diese Weise in Ihr Bewusstsein drängt? Um das herauszufinden und um zu erklären, warum Sie hier »Ja« gesagt haben, müssen wir ein wenig tiefer gehen. Bitte beantworten Sie dazu die folgende einfache, doch sehr aufschlussreiche Frage – die große Frage, die nur Sie allein beantworten können.

Wovon sind Sie wirklich überzeugt?
Die große Frage im Kern Ihres Lebens

Es gibt in unserem Leben eine zentrale unbewusste Überzeugung: Sie bestimmt unser Leben auf so vielfältige Weise, dass wir es kaum je bemerken. Wir haben sozusagen ein Selbststeuergerät, ein instinktives Programm in unserem Hinterkopf, das so mächtig ist, dass alle unsere anderen Überzeugungen damit abgeglichen werden.

So unterschiedlich unsere Lebensverläufe auch sein mögen, so vielfältig unsere Lebenserfahrungen auch sind: Nichts geschieht je in unserem Leben, ohne dass es von dieser einen Überzeugung geprägt wäre. Alles was Sie lieben und alle Ängste; alle Chancen, die Sie voller Vertrauen wahrgenommen haben, und alle, die Sie furchtsam vermieden; Ihre Gesundheit; die Art, wie Ihr Körper altert; alle Ihre Beziehungen zu anderen Menschen, zu sich selbst und zur Welt – all das und noch mehr hängt davon ab, wie diese eine Überzeugung in Ihnen aussieht.

Sie können diese Überzeugung bei sich selbst identifizieren, indem Sie eine einzige Frage beantworten: die große Frage. Ihre Antwort zeigt Ihnen die Wahrheit über eine mächtige unbewusste Überzeugung im Kern Ihrer Existenz. Die Frage lautet:

> Sind Sie davon überzeugt, dass es für alles, was in der Welt geschieht, eine einzige Quelle gibt? Oder glauben Sie, dass es zwei einander entgegengesetzte Kräfte gibt: Gut und Böse, also eine Kraft, die Ihnen wohlgesonnen ist, und eine Kraft, die es nicht ist?

Ja, so schlicht und einfach ist es! Aber lassen Sie sich davon nicht täuschen. Jeder muss diese Frage irgendwann in seinem Leben beantworten. Es geht dabei um die wichtigste Beziehung, die wir in unserem Leben bewältigen müssen! In der Einfachheit der Frage liegt ihre Eleganz.

Die Art, wie Sie die große Frage beantworten, wird Ihnen helfen, die Essenz dessen, wer Sie zu sein glauben, und Ihre Gefühle gegenüber Ihrem Leben in der Welt neu zu definieren. Die Klarheit, die sich aus der Beantwortung dieser Frage ergibt, veranlasst Ihren »inneren Programmierer«, die Lebensmuster in Ihrem Körper umzustrukturieren. Es beginnt alles mit dieser einfachen Frage.

Die Vorlage für Ihr Leben

Ihre Antwort auf die große Frage ist die Vorlage Ihres Lebens. Wenn Sie glauben, dass es zwei getrennte Kräfte in der Welt gibt, die sich auf sehr unterschiedliche Weise zum

Ausdruck bringen, dann werden Sie alles, was passiert, immer mit den Augen dieser Polarität und Getrenntheit sehen. Vielleicht waren Sie sich dieser Überzeugung nie bewusst, vielleicht haben Sie nie mit anderen darüber geredet oder es sich selbst eingestanden, aber sie dominiert Ihre Akzeptanz von Liebe und Erfolg in Ihren Beziehungen, in Ihrem Beruf, in Ihren Finanzen und in Ihrer Gesundheit.

Diese eine, oft unbewusste Überzeugung kann also, kurz gesagt, die großartigsten Erfahrungen unseres Lebens untergraben, ohne dass wir es auch nur bemerken.

Realitäts-Code 22: Unsere Überzeugung, ob es eine Kraft gibt, die alles bewirkt, was in der Welt geschieht, oder ob es zwei einander entgegengesetzte Kräfte sind, wirkt sich in allen unseren Lebenserfahrungen, in unserer Gesundheit, unseren Beziehungen und unserem Wohlstand aus.

Nehmen wir zum Beispiel die Kraft des »Lichts« als etwas Freundliches wahr, das uns nur Gutes will, während wir meinen, dass uns die »Dunkelheit« nicht liebt und uns in selbstzerstörerische Verhaltensmuster locken will, dann wird die Welt zu einem Schlachtfeld dieser beiden Kräfte. Und wenn die Welt zum Schlachtfeld wird, wird das Leben zum Kampf. Wenn wir glauben, dass die beiden Kräfte miteinander im Konflikt stehen, sehen wir, wie sich dieser Kampf in jeder Überzeugung spiegelt: von unserem Selbstwertgefühl im Rahmen von Liebe und Erfolg bis zu unserem Gefühl, wie sehr wir das Leben verdienen! Und natürlich spiegelt sich dieser Kampf dann auch in der Chemie unseres Körpers wider.

Wie bereits gesagt, gibt es für jedes nicht-physische Gefühl, für jede Emotion und jede Überzeugung, die wir in unserem Körper erzeugen, ein physisches Äquivalent in der Chemie unserer Zellen. Insofern gibt es tatsächlich so etwas wie eine »Liebes-Chemie« und eine »Hass-Chemie«. Und was passiert wohl in unserem Körper, wenn wir unser Leben lang meinen, dass es in der Welt zwei grundlegende Kräfte gibt: eine gute und eine schlechte; eine, die uns liebt, und eine, die uns nicht mag; eine, die hinter uns her ist, und eine, die uns hilft? Die Antwort ist klar.

Wenn wir in unserem tiefsten Inneren glauben, dass das Leben ein kostbares Geschenk ist, das es zu nähren, zu erkunden und zu schätzen gilt, dann ist die Welt ein wundervoller Forschungsraum, voll unterschiedlicher Kulturen, Erfahrungen und Gelegenheiten. Aber wir müssen davon überzeugt sein, dass wir *sicher* sind, bevor wir uns in solche Erfahrungen stürzen. Es geht hier um mehr als Hoffen und Wünschen. Wir müssen uns dessen zutiefst gewiss sein. Vielleicht sagen Sie jetzt: »Ja, natürlich! Und wo sagten Sie noch, soll diese sichere Welt existieren?« Und ich gebe Ihnen recht: Wenn man sich die Berichte der Massenmedien anschaut, haben wir allen Anlass, diese Welt für einen höchst unsicheren Ort zu halten.

Andererseits, wenn wir zutiefst davon überzeugt sind, dass diese Welt, in der wir leben, gefährlich ist, und wir diese Überzeugung jeden Tag unseres Lebens verkörpern, dann werden wir sehen, wie sich diese Überzeugung in allem verwirklicht: von unserer Arbeit über unsere Beziehungen bis zu unserer Gesundheit. Wenn sich uns neue Chancen bieten, werden wir das Gefühl haben, Ihnen nicht gewachsen zu sein oder sie nicht wert zu sein. Wir werden uns fürchten, Risiken einzugehen; wir werden uns unwert fühlen, eine tolle Arbeit oder einen wundervollen Partner zu finden, die uns Freude machen; und wir werden uns mit allem zufriedengeben, was uns über den Weg läuft.

Wenn wir keinen Grund finden, etwas anderes zu glauben, wird sich dieser Kampf irgendwann auch in unseren Zellen widerspiegeln. Sie werden unsere Überzeugung als Anweisung nehmen und dementsprechend eine Chemie erzeugen, die uns genau die Erfahrung vermeiden lässt oder unmöglich macht, nach der wir uns so sehnen: Lebendigkeit!

Manchmal zeigen sich diese Überzeugungen auf der körperlichen Ebene nur subtil. Das ist ein Segen, denn es gibt uns die Gelegenheit, uns damit auseinanderzusetzen, bevor es zu spät ist. Manchmal sind die Anzeichen allerdings auch weniger subtil.

Unser Körper:
Der Spiegel unserer Antwort auf die große Frage

Mein Großvater war ein Gewohnheitsmensch. Wenn er etwas gefunden hatte, das ihm passte, dann blieb er dabei. So ist es wohl auch zu erklären, dass er und meine Großmutter über 50 Jahre lang verheiratet waren. Nach Grandmas Tod zog er zu seinem Bruder. Meine Beziehung zu ihm veränderte sich, sodass wir uns die letzten Jahre seines Lebens näherkamen und uns eine herzliche Freundschaft verband.

Grandpa aß am liebsten im nächsten Wendy's, dem örtlichen Restaurant einer Fast-Food-Kette. Ich arbeitete zu dieser Zeit in einem anderen Bundesstaat. Wenn ich ihn besuchte, nahm ich mir daher immer einen ganzen Tag Zeit für ihn. Ich gab ihm zu verstehen, ich würde ihn gerne ausführen: Wohin er denn gehen wolle. Ich zählte ihm alle schönen Restaurants und Cafés in der Gegend auf. Er hörte mir jedes Mal aufmerksam zu, doch seine Antwort war immer dieselbe, mit der ich schon rechnete: Wendy's.

Ein Ausflug zu Wendy's nahm den ganzen Tag in Anspruch. Wir fuhren am späten Vormittag hin, noch bevor die Leute strömten, um schnell in der Mittagspause etwas zu essen zu holen. Wir saßen da und beobachteten, wie sie kamen und gingen, bis schließlich nur wir beide übrig waren. Ich lauschte seinen Geschichten, wie es in unserem Land während der Weltwirtschaftskrise 1929 war, oder wir redeten über die aktuellen Probleme der Welt und was sie für unsere Zukunft bedeuten könnten. Wenn es Abend wurde und die neuen Gäste so laut waren, dass man sich nicht mehr unterhalten konnte, aß er den Cheeseburger und die Schale Chili auf, an denen er stundenlang herumgeknabbert hatte, und ich brachte ihn nach Hause.

Eines Tages, als mir Grandpa mal wieder an unserem Lieblingstisch gegenübersaß, beugte er sich plötzlich nach vorne und fiel auf den Tisch. Er war ganz wach und bewusst. Seine Augen waren klar, er konnte sprechen und soweit man sehen konnte, war sonst alles in Ordnung. Er konnte sich nur nicht mehr aufrecht halten. Man stellte fest, dass Grandpa eine schwere Muskelschwäche entwickelt hatte, an der sonst eher Frauen um die dreißig leiden.

Bei dieser Form der Muskelschwäche reagiert der Körper nicht mehr auf die Absicht, die Muskeln zu bewegen; man kann nicht einmal mehr aufrecht stehen oder auch nur seinen

Kopf gerade halten. Es ist eine Autoimmunkrankheit: Der Körper produziert einen chemischen Stoff, der verhindert, dass die Nervenimpulse auf die Muskeln übertragen werden.

Mein Großvater konnte also denken, dass er sich aufsetzen will, und sein Gehirn übertrug dieses Signal an den Körper, aber es kam nicht bei den Muskeln an. Der chemische Stoff setzte sich in den Weg und unterbrach die Kommunikation. Der Körper meines Großvaters arbeitete also in einem Kampf zwischen zwei chemischen Stoffen gegen sich selbst: Ein Stoff bewirkte, dass alles normal ablief, und der andere verhinderte es.

Zwischen meinen beruflichen Reisen verbrachte ich so viel Zeit wie möglich mit Grandpa, um ihm zu helfen, mit seiner Situation fertig zu werden. Gleichzeitig lernte ich mehr über seinen Zustand.

In dieser Zeit erfuhr ich interessante Dinge über sein Leben und die Geschichte unseres Landes – Dinge, die meiner Ansicht nach in direktem Zusammenhang mit seinem Ergehen standen. Während der Weltwirtschaftskrise arbeitete mein Großvater als junger Mann in einem Lebensmittelladen. Falls Sie sich je mit Menschen unterhalten haben, die in dieser Zeit gelebt haben, kennen Sie wahrscheinlich die tiefen Narben, die diese Jahre hinterlassen haben. Beinahe von einem Tag auf den anderen war alles anders. Die Wirtschaft brach zusammen, Fabriken und Läden machten zu, alles war knapp und die Menschen hatten kaum etwas zu essen.

Mein Großvater hatte zwar alles getan, was in seiner Macht stand, um seine junge Ehefrau und alle anderen im Haus mit Nahrung zu versorgen, und er hatte es ganz gut hingekriegt – doch *aus seiner Sicht* hatte er versagt. *In seinem Herzen fühlte er sich schuldig.* Er fühlte sich schuldig, dass er als Ehemann, als Sohn, als Schwiegersohn und als Freund versagt hatte. Bevor er starb, fragte ich meinen Großvater noch einmal, wie es damals war. Und immer noch war er so voller Traurigkeit, dass er in Tränen ausbrach, als er mir davon erzählte. Selbst nach 60 Jahren war die Erinnerung noch ganz frisch in seinem Geist, erfüllte sein Herz und war ein wichtiger Teil seines Lebens.

Aus meiner Sicht bestand hier eine deutliche Verbindung. Mein Großvater sprach nicht bloß über ein vorübergehendes Gefühl der Unzulänglichkeit aus seiner Jugend. Was ihn bewegte, war ein ungeheures chronisches und unerlöstes Schuldgefühl, das für ihn auch noch zur Gegenwart gehörte. Er hatte es all die Jahre in sich getragen, bis es sich schließlich als körperliche Krankheit äußerte. Überzeugungen sind ein Code, und unsere dazugehörigen Gefühle sind die Befehle dieses Codes.

Das chronische Gefühl der Hilflosigkeit, das mein Großvater so lange so mühsam unterdrückt hatte – also die unbewusste Überzeugung, hilflos zu sein –, kam jetzt in seiner körperlichen Befindlichkeit zum Ausdruck. Durch die Verbindung von Geist und Körper empfing sein Körper die Überzeugung als unbewussten Befehl und entwickelte einen chemischen Prozess, der dem entsprach. So verwirklichte sein Körper die Hilflosigkeit seiner Überzeugung. Und ich brauchte auch nicht lange suchen, um herauszufinden, warum dieser Zustand so plötzlich und so spät in seinem Leben aufgetreten war.

Eine Weile bevor dieser Zustand bei ihm eintrat, war meine Großmutter, seine Frau, mit Krebs ins Krankenhaus eingeliefert worden und dort auch schnell verstorben. Während ihrer Krankheit lag mein Großvater selbst im Krankenhaus und fühlte sich noch einmal völlig unfähig, seiner geliebten Frau, mit der er 50 Jahre seines Lebens verbracht hatte, zu helfen. Aus meiner Sicht war der Zusammenhang zwischen den Umständen beim Tod meiner Großmutter und der plötzlichen Krankheit meines Großvaters zu offensichtlich, als dass es sich um einen Zufall handeln könnte. Die Situation hatte all die alten Erinnerungen an seine Unzulänglichkeiten während der Weltwirtschaftskrise neu belebt.

Leider war das Personal in der Klinik, in der er lag, wenig an der Verbindung zwischen Geist und Körper interessiert. In ihren Augen handelte es sich hier um eine körperliche Krankheit, die allerdings nur selten Männer seines Alters befällt, aber so behandelten sie ihn. Für den Rest seines Lebens nahm mein Großvater jeden Tag 14 verschiedene Medikamente ein, um die Auswirkungen und Nebenwirkungen seiner Überzeugung zu bekämpfen, dass er seinen Lieben nicht helfen konnte. Das würde zwar niemals als medizinische Diagnose durchgehen, aber die Zusammenhänge sind so offenkundig und die entsprechenden Studien so überzeugend, dass man das Ganze kaum für Zufall halten kann.

Die Macht unserer Überzeugungen kann sich in verschiedene Richtungen auswirken: lebensfördernd oder lebenswidrig. Genauso schnell, wie unsere unbewussten Überzeugungen leidvolle Zustände erschaffen – wie in den vorigen Geschichten deutlich wurde –, lassen sich auch lebensbedrohliche Zustände umkehren. *Das Wundervolle daran ist, dass wir unsere Überzeugungen absichtlich ändern* können, *in einem einzigen Augenblick.* Das Wichtige dabei ist, nicht nur zu denken, zu hoffen oder zu wünschen, dass sich etwas verwirklichen soll, sondern zu *fühlen, dass es sich bereits verwirklicht hat.* So kann unsere persönliche Überzeugung die Überzeugungen jener überwinden, die uns nahestehen und denen wir vertrauen, zum Beispiel Ärzten und Freunden. Manchmal brauchen wir einfach nur jemanden, der uns daran erinnert, dass es möglich ist.

Der Schlüssel zur Heilung unserer am meisten einengenden Überzeugungen liegt vielleicht in der Heilung unserer engsten Beziehung zur Welt: der Beziehung zwischen uns selbst und den grundlegenden Kräften, die unsere Welt erzeugen, also den Kräften von »Licht« und »Dunkelheit«. Unsere tiefsten, oft unbewussten Überzeugungen bezüglich dieser Kräfte bilden die Grundlage für alle anderen Überzeugungen, die sich in unserem Leben als lebensbejahend oder lebensverneinend äußern.

Die Kräfte des Lichts und der Dunkelheit: Ewige Feinde oder missverstandene Wirklichkeiten?

Wir leben zweifellos in einer Welt der Gegensätze. Und zweifellos bewirkt die Spannung zwischen diesen Gegensätzen, dass unsere Welt so ist, wie sie ist. Von den Ladungen der atomaren Teilchen zur Empfängnis neuen Lebens: Es geht immer um Plus und Minus, um An und Aus, um Männlich und Weiblich. In der Theologie werden diesen Kräften dann Namen und Gestalten zugeschrieben, die sich immer wieder auf Licht und Dunkelheit, Gut und Böse zurückführen lassen. Ich will die Existenz dieser Kräfte nicht leugnen, ich will nur beschreiben, wie wir verändern können, was diese Kräfte in unserem Leben bedeuten, um damit auch unsere Beziehung zu ihnen neu zu definieren.

Betrachten wir das Leben als ständigen Kampf zwischen Licht und Dunkelheit, dann beurteilen wir alles im Leben durch die Augen der Gegensätze, sodass die Welt einen ziemlich gefährlichen Eindruck macht. So eine Weltsicht verlangt, dass man sich mit der einen oder der anderen Seite identifiziert – natürlich mit der Seite, die wir als besser oder mächtiger als die andere ansehen. Und hier kommen wir dann mit den unbewussten Überzeugungen unserer selbst und anderer ins Gehege.

Ich weiß noch, dass ich als Kind viel darüber nachgedacht habe. Ich wuchs in einer konservativen Stadt im nördlichen Missouri auf und machte mir viele Gedanken über die Idee und die Bedeutung von Gut und Böse, wie ich sie in der Schule, in der Kirche und in meiner Familie kennenlernte. Irgendwie erschien mir das Ganze nicht sinnvoll. Meine Erziehung hatte mir vermittelt, dass wir in einer Welt von Gut und Böse leben und dass diese beiden Kräfte darum kämpfen, in meinem Leben die Oberhand zu gewinnen. Wohlmeinende Erwachsene erzählten mir, ich könne die Kräfte an der Art, wie ich sie erlebe, unterscheiden: Was mir wehtut, ist von den dunklen Kräften, und was mich freut, kommt von den lichten. Zu der Vorstellung des Bösen gehörte auch die Angst, dass da draußen etwas Schreckliches lauerte, das mir in einem Augenblick der Schwäche alles Gute, das ich je getan hatte, entreißen könnte. Wenn das stimmte, dann musste dieses »Etwas« so mächtig sein, dass es uns überwältigen konnte – dass es mich überwältigen konnte.

Ich rang mit der Vorstellung, dass wir in so einer Welt leben, nicht so sehr, weil mir die Idee nicht gefiel, sondern weil sie mir unlogisch erschien. Ich wusste, dass ich irgendwann in meinem Leben eine andere Einstellung finden musste. Diese andere Einstellung kam nicht plötzlich als Offenbarung, sondern entstand allmählich. Sie war das Ergebnis eines sich wiederholenden Traums, den ich in meinen Dreißigern und Vierzigern hatte. Und wahrscheinlich war es kein Zufall, dass dieser Traum in einer für mich äußerst schwierigen Zeit auftrat, in der ich mit den vielleicht größten Verletzungen meines Lebens umgehen musste. Ich war schon immer ein sehr visueller Mensch, daher waren auch die Traumbilder und die damit verbundenen Gefühle äußerst lebhaft.

ஐௐ

Der Traum begann immer auf die gleiche Weise: Ich befand mich allein an einem vollkommen dunklen und leeren Ort. Zuerst schien nichts um mich herum zu sein, nur endloses Schwarz nach allen Seiten. Allmählich konnte ich jedoch ganz in der Ferne etwas erspähen.

Ich näherte mich dem, was ich sah, und erkannte zunehmend die Gesichter von Menschen. Ich sah viele Menschen, manche, die ich kannte, und manche, die mir fremd waren. (Manchmal, wenn ich an der Ampel einer kleinen Stadt wartete oder durch einen Flughafen ging, entdeckte ich plötzlich eines der Gesichter, das ich nur wenige Stunden zuvor im Traum gesehen hatte!) Die Traumbilder wurden deutlicher und ich wusste, dass ich all den Menschen gegenüberstand, denen ich je im Leben begegnet war oder denen ich begegnen

189

würde, inklusive aller meiner Freunde und Angehörigen. Da standen sie alle beisammen – und ich war von ihnen durch eine große Schlucht getrennt, die sich zwischen uns aufgetan hatte.

An dieser Stelle wurde der Traum sehr interessant. Die Schlucht war auf meiner einen Seite mit blendendem Licht erfüllt – und auf der anderen Seite mit schwärzester Dunkelheit. Jedes Mal, wenn ich versuchte, die Schlucht zu überqueren, um zu den Menschen zu gelangen, die ich liebte, brachten mich die beiden Kräfte aus dem Gleichgewicht. Und jedes Mal, wenn es mir gelang, weder zur einen noch zur anderen Seite zu fallen, landete ich wieder an meinem Ausgangsort, und die Menschen, nach denen ich mich so sehnte, entfernten sich von mir.

Eines Nachts veränderte sich jedoch etwas. Es begann alles so wie immer und ich erwartete, dass es sich auch wie üblich entwickeln würde. In dieser Nacht machte ich jedoch etwas anderes. Als ich die Schlucht zu überqueren begann und spürte, wie Licht und Dunkelheit an mir zogen und mich in entgegengesetzte Richtungen zerrten, widerstand ich ihnen nicht. Ich gab mich aber auch nicht hin. Stattdessen veränderte ich meine Einstellung zu ihnen.

Statt die eine Seite als gut und die andere als schlecht zu beurteilen, konnte ich sowohl das Licht als auch die Dunkelheit so sein lassen und mich mit ihnen anfreunden. Sobald ich das tat, geschah etwas Erstaunliches: Plötzlich sahen sie anders aus. Sie flossen ineinander und erfüllten die Schlucht auf eine Weise, dass sie die Brücke bildeten, über die ich zu all denen gehen konnte, die ich liebte. Der Traum kam nie wieder. Andere Träume tauchten auf, die mich auf ähnliche Weise lehrten, aber diesen Traum habe ich nie weder erlebt.

Der Kaskadeneffekt der Heilung

Ein paar Monate bevor die Heilung in meinem wiederkehrenden Traum geschah, befand ich mich in den schwierigsten Beziehungen meines Erwachsenenlebens. Freundschaften, Geschäftsbeziehungen, Familie, Partnerschaft – alles schien völlig außer Kontrolle zu geraten und ich wusste nicht, was los war. Durch die alten Essener Spiegel der Beziehungen, über die ich in meinem Buch *Im Einklang mit der göttlichen Matrix* geschrieben habe, erkannte ich nach einer Weile, dass ich in Bezug auf Ehrlichkeit, Integrität und Vertrauen eine sehr ausgeprägte Überzeugung entwickelt hatte, was richtig und falsch sei. Mir wurde klar, dass mein starkes Urteil in diesen Dingen der machtvolle Magnet war, der diese Beziehungen in mein Leben zog.

Beinahe unmittelbar nach dem Traum geschah etwas Unerwartetes: Innerhalb weniger Tage begannen sich die Menschen, die mir mein Urteil spiegelten, aus meinem Leben zu entfernen. Ich ärgerte mich nicht mehr über sie, ich grollte ihnen nicht mehr, ich fühlte auf merkwürdige Weise einfach »nichts« in Bezug auf sie. Ich unternahm nichts, um sie loszuwerden. Nachdem ich meine Beziehung zu Licht und Dunkelheit gewandelt hatte und meine Erfahrungen mit diesen Menschen als das erkennen konnte, was sie waren, statt dem zu folgen, was meine Urteile daraus gemacht hatten, hielt sie nichts mehr in meinem Leben. Sie zogen sich einfach zurück. Auf einmal riefen sie kaum noch an, schrieben keine

Briefe mehr und ich dachte immer seltener an sie. Meine Urteile waren der Magnet gewesen, der sie in meinem Leben gehalten hatte.

Und noch etwas Interessantes und irgendwie Merkwürdiges begann in diesen Tagen: Ich merkte, dass andere Menschen, die seit langer Zeit Bestandteil meines Lebens gewesen waren und mit denen ich keine Probleme hatte, sich ebenfalls entfernten. Auch hier tat ich von meiner Seite aus nichts, um diese Beziehungen zu beenden. Sie erschienen einfach nicht mehr sinnvoll. Bei den seltenen Gelegenheiten, zu denen sich noch mal ein Gespräch mit diesen Menschen ergab, war es mühsam und gezwungen. Die einstige gemeinsame Basis war einem Unbehagen gewichen. Ich bemerkte diese Veränderung in meinen Beziehungen und mir wurde klar, dass alle diese Bekanntschaften auf den gleichen Mustern beruhten.

Das Muster, das diese Menschen in mein Leben gebracht hatte, war meine Beurteilung ihres Handelns gemäß meinen Überzeugungen von Licht und Dunkelheit. Meine Urteile hatten diese Menschen nicht nur in mein Leben gezogen, sie waren auch der Klebstoff, der diese Menschen in meiner Nähe hielt. Ohne meine Urteile löste sich dieser Klebstoff auf. Eine Art Kaskadeneffekt schien stattzufinden: Sobald ich ein Muster in einem Bereich meines Lebens oder einer Beziehung erkannte, hallte das Echo dieser Erkenntnis durch viele andere Ebenen meines Lebens.

Ich vermute, dass dieser Kaskadeneffekt der Heilung häufig in unserem Leben stattfindet, ohne dass wir es bemerken. In meiner eben erzählten Geschichte war die Wirkung jedoch so unmittelbar, dass ich sie nicht übersehen konnte.

Ich möchte Sie ermutigen, sich einmal die Beziehungen

Ihres Lebens anzuschauen, vor allem die schwierigen. Wenn solche Beziehungen plötzlich ohne offensichtlichen Grund aus Ihrem Leben verschwinden, kann es daran liegen, dass sich in Ihnen eine Überzeugung geändert hat. Vielleicht wurde eine Wahrnehmung geheilt, die diese Beziehung bislang aufrechterhalten hat, und jetzt gibt es nichts mehr, was diesen Menschen in Ihrem Umfeld hält.

Neue Regeln für einen alten Kampf

Die Auswirkungen unserer persönlichen Überzeugungen spiegeln sich zwar in unseren Beziehungen und unserer Gesundheit, doch letztendlich findet hier in unserer Welt und in unseren Körpern die uralte Schlacht statt, die ich bereits erwähnte: der Kampf zwischen den Kräften des Lichts und den Kräften der Finsternis. Seit Jahrtausenden haben wir gelernt, diese Kräfte in unserem Leben zu polarisieren: uns für die eine Seite zu entscheiden und die andere zu zerstören. Dieser Kampf findet auch heute noch statt, in unserer Technologie und in unseren Überzeugungen.

Wie bei jeder Schlacht, die sich sehr lange hinzieht, ohne dass eine Seite gewinnt, muss man sich auch hier fragen, ob man wohl die richtige Strategie gewählt hat. Ist das uralte Ringen zwischen Licht und Dunkelheit vielleicht ein Kampf, der gar nicht im üblichen Sinne gewonnen oder verloren werden kann? Wäre es möglich, dass die Regeln verändert werden müssen, welche die Schlacht aufrechterhalten? Wäre es möglich, dass es in diesem Kampf weniger ums Gewinnen geht und mehr darum, was diesen Kampf aufrechterhält? Der große Kampf zwischen Licht und Dunkelheit findet in Form kleiner Scharmützel und Geplänkel ständig direkt vor unseren Augen statt. Was können wir daraus lernen?

Ich habe Menschen gekannt, die behaupten, dass sie nur mit Menschen zu tun haben wollen, die »vom Licht« sind. Oder dass »die dunklen Kräfte« sich ihrer Freunde oder Familien bemächtigt hätten. Wenn mir so etwas erzählt wird, bitte ich die Person regelmäßig, mir genau zu erklären, wo das Licht aufhört und die Dunkelheit beginnt. Wenn sie das versucht, kann ich ihr zeigen, wie sie sich selbst in die Falle begibt, die sie in der polarisierten Überzeugung hält, aus der sie angeblich zu entkommen sucht. Ihr Urteil über Gut und Böse – und dass das eine besser sei als das andere – sorgt dafür, dass sie in dem Zustand verharrt, den sie eigentlich ändern will. Ich meine damit nicht, dass jemand einverstanden sein soll mit dem, was die Finsternis in unser Leben bringen kann. Es gibt jedoch einen Riesenunterschied zwischen der Verurteilung dieser Kräfte und der Unterscheidung zwischen beiden Kräften. In diesem subtilen, aber wesentlichen Unterschied liegt das Geheimnis, wie man sich über die Polarität erheben und den Kampf beenden kann. Es geht nicht darum, den Kampf zwischen Licht und Dunkelheit einfach zu überleben, sondern über ihn hinauszuwachsen. Darum ging es meiner Ansicht nach in dem Traum, den ich oben beschrieben habe.

Für manche Menschen ist die Vorstellung, Licht und Dunkelheit zu einer einzigen, potenten Kraft zu verschmelzen, die Antwort auf etwas, das sie lange erwartet haben. Für andere mag dieser Gedanke höchst merkwürdig sein. Er widerspricht allem, was wir gelernt haben. Manche mögen ihn sogar für Häresie halten – jedenfalls, bis sie sich mit den Tatsachen befasst haben.

1. **Tatsache:** Die Überzeugungen und Gefühle in unserem Herzen befinden sich in ständigem Austausch mit unserem Gehirn.
2. **Tatsache:** In diesem Austausch teilt unser Herz unserem Gehirn mit, ob es »Liebes-Chemie« oder »Angst-Chemie« in unseren Körper schicken soll.
3. **Tatsache:** Anhaltende Liebes-Chemie bestätigt das Leben in unserem Körper und hält es aufrecht.
4. **Tatsache:** Anhaltende Angst-Chemie verleugnet das Leben in unserem Körper und schädigt es.
5. **Tatsache:** Wenn Sie die Überzeugung verinnerlichen, dass es zwei Kräfte gibt, die unterschiedliche Ziele verfolgen und miteinander kämpfen, laden Sie diesen Kampf in Ihren Körper und in Ihr Leben ein.

Frage: Erscheint es angesichts dieser Tatsachen irgendwie sinnvoll, den Kampf zwischen Licht und Dunkelheit aufrechtzuerhalten, indem man die eine Seite als freundlich und die andere als feindlich betrachtet? Oder erscheint es sinnvoller, zu erkennen, dass beide notwendig sind, ja sogar unerlässlich sind für unsere dreidimensionale Welt der Elektronen und Protonen, des Tages und der Nacht, des Männlichen und des Weiblichen, des Lebens und des Todes?

Realitäts-Code 23: Um den uralten Kampf zwischen Finsternis und Licht zu heilen, mögen wir erkennen, dass es weniger darum geht, die eine Seite zu überwinden, als darum, eine bewusste Beziehung zu beiden Seiten zu entwickeln.

Während es manche Leser vielleicht für eine Metapher halten, wenn wir unsere Beziehung zur Polarität als Kampf beschreiben, empfinden andere diesen Kampf in ihrem Leben als tagtägliche Realität: So oder so wird dieser Kampf nur so lange existieren, wie ihn unsere Überzeugung aufrechterhält.

Als ich meine Urteile über Licht und Finsternis geheilt hatte, spiegelte sich diese Heilung in allen Beziehungen meines Lebens wider. Es begann sofort, und zwar mit einem Wandel dessen, was ich hinsichtlich einer Überzeugung für wahr hielt – einer Überzeugung, die so tief in unserem kollektiven Unterbewusstsein verankert ist, dass wir sie kaum bemerken, und die uns trotzdem in jedem Augenblick unseres Lebens beeinflusst. Alles lässt sich auf die große Frage zurückführen: Glauben wir, dass es in der Welt zwei getrennte Kräfte gibt, von denen uns eine wohlgesonnen ist und die andere nicht? Oder gibt es nicht vielmehr eine einzige Kraft, die uns auf vielfältige Weise zu unseren Erfahrungen verhilft?

Sobald wir die Kräfte des Lichts und der Finsternis als Elemente ein und derselben Kraft miteinander versöhnen, müssen wir uns fragen: Wie verwenden wir diese Kraft in unserem Leben? Das ist der Punkt, an dem die Vorstellung von unseren Überzeugungen als Computerprogramm so hilfreich wird. Wie bei jedem Programm kommt es darauf an, den Code zu kennen. Wenn wir den Code kennen, haben wir die Macht, die Grenzen unseres Lebens neu zu definieren.

5

Wer den Code kennt, bestimmt die Regeln: Die Erschütterung des Paradigmas der falschen Grenzen

>*»Die Simulatoren können [in einer simulierten Wirklichkeit] die Gesetze verändern, die ihre Welt bestimmen.«*
>JOHN D. BARROW (GEB. 1952), ASTROPHYSIKER UND TEMPLETON-PREISTRÄGER 2006

>*»Jeder Mensch wird mit einer unendlichen Macht geboren, gegen die keine irdische Macht auch nur im Geringsten ankommt.«*
>NEVILLE GODDARD (1905–1972), PHILOSOPH

Ob wir tatsächlich meinen, Teil einer kosmischen Simulation zu sein, oder ob wir die Idee nur als Metapher für unsere Beziehung zu unserer alltäglichen Welt verwenden, ist weniger wichtig als die Chancen, die in diesem Ansatz liegen. Ob Metapher oder Tatsache – dieses Konzept bietet uns die Möglichkeit, darüber ins Gespräch zu kommen.

In beiden Fällen beruht unsere Lebenserfahrung auf einem Programm, einem Realitäts-Code, der Möglichkeiten in Realitäten übersetzt. Unsere Überzeugungen sind dieser

Code. Wenn wir die richtige Art von Überzeugungen kreieren können, dann verändern sich alle unsere Vorstellungen von dem, was ist und was nicht ist. In einer Welt, die auf Überzeugungen beruht, ist nichts mehr unmöglich.

Der Glaube an Überzeugungen

Ich erinnere mich an einen Fernsehfilm, den ich vor Jahren sah. Er begann mit dem Blick auf einen alliierten Kampfflieger, der im Zweiten Weltkrieg irgendwo über Europa flog. Dieses Flugzeug hatte auf der Unterseite des Rumpfs eine Art gläserner Blase, in der ein Mann der Besatzung saß; er konnte von hier aus in alle Richtungen sehen. Seine Aufgabe war es, feindliche Flugzeuge zu melden, die der Pilot und der Navigator nicht sehen konnten.

Der Ablauf der Geschichte war zunächst wie erwartet. Das Flugzeug geriet unter Beschuss und wurde schwer beschädigt. Doch was dann folgte, war erstaunlich.

Die Maschine war noch flugfähig und der Pilot wollte auf dem nächsten alliierten Flughafen notlanden. Er musste jedoch feststellen, dass das Fahrgestell beim Angriff zerstört worden war. Der Umstand brachte die Crew in ein schreckliches Dilemma. Es sah zwar so aus, als könnten sie das Flugzeug auf dem »Bauch« notlanden – doch dabei würde die Observationskuppel unter dem Flugzeug zerstört, sodass der Mann, der darin saß, nicht überleben würde.

Der Rest des Films befasste sich mit dem emotionalen Spannungszustand des Piloten, der verzweifelt nach Alternativen sucht und keine findet. Damit überhaupt jemand von ihnen überlebt, muss er das Flugzeug notlanden. Aber allen ist klar, dass es den Tod ihres Kameraden bedeuten würde. Auch der betroffene Mann weiß, worum es geht. Und hier nimmt die Geschichte eine unerwartete Wendung.

Wir sehen, wie der Pilot mit leidensverzerrtem Gesicht zum Landeanflug ansetzt. Plötzlich scheint der Mann in der Observationskuppel in eine Art Trance zu verfallen. Wir erfahren, dass er ein Künstler ist, denn er zückt einen Skizzenblock und einen Stift. Man sieht, wie er schnell und geschickt das Flugzeug zeichnet, mitsamt der Observationskuppel und sich selbst. Der Zuschauer wundert sich, warum dieser Mensch jetzt in den letzten Augenblicken seines Lebens die Maschine zeichnet, die gleich aufschlagen wird.

Doch jetzt fügt er seiner Zeichnung letzte Details hinzu: ein vollständiges Fahrgestell – nicht irgendein Fahrgestell, sondern ein übertrieben großes, vollständig ausgefahrenes, mit donutförmigen Rädern, mit Streifen und glitzernden Sternchen, wie aus einem Mickey-Maus-Cartoon!

Er ist gerade damit fertig, als das Flugzeug den Boden berührt. Der Pilot ist völlig außer sich, weil er sicher ist, jetzt seinen Kameraden zu töten. Nun, Sie können sich denken, was dann passiert: Plötzlich bemerkt der Pilot, dass das Flugzeug auf Rädern läuft. Er bringt die Maschine zum Stehen und alle Mannschaftsmitglieder springen sofort hinaus und bringen sich in Sicherheit.

Als sie sich umdrehen, um zu sehen, wie sie unten aufgekommen sind, sehen sie ein stark beschädigtes, von Kugeln durchlöchertes Kampfflugzeug auf Cartoon-Rädern und ihren Kameraden, der gerade aus seinem Sitz klettert, um ebenfalls von der Maschine wegzulaufen.

Folgendes ist geschehen: Der Künstler ist offenbar in eine Art Wach-Trance gefallen, in einen veränderten Bewusstseinszustand. Solange dieser Zustand anhält, sind die erträumten Räder da und halten das Flugzeug. Doch als seine Kameraden ihn begeistert umarmen, wacht er aus seiner Trance auf. Im Hintergrund sieht man die Maschine. Plötzlich sind die Räder, die er erschaffen hatte, verschwunden. Für den Bruchteil einer Sekunde scheint das Flugzeug in der Luft zu hängen, dann stürzt es zu Boden und geht in Feuer und Rauch auf. Die Observationskuppel, in welcher der Mann eben noch saß, wird zerquetscht. Die Mitglieder der Crew schauen sich ungläubig und voller Verwunderung in die Augen und beginnen zu weinen. Hier endet die Geschichte.

Dies ist zwar eine fiktive Geschichte, doch zum einen erinnert sie uns wunderbar daran, dass in der Vorstellungskraft und in der Überzeugungskraft, die wir in unserer Kultur so gering schätzen, ein enormes schöpferisches Potenzial steckt. Diese Kraft ruht in jedem von uns. Man braucht dafür keine besondere Ausbildung; man muss nur wissen, dass es sie gibt. Zum anderen erinnert uns die Geschichte daran, dass wir sowohl an uns selbst als auch an die Wunder *glauben* müssen, um solche Wunder in unserem Leben zu erfahren.

Der Film erzählt zwar nur von einer Möglichkeit, aber die Macht der Überzeugung des Künstlers beruht auf einer Tatsache, die wir in diesem Buch noch vertiefen werden. Das Entscheidende ist, dass der Künstler von der Macht seiner Vorstellungskraft *überzeugt* war und *wusste,* dass sie mit den Ereignissen in seinem Leben direkt zusammenhängt. Statt zu hoffen oder zu ahnen, wusste er es mit jeder Faser seines Seins.

Er war so sehr davon überzeugt, dass er somatisierte, das heißt, er ließ das Bild aus seinem Traum zur Wirklichkeit seiner Welt werden. Es gibt immer mehr wissenschaftliche Hinweise darauf, dass wir alle die Macht haben, dies zu tun. In dieser fiktiven Geschichte wird gezeigt, wie mehrere Menschen von der Klarheit eines Einzelnen profitieren können, ohne dass ihnen der Prozess bewusst ist. Und es wird anschaulich dargestellt, wie sich der Mann ohne jeden Vorbehalt darauf einlässt, seinen Traum durch seine Kunst zum Ausdruck zu bringen. So einfach kann die Kraft der Überzeugung sein.

Das Folgende ist ein wahrer Bericht über die gleichen Prinzipien. Er erzählt von der Entschlossenheit einer Frau, etwas zu vollbringen, das noch nie jemand getan hat – und sie war davon überzeugt, dass sie die Erste sein würde, die es schafft.

»Wunder« im wirklichen Leben

2005 wurde Amanda Dennison aus Alberta, Kanada, für den längsten dokumentierten Feuerlauf der Geschichte in das *Guinnessbuch der Rekorde* eingetragen. Unzählige Menschen sind in den letzten Jahren im Rahmen von Selbsterfahrungsseminaren über glühende Kohlen gelaufen. Doch das Besondere an Amandas Feuerlauf war, wie lange sie den Fokus hielt, der ihr ermöglichte, eine Strecke von nahezu 70 Metern über glühende Kohlen zu gehen, die durchschnittlich 900 Grad Celsius heiß waren![1]

In der Vergangenheit versuchten verschiedene wissenschaftliche Theorien zu erklären, wie Menschen kürzere Distanzen über glühende Kohlen gehen können, ohne sich zu verletzen.

Manche mutmaßten, dass es mit der Geschwindigkeit zusammenhängen könnte, mit der jemand über die Kohlen geht, oder dass sich vielleicht ein dünner, schützender Schweißfilm auf den Fußsohlen bildet. Doch solche Theorien lassen sich bei einem Lauf über 70 Meter glühender Kohlen einfach nicht mehr aufrechterhalten. Was ermöglichte es Amanda, zu tun, was sie an jenem Sommertag 2005 tat? Vielleicht ist noch interessanter: Was ermöglicht es überhaupt jemandem, so etwas Wundersames zu tun?

⁋θ⁊

Wie oft haben wir schon von Menschen gehört, die etwas vollbracht haben, das dem gesunden Menschenverstand völlig widerspricht, ja sogar die »Gesetze« der Physik außer Kraft zu setzen scheint, zumindest nach unserem allgemeinen Verständnis? In den Nachrichten haben wir Bilder von Soldaten gesehen, die verletzt aus dem Irak heimkehrten und deren Ärzte meinten, sie würden nie wieder gehen können. Und dann passiert etwas, eine innere Erfahrung, die man schulmedizinisch noch nicht ganz versteht, und ein Jahr später läuft der Mann einen Marathon.

Oder wir hören von Menschen, die plötzlich übermenschliche Kräfte zu haben scheinen, zum Beispiel um einen anderen Menschen zu retten, wie im Fall von Tom Boyle aus Tuscon, Arizona, im Sommer 2006: Er sah, dass ein Jugendlicher von einem Auto überfahren wurde und dann unter dem Wagen eingeklemmt war. Er rannte dorthin und hob das Fahrzeug so weit an, dass der Fahrer den 18 Jahre alten Kyle Holtrust unter dem Wagen vorziehen konnte.

Nach dem Ereignis gab Boyle einen Hinweis auf seinen inneren Zustand, während er den Wagen anhob: »Ich konnte nur denken: Wenn das mein Sohn wäre!«, erklärte er. »Dann würde ich hoffen, dass auch jemand für ihn da ist, sich Zeit nimmt, ihm den Kopf zu halten und ihn zu trösten, bis Hilfe kommt.«[2]

Im Sommer 2005 berichtete die BBC über eine Frau, die das Zwanzigfache ihres Körpergewichts anhob, um ihren Freund zu befreien – und das, obwohl sie selbst verletzt war: Die 23 Jahre alte, 1,70 Meter große Kyla Smith hatte die Kontrolle über ihr Auto verloren, es war von der Fahrbahn geschlittert und hatte sich überschlagen. Als das Fahrzeug zum Stillstand kam, sah sie, dass das Bein ihres Freundes unter dem Wagen eingeklemmt war. Sie kletterte aus dem Autofenster und hob das Fahrzeug ungefähr 15 Zentimeter an, damit ihr Freund freikam. »Ich wusste, ich musste ihn da rauskriegen«, erzählte sie später. »Es war ja niemand anderes da.«[3]

Solche Dinge passieren zwar nicht jeden Tag, aber sie passieren. Und wenn sie einem Menschen möglich sind oder einem Dutzend Menschen, dann weisen sie vielleicht auf etwas hin, das uns allen möglich ist. Der Schlüssel scheint zu sein, dass wir unser Leben auf der Grundlage dessen leben, was wir über unsere Fähigkeiten und Grenzen glauben – zum Beispiel, dass ein Auto zu schwer ist, als dass wir es anheben könnten. Nur wenn etwas passiert, das uns innerlich verändert – zum Beispiel wenn ein Mensch in Lebensgefahr ist –, können sich unsere einschränkenden Überzeugungen verändern. Selbst wenn diese Veränderung nur ein paar Sekunden lang währt, öffnet sie uns doch Türen auf sehr viel umfassendere Möglichkeiten, uns selbst und unsere Welt zu verstehen.

Wir sind es uns selbst und einander schuldig, herauszufinden, was passiert, wenn jemand ein Auto anheben kann, um andere zu befreien, oder etwas tut, das eigentlich als unmöglich gilt. Was macht diese Menschen in diesem Augenblick anders? Wie verändert sich ihr Selbstverständnis und unterscheidet es dann plötzlich von dem, was alle um sie herum denken? Und vor allem: Wie überträgt sich ihr gewandeltes Selbstverständnis in diesem Augenblick in eine Veränderung dessen, wozu sie in der Welt fähig sind?

Realitäts-Code 24: Ein Wunder, das irgendjemandem möglich ist, ist jedem möglich.

Um diese scheinbar einfachen Fragen zu beantworten, müssen wir uns mit dem vielleicht größten Geheimnis unserer Existenz befassen. Dabei begeben wir uns direkt in den verschwommenen Bereich, der seit Jahrhunderten das Schlachtfeld von Philosophen und Religionen ist und jetzt als vorderste Front der Wissenschaften gilt: das Geheimnis des Bewusstseins und der Realität.

Die Crux dieses Geheimnisses besteht sowohl für Wissenschaftler als auch für Philosophen darin, dass unsere alltägliche Welt nicht die »reale« Welt zu sein scheint. Wir scheinen vielmehr in einer Illusion zu leben – in den alten Zeiten nannte man es auch eine Schattenwirklichkeit: Sie ist nur die Spiegelung von etwas, das viel wirklicher ist als unsere Alltagsrealität. Allen diesen Ansätzen gemeinsam ist die Idee, dass die eigentliche Wirklichkeit nicht hier ist. Sie ist noch nicht einmal in gewisser Weise hier. Unsere Körper sind natürlich in dieser Welt, aber die Lebenskraft, die *durch* unsere Körper zum Ausdruck kommt, stammt von woanders, aus einer umfassenderen Wirklichkeit, die wir von unserem Standpunkt aus nicht erkennen können.

Historisch gesehen neigte die Wissenschaft dazu, solche Denkansätze als unwissenschaftliche Fantasien abzutun, mit denen versucht wird, Dinge zu erklären, die man nicht versteht oder nicht anders erklären kann. Das traf vielleicht bis vor Kurzem zu. Doch jetzt beginnen wissenschaftliche Erörterungen erst bei solchen Themen wie der Existenz höherer Dimensionen, der wachsenden Möglichkeit, dass unsere Welt eine Simulation ist, und der Annahme, dass der Stoff, aus dem alles hervorgeht, Bewusstsein ist. Doch sowohl aus wissenschaftlicher als auch aus spiritueller Sicht läuft es immer wieder auf die gleiche, ewige Frage hinaus: Wie wirklich ist unsere Wirklichkeit?

Wie wirklich ist »wirklich«?

Was seine Einstellung zur Realität betraf, klang Albert Einstein häufig mehr wie ein Philosoph als wie ein Wissenschaftler. Häufig soll er gesagt haben, dass *die Wirklichkeit nur eine Illusion ist, wenn auch eine hartnäckige.*

In einem Vortrag vor der Preußischen Akademie der Wissenschaften erklärte er am 27. Januar 1921 seine Sicht der Realität: Soweit sich die Sätze der Mathematik auf die Wirklichkeit bezögen, seien sie nicht sicher. Nach diesem Hinweis, dass wir nicht alles darüber wissen, wie die Welt funktioniert, fuhr er fort: Und soweit die Gesetze der Mathematik sicher seien, bezögen sie sich nicht auf die Wirklichkeit.[4] Welch eine kraftvolle und ehrliche Einschätzung unserer Position im Universum! In einfachen und direkten Worten sagt uns der gleiche Geist, der entdeckt hat, wie wir die Energie des Atoms freisetzen können, dass eine Erklärung dessen, wie das Universum funktioniert, immer noch aussteht.

๛ ๛

Im Mahayana-Buddhismus gilt das *Lankavatara Sutra* als einer der wichtigsten heiligen Texte.[5] Er gilt als eine direkte Überlieferung der Worte Buddhas, als er Ceylon, heute Sri Lanka, besuchte. Ein zentrales Thema des Textes bildet die Feststellung, dass es in unserer Wirklichkeit keine äußeren Objekte gibt. Nur das Bewusstsein existiert. Im Bewusstsein all dessen, was ist, entsteht sowohl die Welt der Formen als auch die Welt des Formlosen durch eine besondere Art von Bewusstsein, das »subjektive Imagination« genannt wird.

Natürlich erscheinen uns Erfahrungen als real, doch den Lehren zufolge wird eine mögliche Wirklichkeit nur zu einer tatsächlichen Wirklichkeit, weil wir unsere Aufmerksamkeit auf sie richten, während wir in Bezug auf das Objekt unserer Aufmerksamkeit bestimmte Gefühle empfinden. Das, was wir als alltägliche Wirklichkeit erfahren, ist also eine Art kollektiver Traum.

Von der Ausdrucksweise abgesehen, klingen diese alten Lehren ganz ähnlich wie die neuen Theorien über virtuelle Wirklichkeiten. Sowohl in der alten als auch in der neuen Art des Denkens sind wir aufs Innigste mit der Realität verwoben. Durch unsere Interaktionen im Traum werden die Möglichkeiten unseres Geistes Wirklichkeit. Aus beiden Perspektiven geht es darum, dass wir nicht unbeteiligte Betrachter sind, die auf geheimnisvolle Weise in diese Wirklichkeit gefallen sind, sondern dass wir untrennbar mit dieser Realität verbunden sind.

Wir bekommen eine Vorstellung davon, wie tief die Beziehung zwischen uns und der Realität ist, wenn wir es mit der Verbindung eines Wassertropfens mit dem Meer vergleichen. Sicher ist es möglich, die beiden unter bestimmten Umständen getrennt zu betrachten, aber im Allgemeinen ist es kaum zu sagen, wo ein Wassertropfen aufhört und das Meer anfängt. Das Meer und der Tropfen sind eins, und genauso sind wir eins mit der Realität, die wir erzeugen.

Die Ideen von einer virtuellen Wirklichkeit und die Vorstellung von der Existenz einer Traumzeit sind sich in gewisser Hinsicht unglaublich ähnlich. Wie bereits im ersten Kapitel erwähnt, geht John Wheeler davon aus, dass wir in Bezug auf die Realität nicht nur eine Rolle spielen, sondern Teilnehmer dieses Universums sind. Als Teilnehmer entspricht der Fokus unserer Aufmerksamkeit – allein das Betrachten dieser Welt – einem schöpferischen Akt. Wir schauen. Wir untersuchen unsere Welt. Und überall, wohin wir schauen, erzeugt unser Bewusstsein etwas, das wir wahrnehmen können.

In einem »teilnehmenden Universum« sind wir sowohl die Auslöser der Ereignisse unseres Lebens als auch diejenigen, die das Erzeugte erfahren. Beides geschieht gleichzeitig.

Realitäts-Code 25: In einem »teilnehmenden Universum« erzeugen wir unsere Wirklichkeit und erfahren gleichzeitig, was wir erzeugt haben.

Als Schöpfer und als Erfahrende stellt sich uns die Frage: *Wenn* unsere Interaktion mit dem Universum unsere Welt ständig erschafft und verändert, wie können wir herausfinden, welche Interaktionen welche Wirkung haben? Nach welchen Regeln funktioniert diese Wirklichkeit? Sind wir weise genug, sie zu erkennen, wenn wir ihnen begegnen?

Oder haben wir sie vielleicht bereits gefunden? Zeigen uns die »Gesetze« der Physik vielleicht mehr über die Wirklichkeit, als wir bisher bemerkt haben? Dann lägen in den wissenschaftlichen Erkenntnissen auch die spirituellen Schlüssel zu unserer Ermächtigung. Vielleicht müssen wir alles berücksichtigen, was sich bei der Überprüfung der Regeln gezeigt hat, auch die Anomalien, das, was nicht zu den vorhandenen Theorien passt. Und wie so oft helfen uns auch hier genau die Anomalien, eine Ahnung davon zu gewinnen, wie die Dinge wirklich funktionieren!

Auf der Suche nach den Regeln der Wirklichkeit

Im Lauf der letzten 300 Jahre haben die Wissenschaftler in ihre Erklärungen, wie das Universum sowie Schwerkraft, Licht usw. funktionieren, viel Arbeit gesteckt. Das Problem ist: Alle Bemühungen haben dazu geführt, dass es jetzt zwei unterschiedliche Regelwerke gibt, welche die gleiche Wirklichkeit beschreiben: die klassische Physik und die Quantenphysik.

1687 legte Newton den Grundstein für die klassische Physik. Zusammen mit James Maxwells Theorien der Elektrizität und des Magnetismus aus dem späten 19. Jahrhundert sowie Albert Einsteins Relativitätstheorie vom Anfang des 20. Jahrhunderts war die klassische Physik sehr erfolgreich darin, die Dinge zu erklären, die wir in dieser Welt im großen Maßstab wahrnehmen, wie die Bewegungen der Planeten und die Art, wie Äpfel von Bäumen fallen. Die klassische Physik hat uns sehr dabei geholfen, die Laufbahnen unserer Satelliten zu berechnen und Menschen zum Mond fliegen zu lassen.

Anfang des 20. Jahrhunderts entdeckte man jedoch zwei Bereiche der Natur, in denen die Newton'schen Gesetze nicht zu funktionieren schienen: die sehr große Welt der Galaxien und die sehr kleine Welt der Quantenteilchen. Bis dahin waren wir technologisch einfach nicht in der Lage, in die subatomare Welt zu schauen, oder zu beobachten, wie sich Atome während der Geburt eines fernen Sterns verhalten. Sowohl im sehr Großen als auch im sehr Kleinen begannen die Wissenschaftler, Dinge zu beobachten, die sich mit klassischer Physik nicht erklären ließen.

Zum Beispiel zeigt sich Quantenenergie manchmal als Teilchen und verhält sich so, wie sich Teilchen verhalten sollen. Dabei folgen sie den Regeln, die man in der Welt der Dinge für gültig hält, und alle sind zufrieden. Zu anderen Zeiten scheint die Quantenenergie diesen Gesetzen jedoch zu widersprechen. Sie kann gleichzeitig an verschiedenen Orten sein, zwischen Vergangenheit und Gegenwart kommunizieren und sich von einem dinglichen Teilchen in eine nicht-dingliche Welle verwandeln, wenn es die Situation erfordert.

Dadurch verändert sich unser gesamtes Selbstverständnis und Weltbild, denn wir bestehen aus genau dem Stoff, der sich so regelwidrig zu verhalten scheint. Um diese Vorgänge zu erklären, musste eine neue Art von Physik entwickelt werden: die Quantenphysik.

Der Unterschied zwischen den Regeln der Quantenwelt und den Regeln der alltäglichen Welt führte dazu, dass sich unter den Wissenschaftlern zwei Schulen gebildet haben. Jede dieser Schulen hat ihre eigenen Theorien entwickelt. Die große Herausforderung liegt immer noch darin, diese beiden unterschiedlichen Denkweisen zu einer vollständigen Sicht des Universums zusammenzuführen – einer sogenannten *einheitlichen* Feldtheorie.

Dazu bedarf es der Existenz von etwas, welches das sehr Große und das sehr Kleine verbindet. Dieses Etwas ist nach wie vor vom Schleier des Rätselhaften umgeben, auch wenn es sich vielleicht schon 1909 gezeigt hat.

Verändert sich die Welt, weil wir sie betrachten?

Die Vorstellung, dass unsere Überzeugungen und unsere alltägliche Wirklichkeit aufs Innigste miteinander verbunden sind, ist nicht neu, doch durch ein Experiment, das 1909 durchgeführt wurde, erhielt sie plötzlich wissenschaftliche Bestätigung. Die Versuchsanordnung war recht einfach. Das Denken, das ihr vorausging, war visionär. Die Ergebnisse waren so erstaunlich, dass heute immer noch darüber diskutiert wird.

Wahrscheinlich wussten nicht einmal die Wissenschaftler des berühmten Doppelspalt-Experiments, welche tiefgreifende Wirkung die Ergebnisse auf die ganze Welt und unsere Zukunft haben würden. Wie konnten sie auch? Sie führten nur einen wissenschaftlichen Versuch durch, um den Stoff zu erforschen, aus dem alles besteht: die Quantenteilchen unseres Körpers und des Universums.

In seinem Labor in England fand der Physiker Geoffrey Ingram Taylor eine Möglichkeit, Licht-Quantenteilchen oder Photonen von einem Projektor über eine kurze Entfernung zu einem Ziel zu schießen.[6] Doch bevor die Photonen das Ziel erreichten, trafen sie auf eine Barriere, die zwei Öffnungen hatte.

Die Photonen verhielten sich ähnlich wie Wasser, das durch ein Sieb läuft. Doch zum Erstaunen der Wissenschaftler verwandelten sich die Photonen von Teilchen, die sich durch eine Öffnung der Barriere bewegen konnten, in eine Welle, die gleichzeitig durch die zwei Spaltöffnungen passte. Dies ist höchst erstaunlich, weil es in der konventionellen Physik absolut nichts gibt, was erklären könnte, warum der Stoff, aus dem alles besteht, plötzlich seine Daseinsform verändern kann.

Taylor und seine Kollegen mussten sich zum einen fragen, wie die Teilchen wissen konnten, dass es mehr als eine Öffnung gab, und zum zweiten, was die Teilchen veranlasste, sich in Wellen zu verwandeln, um der Situation besser gerecht zu werden. Zur Beantwortung dieser Frage war eine weitere Frage notwendig: »Wer wusste, dass es mehr als eine Öffnung gab?« Die Antwort liegt auf der Hand: Nur die am Experiment Beteiligten kannten die genauen Bedingungen. Doch diese Antwort hat weitreichende Auswirkungen auf unser Bild der Wirklichkeit.

Welche Wirkung kann das, was die Wissenschaftler wissen, auf ein Experiment haben? Ist es möglich, dass das Bewusstsein der Beobachter im Raum – ihre Überzeugungen und ihre Erwartung, dass sich die Teilchen auf die eine oder andere Weise verhalten würden – selbst ein Teil der Versuchsanordnung ist? Und wenn sich die Überzeugungen der Wissenschaftler auf die Photonen des Experiments auswirken: Tun es dann auch unsere Überzeugungen in unserem Alltag?

Realitäts-Code 26: 1998 bestätigten Wissenschaftler, dass Photonen allein durch das »Beobachten« beeinflusst werden, und entdeckten, dass dieser Einfluss auf das Verhalten der Teilchen wächst, je intensiver beobachtet wird.

Diese Gedanken ebneten den Weg zu Erkenntnissen, die zunächst undenkbar erschienen – und die uns rasch ganz persönlich angehen. In der Sprache der Wissenschaft bestätigen sie, was unsere alten, hoch geschätzten spirituellen Traditionen als Grundlage unserer Existenz beschreiben: Unsere Überzeugungen und Erwartungen haben eine direkte Wirkung auf das, was in unserem alltäglichen Leben geschieht.

Ungefähr 90 Jahre später wurde das Doppelspalt-Experiment wiederholt. Inzwischen verfügte man über sehr viel bessere Instrumente. In einem Bericht mit dem Titel »Quantum Theory Demonstrated: Observation Affects Reality« (Die Demonstration der Quantentheorie: Beobachtung beeinflusst Realität) bestätigte das israelische Weizmann Institut 1998 die ursprünglichen Experimente von 1909 und fügte eine zusätzliche Entdeckung hinzu, die jegliche Zweifel ausräumte:[7] Je mehr Teilchen beobachtet werden, desto größer ist der Einfluss des Beobachters.

Das Experiment von 1998 ist aus folgenden Gründen für unser heutiges alltägliches Leben von größter Bedeutung:

- Unser Körper und die Welt bestehen aus dem gleichen Quantenstoff, der in den Experimenten durch Beobachten beeinflusst wurde.

- Wir sind alle »Beobachter«.

Das bedeutet, dass die Art, wie wir die Welt wahrnehmen und was wir über die Welt glauben, nicht – wie bislang angenommen – ohne weitere Bedeutung ist.

Die Experimente legen vielmehr nahe, dass das Bewusstsein selbst der »Stoff« ist, aus dem das ganze Universum besteht, und dass das Bewusstsein das »missing link« der Theorien sein könnte, welche die klassische Physik und die Quantenphysik zusammenführen würden. Professor John Wheeler von der Princeton University lässt keinen Zweifel an seiner Interpretation der neuen Experimente offen: »Wir können uns ein Universum ohne Beobachter gar nicht vorstellen, weil der Akt des Beobachtens der Grundbaustein des Bewusstseins ist.«[8]

Von unserer Suche nach den kleinsten Teilchen der Materie bis zu unserem Bemühen, das Ende des Universums zu definieren, weist die Beziehung zwischen Beobachtung und Realität darauf hin, dass wir vielleicht weder das eine noch das andere je finden werden. Wie tief wir auch in die Quantenwelt hineinspähen und wie weit wir auch in die Tiefen des Weltraums hineinhorchen mögen: Gerade unser Hinschauen – verknüpft mit der Erwartung, dass da etwas existiert – könnte bewirken, dass etwas entsteht, das wir sehen können.

Wenn das stimmt, dann wurde vielleicht schon 1909 in Taylors Experiment die Grundregel entdeckt, nach der unsere Wirklichkeit funktioniert.

Die erste Regel der Wirklichkeit

Während eines Gesprächs mit seiner Studentin Esther Salaman um 1920 äußerte Albert Einstein seine Neugierde in Bezug auf Gott als die schöpferische Kraft des Universums. »Ich will wissen, wie Gott diese Welt erschaffen hat«, begann er. »Ich bin nicht so sehr an diesem oder jenem Phänomen oder am Spektrum dieses oder jenes Elements interessiert. Ich will seine Gedanken kennen. Der Rest sind Details.«[9]

In vieler Hinsicht entspricht unsere Suche nach den Regeln der Wirklichkeit Einsteins Grundsatz. Wir können uns hier und da mit Einzelheiten befassen – was ganz nützlich sein mag –, doch letztendlich geht es uns um den Schlüssel, also darum, wie das alles funktioniert. Wir wollen wissen, *wie* und *warum* Dinge geschehen. Alles andere sind Details – wie Einstein sagte.

Das ursprüngliche Doppelspalt-Experiment mit seinen Variationen hat die Grundlagen unserer kostbarsten spirituellen Traditionen bestätigt, die besagen, dass die Welt um uns herum ein Spiegel unserer Überzeugungen ist. Interessanterweise ist dies genau die Art, wie den alten Weisheitslehren zufolge die Welt funktioniert. Von den indischen Veden, die manche für 7000 Jahre alt halten, bis zu den 2000 Jahre alten Schriftrollen vom Toten Meer zieht sich ein roter Faden, der nahelegt, dass die Welt ein Spiegel ist von Dingen, die sich in höheren Bereichen oder in einer umfassenderen Wirklichkeit ereignen. Jene, die an der neuen Übersetzung von Fragmenten der Schriftrollen vom Toten Meer (»Lieder des Sabbatopfers«) mitgearbeitet haben, fassen den Inhalt mit den Worten zusammen: »Was auf Erden geschieht, ist nur ein blasser Abglanz jener umfassenderen, höchsten Wirklichkeit.«[10]

Sowohl die alten Texte als auch die Quantentheorie gehen davon aus, dass wir in der unsichtbaren Welt die Blaupausen für unsere Beziehungen, Karrieren, Erfolge und Misserfolge in der sichtbaren Welt erzeugen. Aus dieser Sicht funktioniert unsere Realität wie ein kosmischer Bildschirm, der uns die nicht-physikalischen Energien unserer Emotionen und Überzeugungen (sowohl unseren Ärger, unseren Hass und unseren Zorn als auch unsere Liebe, unser Mitgefühl und Verständnis) zeigt, wie sie im physischen Medium des Lebens aussehen.

Vielleicht heißt es deshalb, wir verfügten von Geburt an über die mächtigste Kraft und diese biete einen direkten Zugang zum Universum. Was könnte machtvoller sein als die Fähigkeit, die Welt und unser Leben zu verändern, einfach indem man das verändert, wovon man von tiefstem Herzen überzeugt ist? So eine Macht klingt wie der Stoff aus den Märchen. Vielleicht sind solche Geschichten deswegen so anziehend für uns. Sie rufen Erinnerungen in uns wach an unsere Macht in der Welt und an unsere Fähigkeit, die Wirklichkeit nach Belieben zum Himmel oder zur Hölle zu machen.

Wenn noch irgendein Zweifel daran besteht, wie wirksam diese Kraft in unserem Leben ist, brauchen wir nur in die Fallstudien zum Placebo-Effekt zu schauen oder uns an Amanda Dennisons Feuerlauf zu erinnern oder an die Frau zu denken, die ein Auto hochhob. Alle diese Menschen zeigen uns unsere Fähigkeit, unsere Beschränkungen in dieser Wirklichkeit selbst zu definieren. In jedem dieser Fälle gab es eine direkte Verbindung zwischen dem, wovon der jeweilige Mensch überzeugt war – sowie seinen Gefühlen dazu –, und dem, was sich dann tatsächlich ereignete. Wir können vielleicht nicht begreifen, *warum* so etwas funktioniert, aber wir müssen zugeben, dass es einen Zusammenhang gibt. Das führt uns zur ersten Regel unserer Wirklichkeit.

Realitäts-Code 27: Die erste Regel der Wirklichkeit lautet, dass wir in unserem Leben zu dem werden müssen, was wir in der Welt erfahren wollen.

Vor diesem Hintergrund gewinnen die alten spirituellen Lehren plötzlich eine noch umfassendere Bedeutung. Ich persönlich bin noch mehr von Ehrfurcht und Dankbarkeit gegenüber jenen erfüllt, die sich in der Vergangenheit darum bemüht haben, diese Weisheit zu erhalten. Auch ohne die Technologien und Messinstrumente, die uns heute zur Verfügung stehen, war den alten Meistern bewusst, worin die größte Kraft des Universums besteht. Und sie vertraten dieses Wissen in einer Zeit, da viele noch glaubten, dass ein Gewitter ein Zeichen für den Zorn der Götter sei.

Die Meister, Heiler, Mystiker und Heiligen unserer Vergangenheit wussten, dass wir zu dem werden müssen, was wir in der Welt erfahren wollen, wenn sie ihre Wunder und Heilungen vollbrachten. Viele der Augenzeugen missverstanden die Ereignisse zwar als ein Zeichen für die Besonderheit des jeweiligen Menschen und verehrten ihn dafür. Doch andere erkannten, welches Geschenk auch in ihnen selbst ruht, und gaben diese Weisheit an zukünftige Generationen weiter.

Sie wussten, dass wir dem Stoff, aus dem die Wirklichkeit besteht, etwas geben müssen, womit er arbeiten kann, um

Wunder zu vollbringen. Es passt alles genau zusammen: Wenn wir erwarten, dass die Wirklichkeit (Gott/die Matrix/Spirit/das Universum) unsere Gebete erhört, müssen wir in unserem Leben zu der Schablone dessen werden, worum wir die Atome der Realität bitten. Wir müssen der Matrix eine Vorlage geben, mit der sie arbeiten kann. Verknüpfen wir die erste Regel der Wirklichkeit mit einem Tun, das es der Regel erlaubt, uns zu dienen, dann kann etwas Großartiges geschehen. Und dieses »Etwas« macht das Leben so wertvoll.

Leben vom Ergebnis her

Es gibt einen feinen, aber bedeutsamen Unterschied zwischen dem Streben *nach* einem Ergebnis und dem Denken und Fühlen *aus* einem Ergebnis heraus.

Wenn wir auf etwas hinarbeiten, begeben wir uns auf eine endlose Reise mit offenem Ende. Wir können vielleicht Fortschritte verzeichnen und uns Zwischenziele setzen, doch innerlich sind wir immer »unterwegs« zum Ziel, statt zu erfahren, wie es ist, das Ziel zu erreichen. Die wissenschaftlichen Studien[11] zeigen zwei wesentliche Faktoren, durch welche die Möglichkeiten in unserem Geist zur Wirklichkeit unserer Welt werden:

- Die Realität verändert sich zweifellos in der Gegenwart unserer Aufmerksamkeit.
- Diese Veränderung nimmt zu, je größer unsere Aufmerksamkeit ist.

Diese wissenschaftlichen Beobachtungen bestätigen die Prinzipien, die uns die großen Lehrer der Vergangenheit übermittelt haben. Deshalb hat Neville Goddards Hinweis, dass wir in das Bild (unseres Herzenswunsches, unseres Traums, unseres Ziels) eingehen und von dort her denken müssen, für uns so große Bedeutung. *Wenn wir unsere Aufmerksamkeit darauf lenken, wie unser Leben aussehen würde, wenn sich unser Traum bereits erfüllt hätte, dann erzeugen wir in uns die Bedingungen, die es ermöglichen, dass uns die Erfüllung unseres Traumes umgibt.*

Wir wollen uns jetzt Nevilles Arbeiten näher anschauen.

ԾՅ ○3

Solche tiefen Wahrheiten lassen sich oft am besten an einem Beispiel demonstrieren. Der zu seinen Lebzeiten im 20. Jahrhundert hauptsächlich unter dem Namen Neville bekannte Philosoph berichtet von vielen Einzelfällen, in denen sich das »Wunder« vollzog, etwas von innen heraus zu verwirklichen, doch einer dieser Fälle schien mir aufgrund seiner Klarheit und Schlichtheit immer besonders eindrucksvoll.

Die Geschichte begann damit, dass Neville einer Geschäftsfrau aus New York, die ihn um Rat gebeten hatte, die Macht der Imagination und der Überzeugung erläuterte. Nachdem er ihr die Philosophie – das »Leben vom Ergebnis her« – mitsamt den entsprechenden Anweisungen erklärt hatte, bestätigten sich seine Ansätze auf ungeahnte Weise.

Die Frau hatte während des Gesprächs ihren 9 Jahre alten Enkel dabei, der gerade zu Besuch bei ihr war. Als sich die beiden verabschiedeten, drehte sich der Junge noch einmal um und erklärte aufgeregt: »Ich weiß, was ich will, und jetzt weiß ich, wie ich es kriege.«[12] Sowohl Neville als auch die Frau horchten überrascht auf, und Neville stellte die logische Frage: »Was willst du denn?« Die Antwort war für die Großmutter wohl nicht neu: Der Junge wünschte sich einen Hund. »Jede Nacht, wenn ich einschlafe, werde ich so tun, als hätte ich einen Hund und würde mit ihm spazieren gehen«, erklärte der Junge. Seine Großmutter machte ihm, offenbar nicht zum ersten Mal, deutlich, warum er keinen Hund haben könne: Seine Eltern seien dagegen, sein Vater möge keine Hunde und er sei zu jung, um die ganze Verantwortung zu übernehmen.

Doch sechs Wochen später erhielt Neville einen Anruf von der Frau. Sie erzählte, der Junge habe sich genau an alles gehalten, worüber Neville und sie gesprochen hätten. Sie hatten geglaubt, er spiele neben ihnen vor sich hin, doch er hatte offenbar sehr gut aufgepasst. Jeden Abend beim Einschlafen stellte er sich vor, sein Hund liege im Bett neben ihm. Er fühlte so, als wäre der Hund bereits da. In seiner Imagination streichelte er den Hund und konnte sogar sein Fell spüren.[13]

Bemerkenswerterweise wurde dann bald an der Schule des Jungen ein Aufsatzwettbewerb im Zusammenhang mit einer Themenwoche – »Seid nett zu Tieren« – ausgeschrieben. Das Aufsatzthema lautete »Warum ich gerne einen Hund hätte«. Der Junge gewann den Wettbewerb – und der Preis war ein junger Collie. Nach all den Synchronizitäten, die dazu geführt hatten, dass ihr Sohn diesen Hund bekam, hatten die Eltern den Eindruck, dass hier wohl etwas Größeres am Werk sei, und änderten ihre Haltung. Der neue Freund des Jungen durfte bei ihm bleiben.

Man könnte diese Geschichte dem Zufall zuschreiben, doch ein weiteres Detail der Geschichte lässt uns diese

Interpretation noch einmal überdenken: Auch die Frau, die Neville davon erzählte, hob sich diese Information bis zum Schluss auf. In der ganzen Zeit, in der sich ihr Enkel einen Hund gewünscht hatte, war ihm immer klar, dass er einen ganz bestimmten Hund wollte: einen Collie!

Das Besondere an dieser Geschichte stellt aus meiner Sicht die Haltung des Jungen dar. Durch eine Unterhaltung zwischen seiner Großmutter und einem Fremden war es ihm möglich, Nevilles Philosophie auch unabhängig von den Problemen seiner Großmutter zu erkennen. Während die beiden auf erwachsene Weise über die Geschäfte der Großmutter redeten, merkte er, dass sich die Prinzipien auch auf seinen Wunsch nach einem Collie anwenden ließen. Man sieht, es ist kinderleicht! Wenn wir unsere vorgefassten Einstellungen und unsere Überzeugungen, was angeblich geht und was nicht geht, loslassen, kann sich die erste Regel in all ihrer Schlichtheit in unserem Leben entfalten.

Obwohl ich immer wieder voller Bewunderung bin, wenn ich solche Geschichten höre, überraschen sie mich selten. Wenn unsere Überzeugungen wirklich die mächtigste Kraft im Universum sind und wenn ein neunjähriger Junge in diesem Universum genau den Hund findet, von dem er immer geträumt hat: Warum sollte es uns anders ergehen? Das Geheimnis liegt darin, dass er so fühlte, als wäre der Hund bereits bei ihm. So lebte er aus dem Ergebnis seiner Imagination heraus. In diesem Ergebnis war der Hund echt.

Auch der Psychologe und Philosoph William James, der im 19. Jahrhundert lebte, erinnert uns daran, wie einfach es ist, dieses Prinzip im wirklichen Leben umzusetzen: »Wenn Sie sich eine bestimmte Qualität wünschen, verhalten Sie sich so, als hätten Sie sie bereits. Wenn Sie sich eine bestimmte Charaktereigenschaft wünschen, verhalten Sie sich so, als verfügten Sie bereits darüber.«[14] Oder in Nevilles Worten: »Machen Sie Ihren zukünftigen Traum zu einer gegenwärtigen Tatsache.«[15]

Um zu verstehen, wie etwas so Einfaches wie die intensive Vorstellung, einen Hund zu streicheln und sein Fell zu spüren, so mächtig sein kann, gilt es, das Wesen unserer gespiegelten Wirklichkeit zu begreifen. Der Dichter William Blake sah in der Imagination viel mehr als etwas, womit wir uns in unserer Freizeit vergnügen. Imagination war für ihn die Essenz unserer Existenz. »Der Mensch ist ganz Imagination«, erklärte er. »Der ewige Körper der Menschen ist die Imagination, das heißt Gott selbst.«[16]

Der Philosoph und Dichter John Mackenzie geht noch tiefer auf unsere Beziehung zur Imagination ein: »Die Unterscheidung zwischen dem, was wirklich ist, und dem, was imaginär ist, kann letztendlich nicht aufrechterhalten werden ... Alle existierenden Dinge sind ... imaginär.«[17] Bei beiden Beschreibungen gilt es, die konkreten Ereignisse des Lebens zuerst als Möglichkeiten zu sehen, bevor sie sich verwirklichen können.

James, Neville, Mackenzie und Blake, sie alle sagen uns, wie wir die erste Regel der Wirklichkeit in unserem Leben anwenden können. In unserer Welt des 21. Jahrhunderts ist es inmitten all der Mikrochips und Nanotechnologie kein Wunder, dass wir skeptisch reagieren, sobald uns jemand erzählt, dass die Verschiebung der Atome der Realität ein Kinderspiel sei. Es klingt zu schön, um wahr zu sein. Zumindest, bis wir uns vor Augen halten, was uns die neuen Wissenschaften zeigen und was uns die Weisen unserer spirituellen Traditionen schon lange sagen: dass wir in einem gespiegelten Universum leben und wir die Urheber dieser Spiegelungen sind.

Lassen Sie sich also nicht von der Einfachheit der Worte täuschen, wenn Neville sagt, dass wir nur das Gefühl verkörpern müssen, unser Wunsch sei bereits erfüllt, um unsere Imagination in die Realität zu transformieren. Warum sollte die Schöpfungskraft in einem teilnehmenden Universum, das wir selbst erschaffen, auch schwieriger sein?

Ein Wolpertinger in der Wüste:
Quantenphysik in einem buddhistischen Kloster

Während meiner ersten Reise zu einem buddhistischen Kloster Ende der 1990er-Jahre entdeckte ich, wie sehr doch der westliche Geist anders arbeitet als der Geist der Mönche und Nonnen, zu denen wir so weit gereist waren. Der größte Unterschied schien in unserem schier endlosen Bedürfnis zu liegen, nachzufragen, *warum* etwas so ist, wie es ist, während diese Frage für die Menschen in diesen Klöstern offensichtlich wenig Dringlichkeit besaß. Sie konnten offenbar akzeptieren, dass die Dinge manchmal einfach so sind, wie sie sind. Und all das schien eng damit zusammenzuhängen, wie sie sich selbst und die Welt wahrnehmen.

Nachdem wir uns zwei Wochen lang an die Höhe von weit über 4000 Metern gewöhnt hatten und tagelang in alten Bussen über staubige Straßen geschaukelt waren, wurde ich einer unerwarteten Prüfung unterzogen: Wir waren in einem zerfallenen Kloster angekommen, in dem jetzt ungefähr 100 Nonnen Zuflucht gesucht hatten. Wir saßen mit ihnen zusammen und beendeten gerade eine Reihe gefühlvoller heiliger Gesänge, als der Frieden in dem schwach beleuchteten Raum jäh unterbrochen wurde. Die Tür sprang auf und das harte Tageslicht der tief stehenden Nachmittagssonne machte es unmöglich, das Gesicht der imposanten Figur zu erkennen, die auf der Schwelle stand. Im Flüsterton teilte uns unser Übersetzer mit, dass dies ein »Geshe-la«, ein mächtiger Lehrer, sei.

Wir bemühten uns, ihn genauer zu betrachten, während er mit großer Autorität durch den Raum langsam auf uns zukam. Er war relativ groß, sein Kopf war geschoren und seine Gesichtszüge waren tibetisch. Wir blieben zunächst auf den dicken Matten sitzen, welche die Nonnen verwendeten, um sich vor der Kälte des Steinbodens zu schützen. Der Lehrer schaute sich wortlos im Raum um und versuchte, die Situation zu erfassen. Dann begann er, kurze Fragen in den Raum zu rufen, die jeder beantworten konnte.

Ich schaute zu unserem Übersetzer, um zu verstehen, was hier vor sich ging. »Wer sind diese Leute?«, fragte der Lehrer und schwenkte die Hand in unsere Richtung. »Was ist hier los?« Er war offensichtlich nicht daran gewöhnt, dass eine Gruppe Amerikaner bei den Nonnen saß. Unser Übersetzer mischte sich in die Unterhaltung ein und versuchte gemeinsam mit den Nonnen, ihm zu erklären, wer wir waren und warum wir hier weilten.

Genauso plötzlich, wie der Mann den Raum betreten hatte, veränderte sich auch der Ton seiner Stimme. Das Misstrauen und die Unklarheit schienen einem eher philosophischen Ansatz zu weichen. Er fragte den Übersetzer, wer in unserer Gruppe der Lehrer sei, und plötzlich ruhten alle Blicke auf mir. »Das ist der Geshe, der diese Leute hierher gebracht hat«, erklärte er.

Der Lehrer sah mir direkt in die Augen und stellte mir eine Frage. Ich verstand ihn natürlich nicht, aber ich lauschte auf den Ton seiner Stimme, während unser Übersetzer mir die Frage übermittelte: »Wenn Sie auf einer Pilgerreise durch eine Wüste kommen und einen Hasen mit Hörnern sehen«, fragte er, »ist er dann real oder imaginär?«

Ich traute meinen Ohren kaum. Hier saß ich kurz vor Sonnenuntergang in einem abgeschiedenen, hoch gelegenen tibetischen Kloster inmitten singender Nonnen, und dieser Mann fragte mich nach einem »Hasen mit Hörnern«. Als Kind hatte ich von diesen sagenhaften Geschöpfen gehört, die angeblich einen Hasenkopf und Gamshörner haben sollen. »Jackalopes« oder »Wolpertinger« werden sie genannt, und betrunkene Jäger und Wanderer erzählen besonders von ihnen. Man scheint sie überall zu kennen, doch mir ist noch niemand begegnet, der mir ernsthaft weismachen konnte, einen gesehen zu haben. Es gibt sie nicht. Ausgerechnet an diesem Ort, wo ich so etwas zuletzt erwartet hätte, fragte mich jemand danach! Als ich mich von meiner Überraschung erholt hatte, wurde mir klar, dass dies eine Prüfung war.

Ich schaute zu ihm auf. Durch die Bewegung seiner Hand, mit der er seine Frage aus dem Ärmel seiner Robe gezogen hatte, war eine kleine Staubwolke aufgewirbelt worden. Die Sonne brach sich in den schwebenden Staubteilchen, und der Raum um die eindrucksvolle Gestalt schien plötzlich in einem überirdischen Glanz zu erstrahlen.

Aus irgendeinem Grund erinnerte ich mich plötzlich an das Frage- und Antwortspiel aus meiner Grundschule. Dort hatten wir gelernt, immer erst die Frage zu wiederholen, die uns gestellt worden war, um sicher zu sein, dass wir sie auch richtig verstanden hatten. Dem folgte dann die Antwort. »Ob ein Hase mit Hörnern in der Wüste real ist oder imaginär?«, begann ich also. Plötzlich erstarb das Hintergrundgemurmel der Nonnen, die sonst immer leise miteinander redeten. Alle schienen auf meine Antwort zu warten. »Die Erfahrung eines Hasen in der Wüste ist die Erfahrung der Person, die ihn sieht«, setzte ich an. »Wenn Sie diese Person sind, ist er so real, wie Sie glauben, dass er es ist.«

Wirklichkeitstest bestanden

Der Raum war ganz still, als meine Worte verklangen. Ich hielt den Atem an und schaute auf den Lehrer, um zu sehen, ob meine Antwort seinen Erwartungen entsprochen hatte. Erst schien er überrascht zu sein. Langsam breitete sich ein Lächeln auf seinem Gesicht aus. Er wandte sich an den Übersetzer und stellte eine weitere Frage. Jetzt lächelte auch der Übersetzer, als er die Frage weitergab.

»Aus welchem Kloster kommt dieser Geshe?«, hatte der Lehrer gefragt.

Als die Nonnen die Frage hörten, ging ein Seufzer der Erleichterung durch den Raum, gefolgt von vereinzeltem Gekicher, das sich schließlich in allgemeinem Gelächter auflöste. Offensichtlich entsprach meine Antwort dem, was man aus den heiligen buddhistischen Schriften lernte. Diese Antwort hatte man von einem Amerikaner nicht erwartet.

Der Lehrer wandte sich lächelnd ab und ging langsam zur Tür zurück. Die Gespräche im Raum nahmen wieder ihren

Gang. Ohne ein weiteres Wort schritt der Mönch durch die schweren Vorhänge, welche die kalte Bergluft abhielten. Erfüllt vom Gefühl der Ehre, dass mir diese Frage gestellt worden war, und zufrieden mit meiner Antwort, kehrten wir zu unseren Gesängen zurück.

Diese kurze »Prüfung« war eine eindrucksvolle Bestätigung dafür, wie weit das Wissen um die Macht der Überzeugungen verbreitet ist. Die Antwort, die der Geshe von mir erwartet hatte, entsprach ganz dem, was wir in den Experimenten gesehen haben und was die spirituellen Traditionen seit Jahrhunderten lehren.

Wenn das Universum, unsere Körper und alles in unserem Leben eine virtuelle Erfahrung sind, die auf unserem Bewusstsein beruht, dann ist unsere Überzeugung das Programm, das uns ermöglicht, »aufzuwachen«, während wir noch in der Simulation sind. Die Antwort auf die ewige Frage »Wie wirklich ist die Realität?« klingt dann wie die Lösung eines philosophischen Rätsels. Die Realität ist so wirklich, wie wir glauben. Das Geheimnis ist: Wir erfahren in unserem Leben genau das, womit wir uns am meisten identifizieren. So gesehen ist unsere Wirklichkeit weich, formbar und veränderbar. Sie passt sich unseren Erwartungen und Überzeugungen an.

Realitäts-Code 28: Wir neigen dazu, genau das im Leben zu erfahren, womit wir uns in unseren Überzeugungen identifizieren.

Die »Gesetze« der Physik mögen zwar real sein und unter gewissen Bedingungen auch zutreffen, doch einiges weist darauf hin, dass wir durch Veränderung dieser Bedingungen auch die Gesetze umschreiben. Und wir müssen dazu keine Wissenschaftler sein. Es kann so einfach sein wie Amanda Dennisons Gang über 900 Grad heiße Kohlen oder wie Milarepas Hand, die sich in den gewachsenen Felsen hinein- streckte. In beiden Fällen wurden die »Gesetze« der klassi- schen Physik außer Kraft gesetzt. In beiden Fällen war es die Fähigkeit eines Menschen, absichtsvoll die Bedingungen in seinem Bewusstsein zu erschaffen, damit das, was er in seiner Welt für wahr hielt, zur Wirklichkeit in unser aller Leben wurde.

Hier treffen sich Wissenschaft und die alten spirituellen Traditionen. Beide beschreiben eine Kraft, die alles ver- bindet. Beide sagen, dass wir aus dieser Kraft heraus über die Möglichkeit verfügen, die Art zu beeinflussen, wie sich Materie verhält und wie sich die Wirklichkeit gestaltet – ein- fach dadurch, wie wir die Welt um uns herum wahrnehmen.

Jetzt kennen wir zwar die erste Regel dieser gespiegelten Wirklichkeit, aber wie können wir die Regel in unserem Leben anwenden? Wenn unsere tief verwurzelten, manch- mal unbewussten Überzeugungen der Samen für unse- re Erfahrungen sind: Wie können wir dann die falschen Überzeugungen heilen, die uns behindern? Wie können wir unseren Realitäts-Code umschreiben? Hier kommt eine neue Erfahrung ins Spiel, welche die Bedingungen für alles, was wir in der Vergangenheit für wahr hielten, einfach wegbläst. Es geht darum, die Erfahrung zu finden, die für uns funktio- niert – und sie zu erkennen, wenn sie auftaucht.

6

Die Heilung der Überzeugungen: Wie Sie Ihren Realitäts-Code verändern können

»Zu der neuen Art des Sehens gehört ein imaginativer Sprung, der uns in Erstaunen versetzen wird.«

JOHN BELL (1928–1990), QUANTENPHYSIKER

»Ich betrachte mein Leben als eine Reihe sich entfaltender Möglichkeiten, aufzuwachen.«

RAM DASS (GEB. 1931), PSYCHOLOGE UND PHILOSOPH

1986 besuchte ich in Boulder, Colorado, ein Konzert mit Michael Hedges, das mein Leben veränderte. Michael Hedges war wahrscheinlich der begabteste Gitarrist des 20. Jahrhunderts.[1] In jenem Jahr machte er eine seiner seltenen Solo-Tourneen, zu der auch die Aufführung gehörte, die ich erleben durfte.

Sie fand nicht in einem großen Konzertsaal statt, wo man den Musiker nur als winziges Männchen auf einer fernen Bühne erspähen kann. Michael spielte vielmehr in einer lockeren Restaurant-Atmosphäre. Man hatte um die Bühne herum Stehtische aufgestellt, sodass niemand mehr als ein paar Meter von ihm entfernt war. Jeder im Raum konnte ihn bestens sehen.

Michael betrat die Bühne, sagte einfach: »Hallo, ich bin Michael Hedges«, und begann zu spielen. Etwas Erstaunliches ereignete sich vor meinen Augen: Seine Hände taten Dinge, die ich noch nie bei einem Gitarristen gesehen hatte. Seine Finger streckten und bogen sich auf unheimliche Weise, um die Akkorde zu bilden und die Töne zu entlocken. Ein Gefühl, das ich nur als surreal bezeichnen kann, breitete sich im Raum aus. Und es geschah nicht nur etwas mit den Saiten. Ohne dass ein einziger Ton fehlte, dienten ihm die Seiten und der Rücken der Gitarre gleichzeitig als Trommel. Und noch erstaunlicher war, dass er während der ganzen Zeit die Augen geschlossen hatte.

Ich war so bewegt von dem, was ich gesehen hatte, dass ich in der Pause einfach zu ihm ging, um ihm für diese eindrucksvolle Darbietung zu danken. Zu meiner Überraschung grüßte er mich, als würden wir uns seit Jahren kennen. Er bat mich auf die Bühne, wir betrachteten gemeinsam seine Instrumente und er fragte mich nach dem Klang bestimmter Effekte im Raum. Wir redeten miteinander, bis die Pause vorbei war. Ich setzte mich wieder auf meinen Platz und war den Rest des Abends völlig verzaubert.

Ich hatte nie wieder Gelegenheit, mit Michael zu sprechen. Ich hatte zwar das Gefühl, dass es noch einmal so sein könnte, aber sein plötzlicher Tod im Dezember 1997 machte es unmöglich. Mein Abend mit Michael Hedges war zwar nur kurz, aber er veränderte mein Leben.

Seit meinem 11. Lebensjahr spiele ich Gitarre – bis zum heutigen Tag eine meiner großen Leidenschaften. In den ersten sechs Monaten, in denen ich Gitarrenunterricht erhielt, brachte man mir das klassische Gitarrenspiel bei. Der Name sagt alles. Ein klassischer Gitarrist soll auf bestimmte Weise dasitzen und die Hände sollen über den Saiten schweben, aber das Instrument selbst kaum je berühren. Es kann sehr schön anzusehen sein, aber für mich fühlte es sich immer steif und unangenehm an.

Ich erzähle diese Geschichte, weil das Konzert mit Michael Hedges an jenem Abend 1986 meine Haltung zum Gitarrenspiel von Grund auf veränderte. In den anderthalb Stunden, die er auf der Bühne war, fegte er alle Regeln und vorgefassten Ideen über Form und Stil, die mir eingetrichtert worden waren, beiseite. Es war so befreiend für mich, zu sehen, wie er seine Leidenschaft auslebte, dass es mir half, meine Passion freizusetzen.

Michael Hedges tat nicht mehr, als andere an seinem Talent teilhaben zu lassen. Indem er es tat, zeigte er auf lebendige Art, wie viel mehr möglich ist. Das ist der Schlüssel zur Veränderung dessen, was wir im Hinblick auf unser Leben und die Welt als wahr annehmen. *Unser Geist braucht einen Grund, um seine Überzeugungen zu verändern – einen guten Grund.*

Die Geschichte ist voller Beispiele von Überzeugungen, die jahrhunderte-, manchmal sogar jahrtausendelang gültig schienen und sich dann über Nacht veränderten. Die Geschichte erzählt uns auch, was passiert, wenn die althergebrachten Ideen, die diesen Überzeugungen zugrunde lagen, durch etwas vollkommen anderes ersetzt werden, sodass ein ganzes Weltbild zusammenbricht. Manchmal sind die Situationen, welche die Veränderungen herbeiführen, klein und scheinbar unbedeutend, wie ein Gitarrenkonzert in einem kleinen Restaurant. Zu anderen Zeiten sind sie so groß, dass sie unser gesamtes Selbstverständnis über den Haufen werfen.

Im Sommer 2006 versammelten sich 2500 Wissenschaftler der Internationalen Astronomischen Vereinigung in Prag. Nachdem man einen anderen Felsbrocken in unserem Sonnensystem entdeckt hatte, der größer als Pluto ist, beschloss man, dass der frühere Planet ab jetzt nur noch als Zwergplanet gilt. Einfach so! Eben war Pluto noch ein vollwertiger Planet, und jetzt ist er es nicht mehr. Diese Umstufung mag manche Menschen verstimmt haben, doch insgesamt hatte sie auf unser alltägliches Leben wenig Einfluss. Außer der Tatsache, dass jetzt viele Astronomiebücher umgeschrieben werden müssen, bringt die neue Einstufung von Pluto wahrscheinlich niemanden irgendwie durcheinander.

In der ersten Hälfte des 16. Jahrhunderts gab es jedoch eine andere astronomische Entdeckung, die unser Verständnis des Universums und damit auch unserer selbst aufs Nachhaltigste beeinflusste. 1543 veröffentlichte Nikolaus Kopernikus, ein Jurist und Arzt, der in seiner Freizeit astronomische Studien betrieb, sein Hauptwerk *De Revolutionibus Orbium:* Es enthielt seine Berechnungen, denen zufolge die Sonne die Mitte unseres Sonnensystems bildet und nicht die Erde.

Diese Idee war zwar schon 1000 Jahre zuvor von dem griechischen Astronomen Aristarchus von Samos entwickelt worden, doch damals galt sie als so ungeheuerlich, dass die Philosophen und Astronomen jener Zeit lauter Gründe fanden, um sie abzulehnen.

Diese Veränderung einer Überzeugung hatte einen starken

Einfluss auf unser Leben, bis zum heutigen Tag. Als sich die Erkenntnis von Kopernikus allmählich durchsetzte, mussten alle ihr Weltbild gründlich auf den Kopf stellen, um sich ein sonnenzentriertes System überhaupt vorstellen zu können. Und ähnlich wie Michael Hedges war alles, was Kopernikus tat, dass er andere an seinen Erkenntnissen teilhaben ließ.

In beiden Fällen veränderte sich eine scheinbar lang bewährte Überzeugung in kürzester Zeit. Und es geschah, indem jemand eine andere Möglichkeit demonstrierte.

Das Umschreiben unseres Realitäts-Codes

»Die Welt, die wir sehen und die uns so verrückt erscheint, ist das Ergebnis eines Systems von Überzeugungen, das nicht funktioniert.«[2] Es mag wie ein Satz aus einem Selbsterfahrungsseminar der heutigen Zeit klingen, aber er stammt von dem großen Philosophen William James, der Ende des 19. Jahrhunderts lebte. In diesen knappen Worten, die auf die heutigen Veränderungen genauso zutreffen wie auf die damaligen, fasste James die Absicht und das Thema dieses Buches zusammen. Wenn die Welt, die so verrückt zu sein scheint, auf unserer Wahrnehmung beruht: Warum ist es dann so schwierig, zu verändern, was nicht gut läuft? Wie können wir unsere Überzeugungen so verändern, dass sie ein Spiegel unserer großen Liebe, unserer tiefsten Wünsche und unserer größten Heilung werden?

Um unseren Realitäts-Code umzuschreiben, müssen wir einen guten Grund haben, unsere Überzeugungen zu ändern. Doch bei genauerem Hinsehen merken wir, dass das viel leichter gesagt als getan ist. Es kann zur größten Herausforderung unseres

Lebens werden, unsere Überzeugungen zu verändern. *Es geht um mehr, als sich einfach zu entscheiden, etwas anders zu sehen, oder den Willen zu haben, sich zu verändern.* Viel mehr.

Geoff Heath, der früher den Lehrstuhl für zwischenmenschliche Beziehungen an der Universität Derby in England innehatte, beschreibt unser Dilemma mit den Worten: »Wir sind, wofür wir uns halten. Unsere Überzeugungen zu verändern, bedeutet, unsere Identität zu verändern. Deswegen ist es so schwierig, seine Überzeugungen zu verändern.«[3] Wir haben uns an uns selbst und unser Weltbild gewöhnt. Wenn dem nicht so wäre, würden wir ständig nach neuen Gründen suchen, unser Leben zu wandeln. Wir brauchen das Vertraute, um uns in der Welt sicher zu fühlen. Um unsere Kernüberzeugungen zu verändern, die unser Leben definieren, brauchen wir daher einen Auslöser, der genauso machtvoll und überzeugend ist. Wir brauchen einen Grund, der uns aus unseren selbstgefälligen Denkgewohnheiten in eine neue Perspektive katapultiert. Der Auslöser für diese neue Perspektive kann einfach darin bestehen, jüngst gewonnene Informationen so miteinander zu verknüpfen, dass daraus eine Erkenntnis entsteht. Oder es kann ein Ereignis sein, das alle unsere Überzeugungen so aus den Angeln hebt, dass wir plötzlich in einer Wirklichkeit mit viel größeren Möglichkeiten landen – etwas wie ein Wunder. Sowohl die Logik als auch das Wunder geben uns einen guten Grund, die Welt anders zu sehen. Die Meister der Vergangenheit haben oft Wunder vollbracht, während uns die Entdeckungen der modernen Wissenschaft die Sicht auf eine Welt ohne Wunder erschlossen haben. Die Vorstellung des Universums als Computer und der Überzeugungen als Programm ist so hilfreich, weil wir die Funktionsweise dieser beiden Komponenten bereits kennen und den Weg zur Veränderung damit auf vertrautem Terrain beginnen können.

Sind Verletzungen eine Fehlschaltung in unseren Überzeugungen?

Nachdem ich 1990 die Welt der Großunternehmen verlassen hatte, lebte ich eine Zeit lang in der Gegend von San Francisco. Tagsüber entwickelte ich Seminare und schrieb an meinen Büchern und abends arbeitete ich mit Klienten, die meinen Rat suchten, damit sie besser verstanden, welche Rolle Überzeugungen in ihrem Leben und in ihren Beziehungen spielten. Eines Abends kam eine Klientin zu mir, mit der ich schon oft gearbeitet hatte.

Unsere Sitzung begann wie immer. Die Frau entspannte sich im Korbstuhl mir gegenüber und ich bat sie, zu erzählen, was sich in der Woche seit unserem letzten Gespräch ereignet hatte. Sie fing an, mir von ihrer Beziehung zu ihrem Mann zu erzählen, mit dem sie seit 18 Jahren zusammen war. Den größten Teil ihrer Ehe hatten sie sich gestritten, mitunter sehr heftig. Sie war das Ziel täglicher Kritik und Demütigungen: von ihrem Aussehen über ihre Kleidung bis zu ihrer Haushaltsführung und ihrem Essen. Die Kränkungen reichten in jeden Aspekt ihres Lebens, bis in den Bereich der Intimität, der ohnehin im Lauf der Jahre immer seltener berührt wurde.

Die letzte Woche unterschied sich insofern, als es zu Handgreiflichkeiten gekommen war. Ihr Mann war wütend geworden, als sie ihn über seinen langen Arbeitstag und sein

Ausbleiben am Abend befragte. Sie war unglücklich über den Mann, den sie viele Jahre lang geliebt hatte. Jetzt kam zu ihrem Unglück noch die Gefahr körperlicher Verletzung, denn er verlor die Kontrolle über sich. Bei ihrem letzten Streit hatte er sie so geschlagen, dass sie quer durch den Raum geflogen war. Dann war er ausgezogen und wohnte jetzt bei einem Freund. Sie hatte weder Adresse noch Telefonnummer und keine Ahnung, ob sie ihn je wiedersehen würde.

Der Mann, der das Leben meiner Klientin zur Hölle gemacht hatte, war endlich weg. Als sie mir von seinem Auszug erzählte, erwartete ich, eine gewisse Erleichterung bei ihr zu sehen. Stattdessen begann sie, hemmungslos zu schluchzen, weil er jetzt verschwunden war. Ich fragte sie, wie sie jemanden vermissen konnte, der sie so oft verletzt hatte. Sie erwiderte nur, dass sie sich durch seine Abwesenheit niedergeschmettert und am Boden zerstört fühle. Statt die Situation als Gelegenheit zu begreifen, endlich frei von seinen ständigen Demütigungen und Kränkungen leben zu können, fühlte sie sich zu einem Leben in Einsamkeit verurteilt. Sie meinte, es sei immer noch besser, ihren Mann im Haus zu haben, mit all den Misshandlungen, die damit einhergingen, als allein zu sein.

Ich stellte bald fest, dass die Situation meiner Klientin nicht ungewöhnlich war. Nachdem ich mit ein paar anderen Lebensberatern und Therapeuten gesprochen hatte, musste ich feststellen, dass es wohl eher die Regel war. In Situationen, in denen wir uns ohnmächtig fühlen, weil wir unsere Kraft, unser Selbstbewusstsein, unser Selbstwertgefühl aufgegeben haben, neigen wir dazu, uns an genau die Erfahrungen zu klammern, die uns so verletzen. Aber warum?

Wie kann so viel Leid und Verletztheit in unser Leben gelangen? Warum klammern wir uns an schmerzhafte Überzeugungen und setzen damit das Leiden immer weiter fort, das wir so gerne heilen möchten? Vielleicht geht es hier eigentlich um eine noch grundlegendere Frage. Die Überzeugungen, die uns leiden lassen, sind Beispiele für eine eingeschränkte Weltsicht. Vielleicht müssten wir im Grunde fragen: *Warum klammern wir uns an Überzeugungen, die uns einschränken?* Die Vorstellung, unsere Überzeugungen seien ein Programm, kann uns da vielleicht weiterhelfen.

Hätten wir ein Computerprogramm, das uns jedes Mal wehtut, wenn wir es anschalten, so wie es manche unserer Überzeugungen tun, würden wir sagen, dass mit dem Programm etwas nicht in Ordnung ist. Stimmt vielleicht auch etwas mit den Überzeugungen nicht, mit denen wir den Spiegel des Bewusstseins füttern und die uns an den Erfahrungen festhalten lassen, die uns verletzen? Oder funktioniert das Programm selbst eigentlich prima und nur die Art, wie wir unsere Überzeugungen einsetzen, bedarf der Veränderung?

∞∞∞

Ein Computerprogramm kann noch so gut sein und die Programmierer können höchst professionell gearbeitet haben – dennoch gibt es immer die Möglichkeit, dass ein Programm irgendwann nicht optimal funktioniert. Man nennt das eine Programmstörung, einen Programmfehler oder eine Fehlschaltung. Wenn unsere Welt tatsächlich eine Simulation eines höchst raffinierten Computers ist: Könnte vielleicht das Programm, mit dem er läuft, manchmal Defekte aufweisen? Könnte es im Bewusstseinscomputer des Universums Fehlschaltungen geben? Und würden wir sie erkennen, wenn sie uns begegnen?

In einem Artikel von 1992, »Living in a Simulated Universe« (Leben in einem simulierten Universum), befasste sich John Barrow mit genau dieser Frage. »Wenn wir in einer simulierten Wirklichkeit leben, müssen wir damit rechnen, dass im Lauf der Zeit in den sogenannten Naturkonstanten gelegentlich Störungen auftreten.«[4] Dies ist eine mögliche Art der Störung, doch vielleicht leben wir noch mit einer anderen Art von Fehlschaltung, die möglicherweise nicht einmal der Erbauer unserer Wirklichkeit in Erwägung gezogen hat.

Tritt eine Störung auf, bedeutet das nicht notwendigerweise, dass das Programm schlecht geschrieben war. Ein Programm kann unter den Bedingungen, für die es entwickelt wurde, bestens funktionieren, doch wenn es in anderen Zusammenhängen eingesetzt wird, entspricht das Ergebnis eventuell nicht den Erwartungen. Dann kann es so wirken, als hätte das Programm einen Fehler.

Das führt uns zu der Frage: Sind Hass, Angst und Kriege vielleicht das Ergebnis einer Störung in unseren Überzeugungen? Der Quantenstoff des Universum spiegelt uns, was wir glauben, aber vielleicht war nie vorgesehen, dass wir die Dinge für wahr nehmen, die uns verletzen. Wie ist es dazu gekommen, dass wir uns in einer Welt mit 6 Milliarden Bewohnern so einsam fühlen? Wo haben wir gelernt, so viel Angst zu empfinden, und warum lassen wir unsere Überzeugungen so sehr von unserer Angst bestimmen, dass es uns krank macht? Wenn das Störungen unseres

Bewusstseins sind, können wir sie dann auch so beseitigen, wie wir Programmstörungen reparieren?

Die Reparatur der Überzeugungen, die uns leiden lassen

Ähnlich wie Musiker oder Jugendliche ihre eigene Sprache haben, um sich über ihre Leidenschaften auszutauschen, haben auch Computerprogrammierer eigene Begriffe entwickelt, um sich über ihre Arbeit zu unterhalten. Viele dieser Begriffe, die noch vor Jahren nur unter eingefleischten Computerspezialisten üblich waren, sind heute Allgemeingut. Jeder weiß, was gemeint ist, wenn jemand erzählt, er habe einen »Virus« in seinem System oder sein Computer sei »abgestürzt«.

So gibt es auch einen eigenen Begriff für die Kommandos, mit denen Probleme in bereits vorhandener Software behoben werden. Man nennt sie ein Korrekturprogramm oder »Software-Patch« (engl. patch = dt. Flicken) oder einfach »Patch«. Ein Patch ist ein kleines Stück Programm, das in die bereits vorhandene Software eingebaut wird, um ein Problem zu beheben. Solche Software-Patchs spielen in unserem Leben eine große Rolle, auch wenn wir es nicht merken. Zum Beispiel hat uns zur Jahrtausendwende ein Patch vor der sogenannten Y2K-Katastrophe bewahrt.

Alle Computersysteme, von den Energieversorgern über Satellitensysteme bis zu Mobiltelefonen und Frühwarnsystemen, arbeiteten mit einem Datumscode, der, so vermutete man, um Mitternacht am letzten Tag des Jahres 1999 auslaufen würde. Also wurde ein kleines Programm installiert, mit dessen Hilfe die Jahreszahlen, die bis dahin immer mit 19 begonnen hatten, mit 20 weitergeführt werden konnten. Jetzt sind alle Programme so ausgerüstet, dass wir bis zum Jahr 3000 erst mal keine Probleme zu erwarten haben – zumindest nicht mit dem Datumscode unserer Computer.

Die Frage, die sich mir stellt, lautet: Passiert mit uns vielleicht etwas ganz Ähnliches? Und wenn dem so ist: Sind wir in der Lage, unsere Programmstörung zu korrigieren? Können wir die Überzeugungen umschreiben, die uns in der Vergangenheit behindert haben?

Die Veränderung unserer Überzeugungen mithilfe von Logik und Wundern

Im 3. Kapitel haben wir die zwei Bereiche erkundet, in denen wir sowohl die Überzeugungen speichern, unter denen wir leiden, als auch jene, durch die wir heilen können: den bewussten Geist und den unbewussten Geist. Um die Beschränkungen einer bewussten oder unbewussten Wahrnehmung zu heilen, müssen wir irgendwie vermeiden, was wir bislang für wahr hielten, und es durch etwas Neues ersetzen. Dieses Neue muss auf einer Erfahrung beruhen, die für uns mindestens ebenso wahr ist.

Jahrtausendelang haben Wunder genau diese Rolle erfüllt. Zwar sind Wunder immer noch genauso eindrucksvoll wie früher, aber viele Menschen meinen, dass sie rar geworden sind. Ob das stimmt oder nicht, mag vom individuellen Weltbild abhängen, doch heutzutage können wir auch die Macht der Logik einsetzen, um direkt mit unserem bewussten Geist zu kommunizieren. Wenn wir bewusst eine neue

Weltsicht akzeptieren können, hat es auch Auswirkungen auf unsere unbewussten Überzeugungen.

Entsprechend unserer Computeranalogie könnten wir sagen, dass wir in unserem bewussten Geist eine vorhandene Überzeugung mit einer neuen, verbesserten Überzeugung »upgraden«. Eine Programmkorrektur oder ein Patch wird in eine Software eingebaut, um sie auf den neuesten Stand zu bringen und unerwünschte Prozesse zu »heilen«. Die Geschichte hat uns gezeigt, dass sowohl Wunder als auch Logik zu einer Schnellstraße werden können, um tief sitzende Überzeugungen zu revidieren. Wir wollen uns sowohl das Logik-Patch als auch das Wunder-Patch näher ansehen, um zu verstehen, wie sie funktionieren und wie wir sie erschaffen können.

Ein Logik-Patch: Wir können unseren bewussten Geist durch die Kraft der Logik von einer neuen Erkenntnis überzeugen. Wenn wir einen Grund erkannt haben, unsere Sicht der Dinge zu verändern, kann sich daraus in unserem Herzen eine neue Überzeugung entwickeln – das heißt, wir fühlen, dass diese Überzeugung wahr ist.

Ein Wunder-Patch: Wir können aber auch die Logik ganz umgehen und uns direkt an das Herz wenden. Bei diesem Ansatz brauchen wir nicht darüber nachzudenken, was wir glauben. Angesichts einer Erfahrung, die jenseits unserer Logik ist, sind wir gezwungen, eine neue Überzeugung zu verinnerlichen. Das ist die Definition eines Wunders.

Realitäts-Code 29: Wir lernen auf unterschiedliche Weise, doch sowohl durch Logik als auch durch Wunder können wir zu unseren tiefsten Überzeugungen vordringen.

Wenn es darum geht, eine Überzeugung bewusst zu verändern, ist es sehr wirksam, sich zunächst der Überzeugung bewusst zu werden und zu erkennen, wie sie sich in den unbewussten Gewohnheiten unseres täglichen Lebens ausdrückt. Dieser Weg bedeutet, dass wir uns in jedem Augenblick unseres Lebens bewusst sind, was wir tun. In der buddhistischen Tradition nennt man dies »Satipatthana«, den Weg bzw. die Grundlagen der Achtsamkeit. Buddha empfahl ihn all jenen, die nach spirituellem Wachstum und letztendlich Erleuchtung streben. In unserer heutigen Welt empfinden es jedoch viele Menschen als wenig praktikabel, jeden Augenblick ihres Lebens achtsam zu sein, um ihre Überzeugungen zu ändern. Und wie bereits gezeigt, ist das auch nicht nötig.

Wenn wir überprüfen wollen, worin unsere Überzeugungen bestehen, brauchen wir uns nur unsere Umgebung anzuschauen. Dort finden wir die Spiegelungen unserer Überzeugungen: in unseren Beziehungen, Berufslaufbahnen, in unserem Wohlstand und in unserer Gesundheit. Wenn wir diese Bereiche ändern wollen, müssen wir einen Weg finden, die Grenzen der Überzeugungen zu transzendieren, die sie erzeugt haben. Wenn wir unsere Überzeugungen als Programme betrachten, brauchen wir an dieser Stelle das Wunder-Patch und das Logik-Patch.

Das Logik-Patch

Damit ein Logik-Patch funktioniert, müssen wir bewusst einen Informationsfluss wahrnehmen, der uns zu einem logischen, einleuchtenden Schluss führt. Wenn wir die Verbindung in unserem Geist erkennen, zweifeln wir nicht mehr, sondern können von Herzen annehmen, was wir erkannt haben. Dann sind wir überzeugt.

In manchen Bereichen der Mathematik gibt es Aussagen, die in der »Wenn-dann«-Form hergeleitet werden. Wir können zum Beispiel sagen:

Wenn Wasser bei Zimmertemperatur nass ist
und ich mit Wasser von Zimmertemperatur bedeckt bin,
dann bin ich nass.

In dieser Aussage werden zwei Tatsachen verknüpft, die wir unzweifelhaft als wahr annehmen. Wir *wissen*, dass Wasser bei Zimmertemperatur nass ist. Immer. Wir *wissen* auch: Wenn wir mit Wasser von Zimmertemperatur bedeckt sind, sind wir ebenfalls nass.

Wenn man mal von Sonderfällen wie Regenschirmen und Öljacken absieht, ist der Zusammenhang sehr einfach herzustellen. Es erscheint uns offensichtlich, dass wir eben nass sind, wenn wir mit Wasser bedeckt sind. Vielleicht ist dieses Beispiel ein bisschen albern, aber ich denke, es ist klar, worum es geht: um die Verbindung von Tatsachen.

Mithilfe einer ähnlichen Denkweise können wir unsere Rolle im Universum betrachten. Ich möchte Sie bitten, über Folgendes nachzudenken:

Wenn wir in der Lage sind, uns alles innerlich vorzustellen, was wir wollen,

und sich durch unsere tiefsten Überzeugungen jenes, das wir uns vorstellen, in das verwandelt, was wir als wirklich erleben,

dann können wir die einschränkenden Störungen unserer Überzeugungen korrigieren und uns von dem größten Leiden in unserem Leben befreien.

Das bedeutet, wir können in unseren Überzeugungen Korrekturen vornehmen, welche die Beschränkungen der Vergangenheit aufheben. Ist die Störung behoben, dann wird die alte Überzeugung durch eine neue, kraftvolle Wirklichkeit ersetzt. Wir haben dies bereits bei einigen Beispielen in diesem Buch gesehen:

- Beim Ehemann meiner Kollegin, der die seit mehreren Generationen bestehende Überzeugung heilte, dass die Männer im Alter von 35 sterben.
- Bei dem Jungen, der sich so sehr einen Collie wünschte.
- Bei Amanda Dennison, die davon überzeugt war, dass sie über eine knapp 70 Meter lange Strecke glühender Kohlen gehen kann.
- Bei Menschen, die ein Auto lang genug anhoben, damit sich die Menschen, die darunter eingeklemmt waren, befreien konnten.

Wir können zum Beispiel das Logik-Patch in unserem Leben anwenden, sobald wir sehen, dass jemand etwas tut, das wir bislang für unmöglich hielten. Es mag zwar keinen logischen Grund dafür geben, dass es nicht möglich wäre, aber solange wir von niemandem wissen, der es geschafft hat, kann eine besonders schwierige Aufgabe die Überzeugung entstehen lassen, es sei unmöglich. Bis jemand das Gegenteil beweist.

> **Realitäts-Code 30:** Um unsere Überzeugungen durch Logik zu ändern, müssen wir durch unbezweifelbare Tatsachen unausweichlich zu einer neuen Schlussfolgerung kommen.

Die Logik des einen ist das Wunder des anderen

Die ersten Aufzeichnungen über die Laufstrecke von einer Meile, die aus heutiger Sicht als korrekt gelten können, stammen aus der Mitte des 19. Jahrhunderts. Damals baute man moderne Laufstrecken nach bestimmten Richtlinien und mit guten Belägen, sodass vergleichbare Leistungen entstanden. Am 26. Juli 1852 setzte Charles Westhall auf der neuen Laufstrecke der Copenhagen House Grounds in London den damaligen Rekord, indem er die Strecke in 4 Minuten und 28 Sekunden lief. Es dauerte sechs Jahre, bis jemand eine bessere Zeit herausholen konnte.

Westhalls Rekord wurde zwar im 19. und Anfang des 20. Jahrhunderts mehrfach gebrochen, aber jede Zeit war nur ein klein wenig besser als die vorige, und alle lagen über 4 Minuten. Es schien so, als wäre es einem Menschen einfach nicht möglich, diese Strecke schneller zu bewältigen. Über 100 Jahre lang glaubte man, dass Menschen körperlich eben nicht in der Lage seien, eine Meile in weniger als 4 Minuten zurückzulegen. Bis im Jahr 1954 das scheinbar Unmögliche geschah.

Am 6. Mai jenes Jahres brach der britische Läufer Roger Banister zum ersten Mal in der dokumentierten Menschheitsgeschichte die unerreichbar scheinede 4-Minuten-Marke. In Oxford lief er die Stecke in 3 Minuten und 59,4 Sekunden. Und nun kommt das wirklich Erstaunliche an der Geschichte, weshalb sie für unser Thema der Macht der Überzeugungen so interessant ist.

Es hatte zwar 102 Jahre gedauert, bis jemand schneller als 4 Minuten war, aber nur 8 Wochen später wurde der Rekord von Banister durch den Australier John Landy gebrochen, der es in 3 Minuten und 57,9 Sekunden schaffte. Sobald die scheinbar unerreichbare Grenze von 4 Minuten überwunden war, brach die Überzeugung, dass es unmöglich sei, in sich zusammen und ebnete den Weg für andere, noch schneller zu laufen. Seit Roger Banisters Leistung 1954 wurde der Rekord für eine Meile mindestens 18-mal gebrochen, zuletzt von dem Marokkaner Hicham El Guerrouj, der die Stecke 1999 in 3 Minuten und 43,13 Sekunden lief! Sobald es allgemein im Bewusstsein war, dass man eine Meile auch in weniger als 4 Minuten laufen kann, gab es keine feste Grenze mehr, die besagte, wo die neue Grenze liegen könnte. Wir schieben sie bis heute immer weiter hinaus.

All jene, die überzeugt waren, dass der Mensch eine Meile nie schneller als in 4 Minuten laufen könne, mussten Roger Banisters Leistung als Wunder empfinden. Weil es in 100 Jahren niemand geschafft hatte, hielt man es für unmöglich. Doch für Roger Banister war seine Leistung kein Wunder, sondern das Ergebnis seiner Logik und Entschlossenheit, die ihm sagten, dass es möglich sei. So kann der logische Prozess einer Person, die auf ein Ziel zuarbeitet, anderen wie ein Wunder erscheinen. Dieses Beispiel zeigt uns, dass uns manchmal nur ein Mensch zeigen muss, dass etwas möglich ist, und dass das Wunder dieser Person anderen unbewusst erlaubt, das Gleiche zu bewältigen.

Wie hat es Roger Banister geschafft? Nur Roger selbst wird je wissen, was genau in ihm vor sich ging und wie er es zuwegebrachte, sich von der Begrenzung des existierenden Rekords frei zu machen. Wir wissen jedoch, dass er Logik einsetzte, um seine professionellen Ziele zu erreichen und seine persönlichen Überzeugungen zu verändern. Als Erstes wählte er ein genaues, klar definiertes Ziel. Man erzählt sich, dass er sich während des Trainings ein Stück Papier in den Schuh legte, auf dem die genaue Zeit stand, die er laufen wollte: 3 Minuten und 58 Sekunden.

Mithilfe der Logik überzeugte er seinen Geist, dass das Ziel erreichbar sei. Statt den vorhandenen Rekord als Hindernis zu betrachten, sah er ihn als eine Zeit an, die sich nur wenige Sekunden von dem unterschied, was er schon gelaufen war. Wenn wir heute das Gleiche machen wollten, würde das nach dem oben dargestellten Modell ungefähr so aussehen:

Wenn ich schon eine Meile in 4 Minuten und 1 Sekunde laufen kann **und** ich nur eine Sekunde schneller sein muss, um den Rekord von 4 Minuten zu erreichen, **und** ich nur eine Sekunde schneller sein muss, um einen neuen Rekord von 3 Minuten und 59 Sekunden aufzustellen, **dann** kann ich das! Ich kann 2 Sekunden schneller laufen, als ich es bereits tue.

Aus dieser Haltung heraus scheinen auch große Ziele erreichbarer. Statt sich den ganzen Weltrekord vor Augen zu halten oder das ganze Arbeitsprojekt oder alles, was mit einem Arbeitsplatzwechsel zusammenhängen könnte, geht es uns oft besser, wenn wir unsere Ziele in kleine Schritte aufteilen, mit denen wir allmählich unserem Ziel näherkommen.

Wenn wir diese Idee als Logik-Patch in unsere persönlichen Überzeugungen einfügen, kann sie uns helfen, die alten Gedanken zu überwinden, die uns vielleicht davon abgehalten haben, unsere größten Ziele zu erreichen. Ob es darum geht, eine Meile möglichst schnell zu laufen, oder darum, die Hochzeitsfeier des Jahrhunderts auszurichten, oder mitten im Leben den Beruf zu wechseln: Wollen wir uns innerlich davon überzeugen, dass es funktionieren kann, müssen wir verstehen, wie unser Geist arbeitet, und anerkennen, was er braucht, damit die Veränderung in unserem Sinne erfolgt.

Ihr persönliches Logik-Patch

Hier finden Sie eine Vorlage, mit deren Hilfe Sie Ihr eigenes Logik-Patch zusammenstellen können. Dieser Prozess unterscheidet sich von Affirmationen dadurch, dass er mit Ihren eigenen Tatsachen arbeitet, mit Ihren eigenen Erfahrungen, die zu einer logischen und unzweifelhaften Schlussfolgerung führen. Genauso wie in den obigen Beispielen geht es darum, klar, ehrlich und prägnant zu sein, damit das Patch auch wirkungsvoll ist.

Schlüssel 1: Stellen Sie fest, welche Gefühle Sie im Hinblick auf Ihr gewünschtes Ergebnis haben. Fühlen und formulieren Sie es so, als wäre es bereits eingetreten. Es ist hilfreich, dies in einen klaren, knappen Satz zu fassen.

Beispiel: *Ich fühle* mich durch den Erfolg meiner neuen Arbeit als Lehrer für umweltbewusste Lebensweise zutiefst erfüllt.

Ich fühle _____

Schlüssel 2: Stellen Sie fest, welche Leidenschaft Sie damit zum Ausdruck bringen wollen.

Beispiele: *Leidenschaftlich gerne* bin ich kreativ und teile das, was ich erschaffe, gerne mit anderen.

Leidenschaftlich gerne helfe ich anderen Menschen.

Leidenschaftlich gerne _____

Schlüssel 3: Stellen Sie fest, welche einschränkenden Überzeugungen Sie über sich selbst und/oder die Erfüllung Ihrer Bedürfnisse haben.

Beispiele: *Meine einschränkende Überzeugung* ist, dass meine Arbeit nicht die Zeit wert ist, die sie zu ihrer Entstehung braucht.

Meine einschränkende Überzeugung ist, dass meine Arbeit unbedeutend ist.

Meine einschränkende Überzeugung ist, dass meine familiäre Verantwortung mir keine Zeit lässt, dieses Bedürfnis zu erfüllen.

Meine einschränkende Überzeugung _____

Schlüssel 4: Stellen Sie fest, wie das Gegenteil Ihrer einschränkenden Überzeugungen lautet.

Beispiele: Meine Arbeit leistet einen sinnvollen Beitrag zu meinem Leben und meiner Welt.

Meine Arbeit ist wertvoll.

Meine Familie möchte, dass ich glücklich bin, und unterstützt meine Entscheidungen.

Mein _____

Schlüssel 5: Stellen Sie fest, wann Sie sich am erfülltesten fühlen. Dies wird Ihr Ziel sein!

Beispiele: *Ich fühle mich am erfülltesten,* wenn ich an das Buch über umweltbewusste Lebensweise denke, das ich schreiben werde.

Ich fühle mich am erfülltesten, wenn ich Seminare leite, um Umweltbewusstsein zu lehren.

Ich fühle mich am erfülltesten, _____

Schlüssel 6: Stellen Sie die unzweifelhaften Tatsachen fest, die Ihr Ziel unterstützen.

Beispiele: *Es ist eine Tatsache,* dass es eine Nachfrage nach Büchern über umweltbewusste Lebensweise gibt.

Es ist eine Tatsache, dass ich seit 25 Jahren umweltbewusst lebe.

Es ist eine Tatsache, dass ich mein Wissen bereits in kleinerem Umfang an andere weitergebe.

Es ist eine Tatsache, dass es neue Technologien gibt, mit denen man noch bessere Ergebnisse erzielen kann.

Es ist eine Tatsache, dass ich gut schreiben kann und bereits verschiedene Artikel zu dem Thema veröffentlicht habe.

Es ist eine Tatsache, _____

Roger Banister hat sich wahrscheinlich nicht an dieses Schritt-für-Schritt-Modell gehalten, aber wir wissen, dass er einen etappenweisen logischen Prozess durchlaufen hat, um sich selbst davon zu überzeugen, dass sein Ziel erreichbar war und dass er es schaffen konnte. Das ist das Wesentliche eines Logik-Patchs. Es muss Ihnen sinnvoll erscheinen – nur Ihnen –, indem es Ihnen beweist, dass Ihre Ziele, Träume und Wünsche wertvoll und erreichbar sind.

Mit diesen Gedanken im Sinn können Sie jetzt anhand der aufgelisteten Fragen Ihr persönliches Logik-Patch erstellen. Bei Schlüssel 4, 5 und 6 können Sie so viele Aussagen einfügen, wie Sie möchten; daher kann Ihr Logik-Patch auch eine unendliche Anzahl von Aussagen enthalten.

Vorlage für Ihr persönliches Logik-Patch	
Logic Statement	Schlüsselzahl
Wenn:	2
Und:	5
Und:	6
Dann ergibt es einen Sinn, dass:	4
Dann habe ich alles, was ich zur Verwirklichung meines Lebenstraums brauche.	

Eine vollständige logische Aussage kann folgendermaßen aussehen:

Wenn ich leidenschaftlich gerne kreativ bin und das, was ich erschaffe, gerne mit anderen teile
und ich anderen leidenschaftlich gerne helfe
und ich mich am erfülltesten fühle, wenn ich an das Buch über umweltbewusste Lebensweise denke, das ich schreiben werde,
und ich mich am erfülltesten fühle, wenn ich Seminare leite, um Umweltbewusstsein zu lehren,
und es eine Tatsache ist, dass es eine Nachfrage nach Büchern über umweltbewusste Lebensweise gibt,
und es eine Tatsache ist, dass ich seit 25 Jahren umweltbewusst lebe,
und es eine Tatsache ist, dass ich mein Wissen bereits in kleinerem Umfang an andere weitergebe,
dann ist es logisch, dass meine Arbeit wertvoll ist; dass meine Arbeit einen sinnvollen Beitrag zu meinem Leben und der Welt leistet; und dass meine Familie möchte, dass ich glücklich bin, und dass sie mich unterstützt. **Dann habe ich alles, was ich zur Verwirklichung meines Lebenstraums brauche.**

Dies ist eine Vorlage, mit deren Hilfe Sie Ihre Überzeugungen in Aussagen formulieren, die für Sie wahr sind und nicht in Zweifel gezogen werden können. Das ist ein Anfang. Es ist eine überprüfte Reihenfolge von Gedanken, eine kraftvolle Informationsquelle, die Ihnen eine Grundlage bietet, tief sitzende Überzeugungen zu verändern. Bitte erinnern Sie sich: Es geht hier darum, für *Sie selbst*, für Ihre Überzeugungen ein Programm zu entwickeln. Die Informationen, die Sie dabei verwenden, müssen *Ihnen* sinnvoll erscheinen: So kommen

Sie an *Ihr* Unterbewusstsein heran. Jeder von uns ist anders, deswegen funktioniert Ihr Programm nicht unbedingt für irgendjemanden sonst.

Ein Logik-Patch kann ein sehr nützliches Werkzeug sein, doch manchmal brauchen wir mehr als Logik, um unsere tief sitzenden Überzeugungen auf der bewussten Ebene zu verändern. Wir brauchen mehr als vernünftige »Wenn-dann«-Schlussfolgerungen, um uns innerlich zu befreien. Vielleicht ist die Überzeugung, die wir heilen wollen, so sehr mit unserem Selbstverständnis verknüpft, dass wir nicht objektiv sein können.

Ich habe dies oft festgestellt, wenn ich mit Freunden oder Familienmitgliedern in lebensgefährlichen Situationen war. In dem Moment waren mir alle Tatsachen und Fakten egal, ich wollte nur, dass es meinen Lieben gut geht. In solchen Augenblicken hilft Logik nicht weiter.

Dann ist es am besten, direkt mit dem Ort in uns Kontakt aufzunehmen, aus dem die Überzeugungswellen hervorgehen sollen, welche die Welt verändern können. Dann müssen wir direkt mit unserem Herzen kommunizieren. Dann brauchen wir ein richtig gutes Wunder.

Das Wunder-Patch

Neville hat die Macht unserer Überzeugungen, die Einschränkungen unserer Vergangenheit zu transzendieren, wundervoll in Worte gefasst. Aus seiner Sicht ist alles, was wir erfahren – tatsächlich alles, was uns widerfährt oder was wir tun –, das Produkt unseres Bewusstseins und nichts anderes. Bis zu seinem Tod 1972 lehrte er, unser Leben mithilfe von Imagination und Überzeugung für Wunder zu öffnen.

Aus Nevilles Perspektive besteht das Wunder im Ergebnis. Ein Wunder ist etwas, das bereits geschehen ist. Häufig werden Wunder mit bestimmten Heilungen assoziiert, und es ist wundervoll, wenn hier ein Wunder stattfindet, aber das ist nicht der einzige Bereich, in dem sie geschehen können.

Ein Wunder ist ein Ereignis, das sich nicht mit den Naturgesetzen erklären lässt.[5] Darin liegt die Kraft des Wunders. Angesichts eines Wunders verändern wir uns. Allerdings wirken Wunder auf Menschen unterschiedlich. Zunächst müssen wir innehalten, um das Wunder mit dem in Einklang zu bringen, was wir in der Vergangenheit für wahr gehalten haben.

☙❧

Das Morgenlicht blitzte hinter den Bergen hervor und die Wüste schien plötzlich lebendig zu werden. Im ersten Licht des Tages konnte ich die Gesichter der jungen ägyptischen Soldaten unserer Militäreskorte erkennen, die von der Ladefläche des vor uns fahrenden Lkws auf unseren Reisebus schauten: fünf oder sechs junge Soldaten, welche die Aufgabe hatten, uns sicher durch die Sinaiwüste nach Kairo zu bringen.

Die politische Lage in Ägypten hatte sich während unserer Reise so schnell geändert wie manchmal das Wetter hierzulande. Unsere Überlandreise zurück zu unserem Hotel war jetzt zu unserer Sicherheit von zahllosen Wachposten gesäumt, die ständig über unseren Aufenthaltsort informiert waren. Alle paar Minuten mussten wir anhalten; ein Soldat kam in den Bus, um unsere Papiere zu überprüfen, bedankte sich, und wir fuhren weiter.

Nach den ersten paar Posten erreichten wir die kurvenreiche Straße entlang den strahlend weißen Sandstränden des Roten Meeres und fuhren in Richtung Suezkanal. Die späte Morgensonne erwärmte unseren Bus, und ich schloss meine Augen. Ich stellte mir vor, wie diese Reise wohl vor 3000 Jahren ausgesehen hat, als die Ägypter auf einer ähnlichen Route zu dem Berg wanderten, von dem wir gerade zurückkehrten. Abgesehen von den Bussen und den asphaltierten Straßen hatte sich vielleicht gar nicht so viel verändert. Nach einer Weile begann ich ein Gespräch mit meinen Nachbarn über den Besuch in der Großen Pyramide, der für den Abend des gleichen Tages vorgesehen war.

Plötzlich hielten wir an. Ich schaute auf. Wir befanden uns auf einer stark belebten Stadtstraße. Ich versuchte, von meinem Sitz hinter dem Fahrer zu erkennen, wo wir uns befanden. Zu meinem Erstaunen standen wir vor einem Monument, das in Ägypten vielleicht noch größere symbolische Bedeutung hat als die Pyramiden selbst: das Grabmal des ehemaligen Präsidenten Anwar as-Sadat.

Ich stand auf, um herauszufinden, was los war. Draußen waren die Soldaten von dem Lkw auf die Straße gesprungen und redeten mit ihren Vorgesetzten und unserem Fahrer. Als ich ausstieg, um zu ihnen zu gehen, bemerkte ich, dass etwas ungewöhnlich war. Die Soldaten, unser Fahrer, unser ägyptischer Führer – alle machten einen verwirrten und irritierten Eindruck. Manche klopften auf ihre Armbanduhren und hielten sie ans Ohr. Andere riefen einander kurze Sätze auf Ägyptisch zu.

»Was ist los?«, fragte ich unseren Reisebegleiter. »Warum halten wir hier? Hier ist doch noch nicht das Hotel.«

In seinem Gesicht war ehrfürchtiges Staunen zu erkennen, als er mich ansah. »Hier ist etwas nicht in Ordnung«, sagte er eindringlich. »Wir können eigentlich nicht hier sein.«

»Wieso denn?«, erwiderte ich. »Natürlich können wir auf dem Weg nach Gizeh sein.«

»Sie verstehen mich nicht«, erwiderte er. »Wir können unmöglich schon hier sein! Wir sind in Kairo und man braucht mindestens acht Stunden, um vom Katharinenkloster auf dem Sinai unter dem Suezkanal hindurch durch die Wüste und durch die Berge bis nach Kairo zu kommen. Mindestens acht Stunden. Mit all den Posten eher länger. Aber wir sind erst vor vier Stunden losgefahren. Schauen Sie nur! Die Posten trauen ihren Augen nicht. Es ist ein Wunder, dass wir hier sind.«

Ein unheimliches Gefühl beschlich mich und ein Schauer lief mir über den Rücken. Alleine hatte ich dergleichen schon erlebt, aber noch nie mit einer ganzen Gruppe. Wie war es möglich, dass wir es trotz der Wagenkolonne, all den Wachposten und der ständigen Geschwindigkeitsbegrenzungen geschafft hatten, die Strecke in der Hälfte der gewöhnlichen Zeit zurückzulegen? Die Entfernung zwischen dem Sinai und Kairo hatte sich ja nicht verändert, doch unsere Erfahrung der Zeit, die wir für die Reise brauchten, schien ungewöhnlich zu sein. Die Armbanduhren aller Soldaten, aller Wachposten und aller Passagiere dokumentierten unsere Erfahrung. Es schien, als wäre unsere Erinnerung an diesem Tag auf die Hälfte zusammengeschrumpft. Aber wo war der Rest der Zeit geblieben? Was war geschehen?

Ich habe bereits erwähnt, dass unsere Gruppe einen exklusiven Besuch der Großen Pyramide für denselben Abend gebucht hatte. Für viele unter uns war das der Höhepunkt der Reise; wir redeten seit dem Morgen über fast nichts anderes. In unserer freudigen Erwartung der Erfahrungen, die auf uns zukamen, unterhielten wir uns in der Gruppe so, als wären wir bereits in der Königskammer der Großen Pyramide. Wir sprachen darüber, wie es sich wohl anhört, wenn man in einem akustisch perfekten Raum etwas sagt, wie es riechen würde und wie es sich anfühlen würde, in diesem Monument zu sein, das wir alle schon in Filmen und Dokumentationen gesehen hatten.

Wir alle verhielten uns, als wären wir bereits dort. Genauso wie der Junge mit dem Hund, von dem Neville berichtete, lebten und fühlten wir uns so, als wäre unser Wunsch bereits erfüllt. Unsere gesamte Aufmerksamkeit war nicht auf die Dauer der Busreise gerichtet, sondern darauf, wie es in der Pyramide sein würde. An jenem Tag veränderte sich die Wirklichkeit, um das gemeinsame Gefühl von ungefähr 60 Leuten zu spiegeln. Und selbst jene, die nicht direkt an der Erfahrung beteiligt waren – die Soldaten, der Fahrer, unser ägyptischer Reisebegleiter –, waren in das Geschehen einbezogen.

Es gibt keine wissenschaftliche Begründung dafür, wie man eine Reise, die normalerweise einen ganzen Tag dauert, in der Hälfte der Zeit hinter sich bringt. Das ist die Definition eines Wunders: ein Ereignis, das wissenschaftlich nicht zu erklären ist.

Ich erzähle diese Geschichte hier aus zwei Gründen:

Zum einen möchte ich zeigen, dass ein Wunder allein, aber auch von einer ganzen Gruppe erlebt werden kann.

Zum anderen wird in dieser Geschichte deutlich, dass ein Gruppenwunder spontan geschehen kann. Niemand in unserer Gruppe hat sich aktiv darum bemüht, die Reise zu beschleunigen. Im Gegenteil, alle waren mit dem kommenden Abend beschäftigt und waren innerlich bereits da. Und da sie sich verhielten, als wären sie bereits da, passte sich die Wirklichkeit der Zeit ihrer Erfahrung an. Die Schönheit dieses Wunders lag darin, dass es geschehen konnte, ohne dass jemand von uns eine Ahnung von den physikalischen Komponenten der Zeit, von Wurmlöchern oder Quantensprüngen hatte.

Ich bin davon überzeugt, dass die Wirklichkeit genauso funktioniert und sich so leicht verändern lässt.

Im Hinblick auf unser Wunder-Patch ist es wichtig, dass unsere Gruppenerfahrung nicht das Ergebnis eines logischen Prozesses war. Wir dachten nicht über die Gründe nach, warum unsere Reise so und so lange dauern müsste, und wir versuchten nicht, den Fahrer zu irgendwelchen Abkürzungen zu überreden. Wir mussten nicht verstehen, warum es funktionierte, damit es geschehen konnte. Die Geschichte zeigt, dass es weniger darum geht, etwas in Gang zu setzen, als daran zu glauben, dass es bereits geschehen ist.

Als wir an jenem Tag im Bus saßen, gaben wir uns einfach ganz unseren Gefühlen hin, die wir mit dem Ort verbanden, den zu besuchen manche schon seit Jahren heiß ersehnten; wir waren deshalb um die halbe Welt gereist. Vielleicht ist das alles, was nötig ist, um Zeit und Raum zu verformen und unseren Träumen Leben einzuhauchen. Das Wunder-Patch kann so hilfreich sein, weil es uns ermöglicht, an einer anderen Art von Realität teilzunehmen, ohne zu verstehen, wie es funktioniert.

Realitäts-Code 31: Die Macht eines Wunders liegt darin, dass wir nicht verstehen müssen, warum es funktioniert. Wir müssen nur bereit sein, das anzunehmen, was das Wunder in unser Leben bringt.

Ob wir ein Wunder im Leben eines anderen Menschen beobachten oder es selbst erleben: Das Wichtige daran ist, dass wir etwas erfahren, das sich unserer Vernunft entzieht. Dann verändert diese Erfahrung unser Bewusstsein und damit auch unsere Überzeugungen. Wenn wir das Wunder als solches annehmen, kann nur Wundervolles geschehen. Um etwas in Ihrem Leben mithilfe des Wunder-Patches zu verändern, gilt es, wundersame Ereignisse in Ihrem Leben zu entdecken und zu lernen, sie zu erkennen, wenn sie geschehen.

Wunder haben ganz unterschiedliche Effekte: Manche Menschen fühlen sich angesichts eines Ereignisses, das ihnen unerklärlich scheint, minderwertig und unbedeutend. Sie haben bereits gelernt, sich in dieser Welt als ohnmächtig zu erleben, und neigen daher dazu, anderen Menschen Macht über sich zu geben. Wenn sie erleben, wie jemand im hellen Tageslicht levitiert und trockenen Fußes einen See überquert oder eine als unheilbar geltende Krankheit heilt, kann es in diesen Menschen das Gefühl stärken, unfähig zu sein. Die Tatsache, dass jemand etwas getan hat, das sie selbst nicht tun konnten, verstärkt ihre unbewusste Überzeugung, minderwertig zu sein.

Solche Menschen schauen dann zu Menschen auf, die ihnen besonders erscheinen. Sie suchen nach jemandem, der sie rettet. Ob es sich bei diesem Retter um eine Droge handelt oder um einen Wunderheiler: Wenn jemand das Gefühl hat, etwas Äußeres zu benötigen, um zu seiner Erfahrung zu kommen, wird er immer danach streben, zu diesem Etwas möglichst oft zurückzukehren – bis er erkennt, dass er selbst genauso gut für sich vollbringen kann, wonach er bei anderen sucht. Dann braucht er keinen Retter mehr und ist wahrhaft geheilt.

Wunder mit Abstand erleben:
Die Macht der Spiegelneuronen

Nicht jeder fühlt sich angesichts eines Wunders klein und unbedeutend. Bei manchen Menschen haben Wunder genau den gegenteiligen Effekt. Sie erkennen, dass viel mehr möglich ist, als sie bisher dachten. Das Wunder selbst verstehen sie vielleicht nicht, aber sie begreifen, dass ein Mensch gerade etwas getan hat, das wir für unmöglich halten. Und wenn diese Menschen sehen, dass es jemand bewältigt hat, entwickeln sie das Gefühl, es auch zu können. Man hat jetzt in unserem Gehirn einen Prozess entdeckt, der diesen Vorgang vielleicht erklärt.

Ende der Neunzigerjahre entdeckte eine Gruppe italienischer Neurologen, dass ein bestimmter Bereich des Säugetier-Gehirns Erinnerungen an motorische Bewegungsabläufe speichert. Das heißt, in dem prämotorischen Kortex sind die

Regeln verankert, wie wir uns in bestimmten Situationen verhalten und reagieren.

Diese Regeln beruhen offenbar auf dem, was wir bereits erfahren haben. Nach allem, was ich in meinen Zwanzigern und Dreißigern bei der Ausübung asiatischer Kampfkünste gelernt habe, erscheinen mir ihre Ergebnisse höchst sinnvoll. Damals lehrte man uns, eine neue Bewegung zuerst innerlich zu sehen und sie im Geist stets zu wiederholen, bis sie uns zur zweiten Natur wurde. Wenn wir unsere Imagination auf diese Weise einsetzen und innerlich vor uns sehen, was wir äußerlich tun wollen, erzeugen wir diesen Studien zufolge eine Art Bibliothek neuronaler Verknüpfungen, die uns unsere äußeren Bewegungen ermöglichen.

Für die spezielle Gruppe von Neuronen, die diese möglichen Bewegungsabläufe speichern, wurde ein neuer Begriff geprägt: Man nannte sie »Spiegelneuronen«. Die ersten Versuche wurden mit Affen ausgeführt, doch später stellte man fest, dass Menschen ein noch raffinierteres System von Spiegelneuronen haben. Und es scheint so, als würden diese Neuronen in zwei unterschiedlichen, doch miteinander zusammenhängenden Situationen aktiviert.

Zum einen werden sie aktiv, wenn wir bestimmte Handlungen ausführen, etwa wenn wir über einen Schwebebalken gehen.

Zum anderen werden *unsere* Spiegelneuronen auch aktiv, wenn wir zusehen, wie *jemand anderes* etwas Aufregendes tut. Diese Zellen scheinen uns die Fähigkeit zu verleihen, etwas innerlich nachzuahmen, das wir bei anderen sehen.

Die Studie führte zu weiteren Versuchen und einer Fülle von wissenschaftlichen Artikeln. So wurde zum Beispiel untersucht, warum sich manche Fans so aufregen, wenn sie ihren Lieblingssportlern zuschauen. Wir sitzen vielleicht gemütlich zu Hause auf dem Sofa mit einer Flasche Bier und Chips, doch wenn wir uns gerade einen Boxkampf ansehen, bei dem der eine Boxer in die Ecke gedrängt wird und langsam zu Boden geht, dann rast *unser* Puls, *unser* Atem geht schneller und *unsere* Muskeln spannen sich an, als müssten wir kämpfen.

Für alle, die mit Boxsport nichts anfangen können, mag dieses Beispiel vielleicht etwas bemüht wirken, aber mithilfe der Erkenntnisse über Spiegelneuronen versucht man auch, besser zu verstehen, warum bei Fußballspielen immer wieder kleine Raufereien in gewaltsame Ausschreitungen umschlagen. Es weist auf die Art unserer Reaktion zurück, wenn wir zuschauen, wie jemand etwas tun, womit wir uns identifizieren oder wonach wir uns sehnen. Und so hängen die Spiegelneuronen auch mit unserem Thema der Wunder zusammen.

Wenn wir zu den Menschen gehören, deren Selbstbewusstsein nur einen kleinen Schubs braucht, damit wir uns beweisen, dass wir etwas bisher Unversuchtes bewältigen können, dann kann uns ein Wunder bestens weiterhelfen. Vielleicht war das genau die Absicht, die hinter den Wundern der Heiler, Lehrer und Wundertäter der Geschichte steckte. Sowohl Jesus als auch Buddha wandten Wunder an, um jene zu stärken, die zugegen waren. Beide betonten, dass ihre Taten den natürlichen Fähigkeiten aller entsprächen, die lernten, was sie gelernt hatten.

Buddha zum Beispiel bediente sich aller möglichen Wunder: von Levitation über Bi-Lokation und einem Händeabdruck in gewachsenem Fels (wie Milarepa) bis zum Gedankenlesen, um zu erfahren, wovon ein Mensch wirklich überzeugt ist und wovor er Angst hat. Die Legende erzählt, dass er seine Hand über eine reife Mango bewegte und bewirkte, dass sie in kürzester Zeit zu einer Pflanze in der Höhe von »50 Hand« heranwuchs. Doch er schien seine Taten niemals als Wunder anzusehen. Für den Buddha waren es Fähigkeiten, die jedem zur Verfügung stehen, der sich durch tiefe Meditation selbst erkennt.

Jeder hat schon von den Wundern gehört, die Jesus in seinem Leben vollbracht hat. Viele Menschen leiten daraus ab, dass sie selbst geringer seien als der Meister, der vor 2000 Jahren lebte. Auch wenn es manchmal nur scherzhaft erwähnt wird: Unsere Überzeugungen in Bezug auf Jesus spielen in unserer Gesellschaft nach wie vor eine enorme Rolle. Wie oft haben Sie gehört, dass jemand, von dem etwas unmöglich Scheinendes verlangt wurde, antwortete: »Bin ich Jesus?« Solche Sprüche sind Ausdruck der tief sitzenden Überzeugung, dass Jesus etwas konnte, das wir nicht zustande bringen. Doch wenn wir Jesu Lehren wirklich zuhören würden, oder Buddhas Lehren, dann würden wir merken, dass es ganz anders gemeint war.

Buddha sagte, dass uns seine Wunder nur außergewöhnlich erscheinen, bis wir uns selbst erkennen und verstehen, wie das Universum funktioniert. Unserer Kultur sind vielleicht die Worte Jesu vertrauter, der das Gleiche sagte. Auf Fragen seiner Anhänger über seine übernatürlichen Fähigkeiten erwiderte er: »Wer an mich glaubt, der wird die Werke auch tun, die ich tue, und er wird noch größere als diese tun«.[6]

Aus moderner Sicht erzählt uns Jesus hier etwas von

den Spiegelneuronen. Die Studien haben gezeigt, dass diese Rezeptoren mehr tun, als auf die Reize zu reagieren, denen sie ausgesetzt sind. Mit den Worten des Wissenschaftsautors Jonah Lehrer sind sie »plastisch und bereit, ihre kortikalen Netzwerke unseren Sehgewohnheiten anzupassen.«[7]

Wenn wir selbst Gitarre spielen oder boxen oder malen, verbessern wir unsere Fähigkeiten, wenn wir einem bewunderten Musiker, Sportler oder Künstler zuschauen. Unsere Spiegelneuronen helfen uns, innerlich nachzuahmen, was wir sehen und erleben. Deswegen kann ein Wunder eine so tiefgreifende Wirkung auf uns haben. Es hebt uns nicht nur aus allen Einschränkungen heraus, die wir bis eben noch aufrechterhalten haben: Die Beobachtung eines Wunders kann uns auch dazu verhelfen, das Gleiche in unserem eigenen Leben zu vollbringen.

Ein kleines Wunder der Erkenntnis

Manchmal begegnet uns gerade dann ein Wunder, wenn wir es brauchen – und zwar an den unwahrscheinlichsten Orten. Es kann in einer eindrucksvollen Veränderung unserer physischen Wirklichkeit bestehen oder in einer schlichten Synchronizität. Manche sind groß und nicht zu übersehen, zum Beispiel die Vision »Unserer Lieben Frau« in Fatima, Portugal, die 1917 von Zehntausenden gleichzeitig wahrgenommen wurde. Andere sind so subtil, dass wir sie gar nicht bemerken, wenn wir nicht aufmerksam sind. Es können die Worte eines Fremden sein, dem wir auf wundersame Weise in genau dem richtigen Augenblick begegnen. Wenn wir gut zuhören, werden wir immer die richtigen Worte zur richtigen

Zeit hören, die uns etwas erkennen lassen, das uns noch kurz zuvor entgangen wäree

ೞ �

An einem kalten Nachmittag im Januar 1989 wanderte ich den Weg zum Gipfel des ägyptischen Bergs Horeb (der Berg Moses) hinauf. Ich hatte den Tag im Katharinenkloster verbracht und wollte zum Sonnenuntergang oben sein, um ins Tal hinabzuschauen. Ab und zu begegneten mir andere Wanderer auf dem schmalen Pfad, die vom Berg herabstiegen. Die meisten gingen mit einem Gruß oder einem Nicken an mir vorüber, doch bei einem war es anders.

Ich sah ihn von der letzten Haarnadelkurve des Wegs auf mich zukommen. Er war anders angezogen als die anderen Wanderer; statt moderner Bergausrüstung trug er traditionelle ägyptische Kleidung. Sein rostroter Umhang war abgewetzt und alt und seine dicksohligen Sandalen waren von Staub bedeckt. Das Merkwürdige war jedoch, dass der Mann selbst überhaupt nicht ägyptisch wirkte. Es war ein schmal gewachsener Asiat mit dünnem Haar und Nickelbrille.

Als wir uns einander näherten, sagte ich »Hallo« und blieb einen Augenblick stehen, um durchzuatmen. Der Mann blieb stumm, während er heranschritt. Ich dachte, er habe mich vielleicht nicht gehört, weil der Wind meine Stimme in eine andere Richtung getragen hatte. Direkt vor mir blieb er jedoch stehen, schaute vom Boden auf und sprach einen einzigen, englischen Satz: »Manchmal weiß man erst, was man hatte, wenn man es verloren hat.«

Ich nahm seine Worte in mich auf, während er einfach um mich herumschritt und weiter den Pfad hinabwanderte.

Beispiele: Meine Arbeit leistet einen sinnvollen Beitrag zu meinem Leben und meiner Welt.

Meine Arbeit ist wertvoll.

Meine Familie möchte, dass ich glücklich bin, und unterstützt meine Entscheidungen.

Mein _____

Schlüssel 5: Stellen Sie fest, wann Sie sich am erfülltesten fühlen. Dies wird Ihr Ziel sein!

Beispiele: *Ich fühle mich am erfülltesten,* wenn ich an das Buch über umweltbewusste Lebensweise denke, das ich schreiben werde.

Ich fühle mich am erfülltesten, wenn ich Seminare leite, um Umweltbewusstsein zu lehren.

Ich fühle mich am erfülltesten, _____

Schlüssel 6: Stellen Sie die unzweifelhaften Tatsachen fest, die Ihr Ziel unterstützen.

Beispiele:*Es ist eine Tatsache,* dass es eine Nachfrage nach Büchern über umweltbewusste Lebensweise gibt.

Es ist eine Tatsache, dass ich seit 25 Jahren umweltbewusst lebe.

Es ist eine Tatsache, dass ich mein Wissen bereits in kleinerem Umfang an andere weitergebe.

Es ist eine Tatsache, dass es neue Technologien gibt, mit denen man noch bessere Ergebnisse erzielen kann.

Es ist eine Tatsache, dass ich gut schreiben kann und bereits verschiedene Artikel zu dem Thema veröffentlicht habe.

Es ist eine Tatsache, _____

Roger Banister hat sich wahrscheinlich nicht an dieses Schritt-für-Schritt-Modell gehalten, aber wir wissen, dass er einen etappenweisen logischen Prozess durchlaufen hat, um sich selbst davon zu überzeugen, dass sein Ziel erreichbar war und dass er es schaffen konnte. Das ist das Wesentliche eines Logik-Patchs. Es muss Ihnen sinnvoll erscheinen – nur Ihnen –, indem es Ihnen beweist, dass Ihre Ziele, Träume und Wünsche wertvoll und erreichbar sind.

Mit diesen Gedanken im Sinn können Sie jetzt anhand der aufgelisteten Fragen Ihr persönliches Logik-Patch erstellen. Bei Schlüssel 4, 5 und 6 können Sie so viele Aussagen einfügen, wie Sie möchten; daher kann Ihr Logik-Patch auch eine unendliche Anzahl von Aussagen enthalten.

Vorlage für Ihr persönliches Logik-Patch	
Logic Statement	Schlüsselzahl
Wenn:	2
Und:	5
Und:	6
Dann ergibt es einen Sinn, dass:	4
Dann habe ich alles, was ich zur Verwirklichung meines Lebenstraums brauche.	

Eine vollständige logische Aussage kann folgendermaßen aussehen:

ten, kann für uns bedeutender sein als das, was andere als Wahrheit bezeichnen.

Realitäts-Code 12: Wir müssen die Macht der Überzeugungen akzeptieren, um sie in unserem Leben nutzen zu können.

Realitäts-Code 13: Überzeugung wird definiert als die Gewissheit, die entsteht, wenn wir etwas akzeptieren, das wir sowohl in unserem Geist für wahr halten als auch in unserem Herzen als wahr empfinden.

Realitäts-Code 14: Überzeugungen kommen im Herzen zum Ausdruck. Dort verwandeln sich unsere Erfahrungen in elektrische und magnetische Wellen, die mit der physischen Welt in Wechselwirkung stehen.

Realitäts-Code 15: Überzeugungen und die mit ihnen zusammenhängenden Gefühle sind die Sprache, mit der wir mit dem Quantenstoff kommunizieren, aus dem unsere Welt besteht.

Realitäts-Code 16: Der unbewusste Geist ist größer und schneller als der bewusste Geist und für etwa 90 Prozent unserer täglichen Aktivitäten verantwortlich.

Realitäts-Code 17: Viele unserer tiefsten Überzeugungen sind unbewusst und entstehen bis zum Alter von sieben Jahren, also in einer Zeit, in der unser Gehirn bereitwillig die Ideen anderer aufnimmt.

Realitäts-Code 18: In den schwierigsten Zeiten unseres Lebens kommen oft unsere tiefsten Überzeugungen ans Licht und können geheilt werden.

Realitäts-Code 19: Unsere Überzeugungen hinsichtlich unverarbeiteter Verletzungen können körperliche Auswirkungen haben, die uns schaden und uns sogar umbringen.

Realitäts-Code 20: Wenn unsere Seele schmerzt, wird dieser Schmerz als die spirituelle Qualität unserer Lebenskraft in jede unserer Zellen übermittelt.

Realitäts-Code 21: Die gleichen Prinzipien, die uns zu Tode leiden lassen, wirken auch umgekehrt: Sie können uns die Erfahrung der heilenden Kraft des Lebens schenken.

Realitäts-Code 22: Unsere Überzeugung, ob es *eine* Kraft gibt, die alles bewirkt, was in der Welt geschieht, oder ob es *zwei einander entgegengesetzte* Kräfte sind, wirkt sich in allen unseren Lebenserfahrungen, in unserer Gesundheit, unseren Beziehungen und unserem Wohlstand aus.

Realitäts-Code 23: Um den uralten Kampf zwischen Finsternis und Licht zu heilen, mögen wir erkennen, dass es weniger darum geht, die eine Seite zu überwinden, als darum, eine bewusste Beziehung zu beiden Seiten zu entwickeln.

Realitäts-Code 24: Ein Wunder, das irgendjemandem möglich ist, ist jedem möglich.

Realitäts-Code 25: In einem »teilnehmenden Universum« erzeugen wir unsere Wirklichkeit und erfahren gleichzeitig, was wir erzeugt haben.

Realitäts-Code 26: 1998 bestätigten Wissenschaftler, dass Photonen allein durch das »Beobachten« beeinflusst werden, und entdeckten, dass dieser Einfluss auf das Verhalten der Teilchen wächst, je intensiver beobachtet wird.

Realitäts-Code 27: Die erste Regel der Wirklichkeit lautet, dass wir in unserem Leben zu dem *werden* müssen, was wir in der Welt erfahren wollen.

Realitäts-Code 28: Wir neigen dazu, genau das im Leben zu erfahren, womit wir uns in unseren Überzeugungen identifizieren.

Realitäts-Code 29: Wir lernen auf unterschiedliche Weise, doch sowohl durch Logik als auch durch Wunder können wir zu unseren tiefsten Überzeugungen vordringen.

Realitäts-Code 30: Um unsere Überzeugungen durch Logik zu ändern, müssen wir durch unbezweifelbare Tatsachen unausweichlich zu einer neuen Schlussfolgerung kommen.

Realitäts-Code 31: Die Macht eines Wunders liegt darin, dass wir nicht verstehen müssen, warum es funktioniert. Wir müssen nur bereit sein, das anzunehmen, was das Wunder in unser Leben bringt.

Die spontane Heilung unserer Überzeugungen

Fast alle Menschen haben das Gefühl, dass wir mehr sind, als wir auf den ersten Blick scheinen mögen. Tief in uns wissen wir, dass wir über wundersame Kräfte verfügen, die wir nur noch nicht erschlossen haben – zumindest nicht in diesem Leben. Wir wissen auch, dass wir die Fähigkeit haben, die Wunder unserer Vorstellungen in die Realität unseres Lebens zu bringen. Vielleicht gibt uns genau dieses Wissen die Kraft, in einer Welt, die oft gefährlich und außer Kontrolle zu geraten scheint, furchtlos zu lieben und selbstlos zu teilen.

Als Kinder fantasieren wir über unsere großartigen Fähigkeiten. Wir stellen uns vor, was wir alles könnten – etwas, das den Erwachsenen zufolge unmöglich ist –, zum Beispiel durch die Wolken zu fliegen, mit Tieren zu reden und Wesen zu sehen, die für andere unsichtbar sind. Warum auch nicht? Als Kinder wissen wir es noch nicht besser. Es hat uns noch keiner beigebracht, dass Dinge, die man nicht sehen kann, nicht existieren und Wunder unmöglich seien. Unsere Überzeugung ermöglicht es uns, diese Dinge zu sehen und überall um uns herum Wunder zu bemerken.

Wie in diesem Buch beschrieben, sind all die Wunder, die im Universum, in unserer Welt und in unseren Körpern geschehen, letztlich Ausdruck eines Prozesses, der tief in uns beginnt. Sie entstehen aus unserer wahrhaft erstaunlichen Fähigkeit, Quantenenergie in den Stoff der Wirklichkeit zu verwandeln. Die Transformation geschieht durch die Macht unserer Überzeugungen. Nicht mehr und nicht weniger.

Wie wäre es für Sie, wenn Sie plötzlich Ihre größten Leidenschaften und höchsten Bestrebungen in Ihrem Leben verwirklichen könnten? Würde Sie das nicht reizen?

Genau darum geht es in diesem Buch. Alles beginnt mit unserer Fähigkeit, uns von den falschen Beschränkungen der Vergangenheit zu befreien. Durch die Heilung unserer Überzeugungen entdecken wir, wie wir dies mit Anmut und Leichtigkeit tun: Diese Qualitäten entstehen, indem wir uns als Teil dieser Welt erfahren, anstatt uns von ihr getrennt zu sehen.

In dem reinen Reich der Überzeugungen, wo alles beginnt, können wir erleben, dass sogar schreckliche Krankheiten wie Aids aus unseren Körpern verschwinden: Dieses Wunder lehrte uns ein vierjähriger Junge, von dem in einer Studie der UCLA im Jahr 1995 berichtet wurde.[13] Wir können die Beschränkungen der Vergangenheit überwinden, wie es uns Amanda Dennison mit ihrem unglaublichen Feuerlauf vorgemacht hat.

Doch selbst angesichts solcher Möglichkeiten brauchen wir etwas Echtes, um uns zu vergewissern – etwas, das uns jenseits aller Zweifel zeigt, dass unser wundersames Potenzial Realität ist und dass wir es uns nicht nur ausgedacht haben, weil es so schön wäre.

Dieses Echte ist unsere alltägliche Welt.

In unserem täglichen Leben finden wir immer wieder etwas, das uns an die Macht der Überzeugungen erinnert. Manchmal geschieht etwas so Großartiges, dass wir es unmöglich übersehen können, und manchmal sind es derart subtile Kleinigkeiten, dass nur wir selbst sie bemerken. Wenn wir zum Beispiel andere Menschen nicht als Opfer ihrer gelegentlichen Schwächen betrachten, sondern als Wesen, die dabei sind, sich zu ihrem höchsten Potenzial zu entfalten, kann unsere Überzeugung bei dem anderen Menschen die

Heilung seiner Wahrnehmung in Gang setzen. Wenn wir unsere eigene Vollkommenheit akzeptieren, statt uns auf die Unzulänglichkeiten zu konzentrieren, auf die uns andere immer wieder hinweisen, findet diese Heilung auch in uns selbst statt.

Unsere Aufgabe ist es, in der Welt Gründe zu finden, an uns selbst zu glauben. Jedes Mal, wenn wir einen Grund finden, kann er eine Beschränkung ersetzen, die wir in der Vergangenheit entwickelt haben. Überlassen wir uns ganz diesen neuen Möglichkeiten, dann lösen sich die alten Paradigmen der falschen Beschränkungen auf und wir erleben die spontane Heilung unserer Überzeugungen.

> *»Eure Aufgabe ist es, eure Welt zu entdecken*
> *und ihr euch dann von ganzem Herzen hinzugeben.«*
> BUDDHA

Danksagung

Dieses Buch bildet eine Synthese aus Forschungsarbeiten, Entdeckungen und Präsentationen, die 1986 in Denver, Colorado, in einem Wohnzimmer vor einem kleinen Publikum ihren Anfang nahmen. Es ist unmöglich, alle Menschen beim Namen zu nennen, die einen Beitrag zur Entstehung dieses Werks geleistet haben, doch ich möchte die Gelegenheit nutzen, um meinen tiefen Dank auszusprechen.

Ich danke all den großartigen Menschen bei Hay House, insbesondere Louise Hay, Reid Tracy und Ron Tillinghast, für ihre visionäre Kraft und ihre Hingabe an die hervorragende Art, Geschäfte zu machen, die zum Markenzeichen von Hay House geworden ist. Reid Tracy danke ich ganz besonders, dass er an mich und meine Arbeit glaubt. Jill Kramer danke ich vielmals für ihre aufrichtige Meinung, ihren Rat und für die Art, wie sie es schafft, jedes Mal am Telefon zu sein, wenn ich sie sprechen möchte, sowie für die jahrelange Erfahrung, die sie in unsere Gespräche einfließen lässt.

Courtney Pavone, meinem Presse-Agenten, Alex Freemon, meinem Lektor, Jacqui Clark, Presse-Manager, Jeannie Liberati, Verkaufsleiterin, Margarete Nielson, Marketingchefin, Nancy Levin, Veranstaltungsleiterin, und Rocky George, Ton-Ingenieur – ich kann mir keine Gruppe vorstellen, mit der ich lieber arbeiten würde oder von der ich mich mehr unterstützt fühlte. Ich bin stolz darauf, ein Teil von all dem Guten zu sein, das Hay House in die Welt bringt.

Ich danke meinem Agenten Ned Leavitt für seine Weisheit und Integrität. Durch die Art, wie du unsere Bücher durch die Welt begleitest, haben wir mehr Menschen als je zuvor mit unserer Botschaft der Hoffnung und der Möglichkeiten erreicht. Ganz besonders danke ich dir auch für dein Vertrauen und deine Freundschaft.

Stephanie Gunning, vielen Dank für deine Geduld, deine Klarheit und die Hingabe, die sich in allem zeigt, was du tust. Danke für deine Begleitung auf dieser Reise und die Art, wie du als meine Erst-Lektorin meine Worte verfeinerst und gleichzeitig die Integrität meiner Botschaft wahrst.

Lauri Willmot, meine Managerin, ich bewundere dich und danke dir für deine Hingabe, deine Geduld und deine Bereitschaft, dich immer wieder auf Veränderungen einzulassen. Vielen Dank dafür, dass du zehn Jahre lang immer wieder für mich da warst, besonders, wenn es darauf ankam!

Meine tiefe Dankbarkeit gilt Robin und Jerry Miner sowie allen bei Source Books und allen, die zu unserer spirituellen Familie gehören, weil ihr all die Jahre an meiner Seite geblieben seid. Ich liebe euch alle.

Ich danke meiner Mutter Sylvia und meinem Bruder Eric für all die Unterstützung auch in Zeiten, wo ihr nicht meiner Meinung wart oder mich nicht verstanden habt. Wir haben es geschafft, durch all die Veränderungen und auch die schweren Zeiten eine kleine, einander nahestehende Familie zu bleiben. Ich erkenne immer mehr, welchen Segen ihr in mein Leben bringt, und meine Liebe zu euch vertieft sich mit jedem Tag meines Lebens.

Mein lieber Freund Bruce Lipton, mit dir und Margaret durch die Welt zu touren war mir eine Inspiration, eine Ehre und ein Segen. Ich danke dir vor allem für deinen brillanten Geist, deine lebensverändernde Arbeit, dein wundervolles und das Bewusstsein entwickelt eine neue Vorlage für die Wirklichkeit.

Wir haben oft erlebt, wie dieses Prinzip funktioniert: von Buddha über Jesus, Mohammed und Gandhi bis zu Martin Luther King und Mutter Teresa. Jeder dieser Menschen stellte seinen Zeitgenossen eine neue Art des Seins vor. Wir haben von diesen großen Vorbildern der Veränderungen so oft gehört, dass wir es für selbstverständlich halten. Aber bei näherer Betrachtung ist die Art, wie diese Meister in ein existierendes Paradigma neue Impulse gesät haben, höchst erstaunlich.

Das Beeindruckende daran ist die Art, wie sie Veränderungen eingeführt haben. Für einen Computer-Programmierer ist es leicht, irgendwo im Büro zu sitzen, aus der Vogelperspektive in die virtuelle Computerwelt zu schauen und zu erkennen, wo etwas verändert werden muss. Er kann dann einzelne Programmteile isolieren, ein wenig korrigieren oder ganz umschreiben und so immer wieder etwas ändern, bis das Ergebnis den Erwartungen entspricht.

Doch der Programmierer sitzt außerhalb des Programms. Hier ist es nicht schwer, zu erkennen, was fehlt. Der Programmierer ist wie ein Sportberichterstatter am Montagmorgen: Da hat man leicht reden, was die Spieler am Wochenende alles hätten anders machen müssen. Sie haben das Spiel von der Seitenlinie aus verfolgt.

Doch in unserem Quantenbewusstseins-Computer stehen wir nicht am Rand des Spielfelds. Wir leben in dem Programm, das wir verändern wollen! Wir suchen nach Bedeutung, nach Heilung, nach Frieden und Wohlstand – innerhalb des gleichen Programms, das uns den Mangel all dessen vermittelt hat. Aus der Sicht eines Programmierers nennt man ein Programm »intelligent«, wenn es über die Fähigkeit verfügt, eine sich ständig verändernde Situation zu erfassen und sich immer wieder neu darauf einzustellen. Wenn sich eine Maschine so verhält, spricht man von »künstlicher Intelligenz«.

Ein Beispiel für künstliche Intelligenz aus der jüngeren Zeit, das weltweit in den Nachrichten auftauchte, war das Schachprogramm Deep Blue.[8] Am 10. Februar 1996 gewann Deep Blue die erste Partie gegen den amtierenden Schachweltmeister Garri Kasparow. Nach dem Spiel erklärte Kasparow, dem Programm sei eine »tiefe Intelligenz« und eine »Kreativität« zu eigen, denen selbst er als Schachmeister nicht folgen könne.

In mancher Hinsicht sind wir nicht viel anders als Deep Blue. In unserem Bewusstseinscomputer des Universums überprüfen wir ständig die Bedingungen, mit denen uns das Leben konfrontiert, und fällen mithilfe der Informationen, die uns zur Verfügung stehen, die bestmöglichen Entscheidungen. Das Wesentliche dabei ist, dass wir diese Entscheidungen auch aufgrund dessen fällen, was wir in diesem Universum für unsere Möglichkeiten und unsere Beschränkungen halten. Wenn wir uns klar machen, dass uns die alltägliche Wirklichkeit die Bandbreite unserer Möglichkeiten zeigt und nicht ein Spiegel unserer Beschränkungen ist, dann rückt manches, das wir bislang für unmöglich gehalten haben, in unsere Reichweite. Aus dieser Sicht betrachtet, wird plötzlich alles möglich, das wir uns je träumen ließen, und wahrscheinlich auch vieles, das uns nie eingefallen wäre.

Am Anfang dieses Buches habe ich die Muster des Klanges im Wasser als Analogie verwendet, um zu zeigen, wie unsere »Überzeugungswellen« durch den Quantenstoff rollen, aus dem das Universum besteht. Ohne genauer darauf einzugehen, wie sich die Wellen bewegen, sollte verdeutlicht werden, dass die Erfahrung, die wir »Überzeugung« nennen, weit über unseren physischen Körper hinaus wirksam ist. Dies können wir nutzen.

Wenn wir lernen, die Auswirkungen unserer Überzeugungen ganz gezielt einzusetzen, können wir die Überzeugungswellen der Krankheit in Heilung verwandeln, die Muster des Krieges in Frieden sowie Versagen und Mangel in Erfolg und Fülle. Was könnte kraftvoller sein? Was könnte heiliger sein? Ist es ein Wunder, dass alles, von den Religionen bis zu den Nationen, auf der Macht der Überzeugungen beruht?

7

Gebrauchsanweisung
für das Universum

*»Euer ganzes Leben kann sich in einer Sekunde verändern,
und ihr könnt nie wissen, wann es passieren wird.«*

LAURENCE GALIAN, THE SUN AT MIDNIGHT: THE REVEALED MYSTERIES OF THE AHLUL BAYT SUFIS

»Jeder Mensch ist der Urheber seiner eigenen Gesundheit oder Krankheit.«

BUDDHA (563–483 V.D.Z.)

Ich erinnere mich an eine Sendung von *Star Trek,* die ich vor vielen Jahren sah und die meine Vorstellungen von virtuellen Realitäten sehr beeinflusste. Es begann damit, dass die Mannschaft der Enterprise einen bis dahin unerforschten Bereich des Weltraums erkundet und entdeckt, dass eine ferne Sonne demnächst explodieren und zu einer Supernova werden wird. Und man weiß, dass sich in diesem Sonnensystem ein Planet befindet, welcher der Erde ähnlich ist und von menschenähnlichem Leben bewohnt wird. Diese Zivilisation wird in Kürze durch die Explosion ihrer Sonne ausgelöscht werden.

Das Problem besteht darin, dass die Mannschaft der Enterprise diese Menschen retten will, obwohl es ihren Anweisungen widerspricht, denen zufolge sie unter allen Umständen vermeiden sollen, sich in die Entwicklung von weniger fortgeschrittenen Zivilisationen einzumischen. Würden sich der Kapitän und seine Mannschaft plötzlich in einer Rettungsmission auf solch einen Planeten beamen, müsste man befürchten, dass die Bewohner sie als Götter betrachten, was eine tiefe Auswirkung auf die ganze Kultur hätte. Doch die Mannschaft entwickelt einen genialen Plan, die Bevölkerung zu retten, ohne eine neue Religion zu gründen.

Mit ihren Fähigkeiten der Teleportation und der virtuellen Realitäten (die wir heutzutage beide in verschiedenen Entwicklungsstufen haben) versetzen sie die gesamte Bevölkerung nachts, während alle schlafen, auf der Enterprise in eine Simulation, die ihrer Heimat ähnelt. Dann fliegt die Enterprise mit ihnen zu einem anderen Planeten in einem anderen Sonnensystem, der ihrem bis dahin zerstörten Heimatplaneten sehr ähnlich ist. Wenn die Leute morgens aufwachen, werden sie gar nicht merken, dass sich viel verändert hat. Sie werden nicht ahnen, dass sie in einer simulierten Wirklichkeit mit ungeheurer Geschwindigkeit durch den Weltraum fliegen. Und wenn ihnen etwas merkwürdig vorkommt, werden sie es für einen Traum halten. Sie werden in kurzer Zeit in einer sicheren, vertrauten Umgebung sein und den Umzug nie bemerken.

Doch selbst die besten Pläne können schiefgehen, und die Ereignisse in dieser Episode machen da keine Ausnahme. Zunächst scheint alles bestens zu laufen. Die Bewohner des

Planeten werden schlafend in ihre virtuelle Realität versetzt und verhalten sich beim Erwachen so, als wäre alles beim Alten. Doch dann zeigt das Energiesystem des Raumschiffes einen Schaden, und die Computersimulation fängt an, sich aufzulösen. Die Felsen beginnen, zu flackern und durchsichtig zu werden, das Blau des Himmels verwandelt sich in die Kuppel des Holodecks und die bis dahin unsichtbaren Techniker tauchen auf. Natürlich verändert sich damit der ganze Verlauf der Ereignisse und die gut gemeinte Rettungsaktion wird zu einer Prüfung in Sensibilität, Aufrichtigkeit und menschlichem Gefühl.

Worauf ich hinauswill: Die Bewohner des Planeten merkten erst, dass sie in einer virtuellen Wirklichkeit lebten, als sie anfing, zusammenzubrechen. Genau das ist die Idee hinter einer Simulation: Sie soll so wirklichkeitsgetreu wie möglich sein, damit wir sie zum Beispiel als Piloten, Athleten oder Künstler nutzen können, um unsere Fertigkeiten zu meistern, gerade so, als wären sie »echt«. Falls wir uns also tatsächlich in einer virtuellen Realität befänden, die erzeugt wurde, um eine höhere Dimension, einen Himmel hier auf Erden abzubilden, würden wir es vielleicht gar nicht merken!

Ist das Leben wirklich oder ist es ein Traum? Woran erkennen wir den Unterschied?

Wenn etwas wahr ist, lässt sich das in der Regel an verschiedenen Orten und auf unterschiedliche Weise überprüfen. Die Schönheit eines anderen Menschen ist ein gutes Beispiel dafür. Wenn uns jemand begegnet, den wir wirklich innerlich und äußerlich schön finden, dann handelt es sich dabei um eine zeitlose, dauerhafte Schönheit. Dieser Mensch erscheint uns schön, egal wie sehr wir ihn und sein Leben auch aus der Nähe anschauen, denn wir betrachten ihn mittels unserer Einschätzung von Schönheit. Er ist schön beim Aufwachen, beim Arbeiten, beim Fehlermachen und am Ende seines Tages. Der Renaissance-Dichter Fulke Greville fasst es wundervoll zusammen: »Wahre Schönheit erkennt man daran, dass sie bei näherer Betrachtung zunimmt.«[1]

Auf ähnliche Weise müssen wir davon ausgehen, dass sich eine allgemeine Wahrheit bei näherer Erkundung immer mehr bestätigt. Die biblische Sintflut liefert dafür ein Beispiel. In vielen Kulturen gibt es Berichte von einer großen Flut. Auf verschiedenen Kontinenten, in verschiedenen Sprachen und mit unterschiedlichen Hauptpersonen werden davon Geschichten erzählt, die sich sowohl in den Einzelheiten als auch in ihrem Endergebnis erstaunlich ähneln. Die Durchgängigkeit des Themas und die Beweise, die es bestätigen, lassen uns zu der Überzeugung kommen, dass es irgendwann in unserer Vergangenheit tatsächlich eine riesige Überflutung gegeben hat.

Ähnlich wie bei den Geschichten von der Sintflut sind in den Mythen und Legenden über die Geburt des Universums und unsere Ursprünge in den verschiedenen Kulturen dieser Welt ebenfalls erstaunliche Übereinstimmungen zu erkennen. Als roter Faden taucht immer wieder die Beschreibung unserer Welt als eines Traums, einer Illusion, einer Projektion von Dingen auf, die auf einer anderen Ebene stattfinden. Vergleichen wir jetzt die neuen Hinweise, dass wir hier auf der Erde in einer Simulation leben, mit den Vorstellungen, die den meisten großen spirituellen Traditionen zugrunde liegen, stellen wir fest, dass sie sich nicht sehr unterscheiden. Von der Hindu-Kosmologie, der zufolge das Universum ein Traum des Gottes Wischnu ist, bis zu den Bewohnern der Kalahari in Afrika, die meinen, wir erträumen unser eigenes Dasein, beschreiben spirituelle Traditionen immer wieder unsere Wirklichkeit als den Schatten einer anderen Welt die viel wirklicher sein soll als diese.

Die Vorstellung, dass wir in einer illusionären Welt leben, findet sich sogar in den ältesten Schöpfungsmythen wieder. Die Ureinwohner Australiens zum Beispiel wohnen seit mindestens 50 000 Jahren ununterbrochen auf ihrem Kontinent. In dieser unglaublich langen Zeit hat sich ihr Schöpfungsmythos kaum verändern. Ähnlich wie die neuen Theorien davon ausgehen, dass vor Urzeiten eine Art Programmierer unsere Welt erzeugt hat, erzählen die Aborigines von den Wandjina, den Ahnenwesen, welche die Welt erträumt haben. Immer wieder geht es auch darum, dass wir mit einer anderen Wirklichkeit verbunden sind, die sich jenseits dessen befindet, was wir von unserem Standpunkt aus erkennen können.

Der Physiker David Bohm brachte in seiner eigenen, modernen Sprache eine ähnliche Sicht der Dinge zum Ausdruck. In Begriffen wie »implizite Ordnung« und »explizite Ordnung« beschreibt er unsere Welt als den Schatten oder die Projektion von Ereignissen, die anderswo stattfinden.[2] Dieses »Anderswo« hielt er für eine tiefere Wirklichkeit, aus der die Ereignisse dieser Welt hervorgehen. In Bestätigung der Lehren der Aborigines zeigte Bohm mit seiner Arbeit, dass dieses »Anderswo« sehr real ist, vielleicht sogar realer als unsere Welt. Wir erkennen sie nur von hier aus nicht.

Abgesehen von der Ausdrucksweise ähneln diese Ansichten

weitgehend den Auffassungen der großen Religionen seit Jahrhunderten. Auch dort finden wir das Thema, dass wir in einer vorübergehenden Welt leben, in der wir auf etwas Kommendes, uns Unbekanntes geprüft, trainiert und vorbereitet werden. Wie dieses Kommende aussieht und wie wir dahin gelangen können, wird unterschiedlich beschrieben, doch es scheint immer mit der Kraft der Überzeugung und unserer Fähigkeit, unsere Herzensträume zu verwirklichen, zu tun zu haben.

Aus dieser Sicht sind Situationen, die uns schwierig erscheinen, eigentlich Gelegenheiten, unsere »Überzeugungsfähigkeiten« zu üben, als Vorbereitung für einen Ort, der manchmal als »Nirwana« und manchmal als »fünfte Welt«, »höhere Dimension« oder als »Himmel« bezeichnet wird. Falls wir es hier nicht lernen, diese Kräfte zu meistern, bekommen wir noch eine weitere Gelegenheit dazu, unter härteren Bedingungen, in einem anderen Traum, der im christlichen Kontext als »Hölle« bezeichnet wird. Wenn wir uns diese uralten Glaubensvorstellungen vor Augen halten, wird die Idee, dass das Leben eine Simulation sei, wirklich spannend.

Könnten wir es merken, falls wir in einer Simulation leben?

Als ich begann, über unsere Welt als Simulation und über unsere Überzeugungen als die Sprache der Meisterung nachzudenken, stellte der Wissenschaftler in mir erst mal die Frage nach dem Warum. Wozu sollte das dienen? Welches Ergebnis könnte der Mühe wert sein, die erforderlich war, um eine künstliche Realität von der Größe eines Universums zu erzeugen? Als Erstes schlug ich die Begriffe »Simulation« und »virtuelle Realität« nach, um zu verstehen, was sie eigentlich bedeuten. Die Definitionen brachten mich meinen Antworten schon ein Stück näher.

Im *American Heritage College Dictionary* wird eine virtuelle Realität definiert als eine Computersimulation eines realen oder imaginären Systems, die dem Benutzer ermöglicht, in dem simulierten System Vorgänge durchzuführen und die Auswirkungen in Echtzeit zu beobachten.[3] In anderen Worten: Eine virtuelle Realität ist eine künstliche Umgebung für Aktionen und Rückkopplungen, in der wir die Wirkungen und Konsequenzen unseres Verhaltens auf »sichere« Weise ausprobieren können. Wenn wir diese Beschreibung mit der Definition der Simulation verbinden, erhalten wir einen modernen Kontext für einige der geheimnisvollsten religiösen Traditionen der Vergangenheit – vor allem jene, die unsere wundersamen Fähigkeiten beschreiben.

Die Definition, die das gleiche Lexikon für »Simulation« anbietet, ist kurz und ausdrucksstark: Es sei eine Imitation oder Repräsentation einer möglichen Situation.[4] Erinnert das nicht sehr an die Beziehung, in der unsere irdische Erfahrung zum Himmel steht? Wenn wir diese beiden Definitionen verbinden und sie vor dem Hintergrund unserer tiefsten Überzeugungen und kostbarsten spirituellen Traditionen betrachten, ergeben sich Schwindel erregende Konsequenzen. Da wird das Gleiche beschrieben wie in jahrtausendealten heiligen Texten. Das würde bedeuten: Wir leben in der vorübergehenden »Repräsentation einer möglichen Situation« (des Himmels oder einer höheren

Dimension), um hier die Regeln zu lernen, bevor wir zur eigentlichen Sache gelangen.

Vielleicht ist das eine geeignete Sichtweise auf das, was heute in unserer Welt vor sich geht. Wir verfügen über mehr Möglichkeiten, unter extremeren Bedingungen und mit deutlicheren Konsequenzen, damit uns klar wird, welche unserer Überzeugungen funktionieren und welche nicht. Die Intensität, mit der uns Gelegenheiten geboten werden, legt den Verdacht nahe, es sei sehr wichtig, dass wir diese Lektionen schnell lernen, bevor wir in eine Situation kommen, in der diese Fähigkeiten unerlässlich sind.

Ich habe diese Gedanken in den letzten Jahren meinem Publikum überall auf der Welt vorgetragen. Die Reaktionen waren einhellig positiv. Vielleicht liegt es daran, dass uns unsere Hightech-Welt auf solche Gedanken gut vorbereitet hat. Vielleicht haben die Gedanken von Max Planck über den »Urgrund aller Dinge« und Filme wie *Matrix* bereits die Saat für solche Vorstellungen gelegt. Aus welchem Grund auch immer bei meinen Vorträgen scheint der größte Teil des Publikums nicht nur bereit zu sein, diese Möglichkeit zu akzeptieren, sondern das Gefühl zu haben, sich bereits seit langer Zeit auf diese Erkenntnis vorbereitet zu haben.

Wenn ich darüber nachdenke, warum manche Menschen etwas so bereitwillig akzeptieren, das anderen wie eine weit hergeholte Idee vorkommt, drängen sich mir zwei Möglichkeiten auf:

1. Vielleicht ist die Zeit einfach reif für eine neue Vorstellung von unserer Existenz oder zumindest für ein gründliches Update der Geschichte dessen, wer wir sind und wie das Universum begann.

2. Vielleicht klingt für viele die Vorstellung, dass wir in einer virtuellen Realität leben, zutiefst wahr und berührt sie so sehr, weil sie nur noch auf die richtigen Worte gewartet haben, um diese Erinnerung in sich wachzurufen.

Schauen wir uns die Parallelen zwischen einer virtuellen Simulation und einer religiösen Beschreibung des Lebens an, dann ist die Verbindung nicht zu übersehen. Die folgende Gegenüberstellung der beiden Weltanschauungen macht das deutlich:

Vergleich zwischen einer virtuellen Realität und einer spirituellen Realität	
Virtuelle Realität	Spirituelle Realität
1. Von einem Programmierer erschaffen	1. Von einer höheren Macht/ von Gott erschaffen
2. Hat einen Start und einen Stoppbefehl	2. Kennt einen Anfang und ein Ende der Zeit
3. Regeln/Benutzer verbessern sich im Lauf der Anwendung	3. Lektionen wiederholen sich, bis sie gemeistert sind
4. Benutzer ist mit dem äußeren Umfeld der Simulation verbunden	4. Wir sind verbunden mit höherem Selbst/Quelle/ Gott
5. Benutzer hat Zugangs- und Ausgangspunkte	5. Wir erfahren Geburt und Tod
6. Benutzer definiert seine Erfahrung innerhalb der Anwendung	6. Die Realität spiegelt unsere Erfahrungen

Die Ähnlichkeiten sind verblüffend. Abgesehen von der Sprache klingen diese beiden Denkansätze fast gleich.

»Es ist fast sicher, dass wir in einer virtuellen Wirklichkeit leben« – Die Beweise

2002 trieb der Philosoph Nick Bostrom, Direktor des Future of Humanity Institutes, die Idee, dass wir in einer virtuellen Wirklichkeit leben, noch einen Schritt weiter. Couragiert wandte er in seinem Artikel »Are You Living in a Computer Simulation?« (Leben Sie in einer Computersimulation?) die Grundsätze der Mathematik und der Logik an, um zu erforschen, ob die »Wirklichkeit« nun wirklich ist oder nicht.[5]

Er begann damit, die Möglichkeit zu beschreiben, dass eine zukünftige Zivilisation die Bedrohungen von Kriegen, Krankheiten und Naturkatastrophen überlebt und zu dem geworden ist, was er »posthuman« nennt. Dem folgen drei durch komplexe statistische Analysen abgeleitete Szenarien, von denen er meint, dass zumindest eine davon wahr sein müsse. Er erwägt folgende Möglichkeiten:

1. Irgendein katastrophales Ereignis (Weltkrieg, Naturkatastrophe, Seuche etc.) vernichtet die Menschheit, bevor sie das posthumane Stadium je erreicht.
2. Wir erreichen das posthumane Stadium, entwickeln aber kaum Interesse, Wirklichkeitssimulationen von universalem Umfang zu erzeugen.
3. Wir erreichen das posthumane Stadium, haben das Interesse oder das Bedürfnis, eine virtuelle Welt zu erzeugen, und tun es auch.

In einem Abschnitt seines Textes, dem sogenannten »Kern des Simulationsarguments«, stellt Bostrom eine grundsätzliche Frage: Wenn es eine echte Chance gibt, dass unsere Zivilisation je das posthumane Stadium erreicht und so etwas wie »Ahnen-Simulationen« durchführt: Wie können wir sicher sein, dass wir nicht jetzt gerade in so einer Simulation leben?

Von den gegenwärtigen Tendenzen der Wissenschaften ausgehend, nimmt Bostrom an, dass eine technologisch reife, posthumane Zivilisation über enorme Computerkapazitäten verfügen würde.[6] Vor dem Hintergrund dieser »empirischen Tatsache« zeigen seine Statistiken, dass zumindest eines seiner drei Szenarien wahr sein muss.

Trifft die erste oder zweite Möglichkeit zu, dann ist es sehr unwahrscheinlich, dass wir in einer Simulation leben. Bei der dritten Möglichkeit wird es dagegen interessanter. Wenn sie zutrifft, schlussfolgert Bostrom, ist es »fast sicher, dass wir in einer virtuellen Wirklichkeit leben«.[7] Wenn unsere Art es also schaffen sollte, all die Bedrohungen zu überleben, und das Interesse oder das Bedürfnis entwickeln sollte, eine simulierte Welt zu erzeugen, dann wäre es ihr mit der Technologie, die unter diesen Umständen vorhanden wäre, auch möglich. Das bedeutet, es ist gar nicht so unwahrscheinlich, dass diese Dinge bereits geschehen sind und dass wir in einem simulierten Universum leben.

> Die Beweise sprechen dafür, dass wir höchstwahrschein-
> lich in einer virtuellen Realität leben.

Wie auch immer man zu so einer Schlussfolgerung stehen will und wie unvorstellbar sie manchem auch erscheinen mag:

Ich will damit vor allem zeigen, dass die Idee, wir könnten in einer virtuellen Realität leben, immerhin so ernst genommen wird, dass ihr die Zeit und die Energie gewidmet wird, sie als ernsthafte Möglichkeit zu untersuchen.

Der britische Astrophysiker Stephen Hawking betrachtet das Thema aus einer ganz anderen Perspektive. Angesichts der Tatsache, dass wir über die Macht verfügen, uns selbst zu zerstören, meint er, wir müssten eine andere Welt finden, auf der die menschliche Art weiterleben könnte. Auf einer Pressekonferenz in Hongkong äußerte er sich 2006: »Wir werden so etwas Hübsches wie die Erde nur finden, wenn wir in ein anderes Sternensystem gehen.«[8]

Ich verstehe den Denkansatz von Hawking, und ich glaube auch, dass die Menschheit irgendwann andere Welten bewohnen wird, aber ich bin davon überzeugt, dass die Entwicklung der dafür notwendigen Technologie nur möglich ist, wenn wir die Frage beantworten, um die es in diesem Buch geht: Welche Rolle spielen die Überzeugungen in unserer Welt? Es ist durchaus möglich, dass es weniger dringlich wird, eine neue Welt zu finden, wenn wir feststellen, wie Überzeugungen und das Universum tatsächlich zusammenhängen. Meistern wir unsere Macht der Überzeugungen, dann wird sich die Erde verändern und zu einem Spiegel unseres Wunsches werden, nachhaltig, kooperativ und friedvoll zu leben.

Verbinden wir die Hinweise, dass wir bereits in einer virtuellen Realität leben, mit der Weisheit der Naturvölker und indigenen Traditionen, die erzählen, dass die Welt ein Traum ist, der unsere Überzeugungen spiegelt, dann wird die Idee, dass wir zur Veränderung der Welt fähig sind, plötzlich plausibler. Dann erscheint es lohnend, die Möglichkeit zu erforschen, dass unsere Überzeugungen die Quelle unserer Freuden und Leiden sind.

Doch all dies führt auch zu weiteren Fragen: *Wer* könnte dafür verantwortlich sein, ein ganzes Universum als virtuelle Wirklichkeit zu erschaffen? Wer hat das alles erfunden und wer hat den Code geschrieben? In Filmen gibt es an dieser Stelle immer einen geheimnisvollen Drahtzieher hinter den Kulissen, doch vielleicht ist es viel einfacher.

Hat uns der große Programmierer eine Gebrauchsanweisung hinterlassen?

Am Anfang des Filmes Contact ist die Hauptfigur Dr. Arroway (gespielt von Jodie Foster), Mitglied eines Forschungsteams, das aus der Tiefe des Weltraums eine codierte Botschaft erhält. Bevor sie die Botschaft decodieren können, müssen die Forscher einen Hinweis auf den Code finden. Sie stellen fest, dass der Schlüssel zur Decodierung nicht in einer komplexen mathematischen Formel oder einem Programmtext steckt, sondern an einer Stelle, von der die Programmierer sicher sein konnten, dass sie nicht verloren gehen würde: in der Botschaft selbst. Indem sie einen einfachen Satz innerhalb der Botschaft übersetzen, können Dr. Arroways Mitarbeiter das Geheimnis der ersten Grußbotschaft an die Erde entschlüsseln.

Vielleicht lässt sich das gleiche Prinzip anwenden, wenn wir verstehen wollen, wie sich unsere Überzeugungen in einer simulierten Wirklichkeit auswirken. Die Frage, wer für all das verantwortlich ist, lässt sich möglicherweise beantworten, wenn man herausfindet, wer von dieser Erfahrung profitiert.

Wer hat etwas davon, die Regeln einer solchen Übungswelt zu meistern? Die Antwort ist klar: Jene, die selbst in der Simulation sind – also wir!

Wir selbst mögen die großen Programmierer sein, die sich diese Übungswelt erschaffen haben. Wir mögen uns selbstständig entschieden haben, uns in die Rückkopplungsschleife einer Simulation zu begeben, um unsere Herzenskraft zu meistern. Gibt es einen besseren Weg, sich auf das Leben in einer Wirklichkeit vorzubereiten, die noch auf uns zukommt?

Wenn das zutrifft, dann ist es noch viel wichtiger, herauszufinden, nach welchen Regeln unsere Schöpfung funktioniert. Wie bereits gesagt spielt es dabei keine Rolle, ob wir meinen, tatsächlich in einer simulierten Welt zu leben, oder ob wir das Ganze nur als Metapher für unsere Erfahrungen im Leben betrachten. Das Wesentliche ist, dass wir »hier« sind. Und die Regeln dieses »Hier« umfassen das, was wir zu meistern lernen.

Jürgen Schmidhuber vom Schweizer Dalle Molle Institut für Künstliche Intelligenz ist einer der führenden Vertreter der Hypothese, dass unsere Welt das Ergebnis eines riesigen Computers sei. Er lässt an seiner Einstellung keinen Zweifel: »Vor langer Zeit schrieb der große Programmierer ein Programm, das alle möglichen Universen ablaufen lässt.«[9] In einer Abhandlung liefert er technische, aber bezwingende Argumente, warum es wahrscheinlicher ist, dass wir in einer virtuellen Wirklichkeit leben, als dass wir es nicht tun.

Was bedeuten diese Analysen? Und wenn wir tatsächlich in einer Welt der unbegrenzten Möglichkeiten leben, um sie zu meistern: Hat uns dann jemand eine Gebrauchsanweisung mitgegeben? Hat Schmidhubers großer Programmierer ein

Handbuch hinterlegt? Und würden wir es erkennen, wenn wir es fänden?

Die letzten 300 Jahre haben wir uns darauf verlassen, dass uns die Gesetze der Physik erklären, was in unserer Welt möglich ist und was nicht. Zum größten Teil schienen diese Gesetze gut zu funktionieren, zumindest in der alltäglichen Welt. Wie bereits erwähnt gibt es jedoch Bereiche, wo die Gesetze der Physik nicht zu wirken scheinen, zum Beispiel die Welt der Quantenteilchen. Man könnte meinen, dass diese Welt für unser Leben keine bedeutende Rolle spielt und wir dieses Versagen der »Naturgesetze« deswegen als Randerscheinung abhaken können. Doch nichts läge ferner von der Wahrheit. Genau die Stelle, an der diese Gesetze versagen, bildet den Punkt, wo unsere Wirklichkeit beginnt.

Die Tatsache, dass die uns bekannten Gesetze der Physik nicht universell gültig zu sein scheinen, weist darauf hin, dass es noch andere Gesetze geben muss, die unsere Realität steuern. Wenn wir diese Gesetze herausfinden und ihre Bedeutung für unser Leben erkennen, werden wir besser wissen, was möglich ist und was nicht. Und weil die Überzeugungen zu den Aspekten gehören, die von der klassischen Physik nicht berücksichtigt werden, könnten sie einen Beitrag zu einem besseren Verständnis unserer Simulation liefern.

Ich habe im 1. Kapitel von meinem Erlebnis im Taos Pueblo erzählt. Nach dem »Geheimnis« der Heiltraditionen befragt, antwortete unser indianischer Führer, dass man etwas am besten verbirgt, wenn es für alle sichtbar ist. Das ähnelt stark der Geschichte mit dem Code von Dr. Arroway und führt uns zu der Frage: Ist uns vielleicht etwas Ähnliches widerfahren?

Die Gebrauchsanweisung für die Realität liegt in der Wirklichkeit selbst. Wie könnte man besser zeigen, wie ein reflektierendes Universum funktioniert, als durch die unmittelbare Rückkopplung in Beziehungen, Wohlstand, Gesundheit und Wohlbefinden beziehungsweise dem Mangel an all dem? Wie könnten wir besser merken, was funktioniert und was nicht? Wir können den einen oder anderen Weg versuchen, und wenn wir weise genug sind, um zu erkennen, wie sich unsere Welt verändert, wenn wir unsere Überzeugungen verändern, haben wir unser »Handbuch« für das Leben in dieser Welt in Form unserer Lebenserfahrungen ständig bei uns. Es sind alles energetische Muster, die miteinander in Wechselwirkung stehen und die wir durch unsere Überzeugungen beeinflussen.

Programmieren durch Beten

In den vorigen Kapiteln haben wir die Entdeckungen und Traditionen erkundet, die uns daran erinnern, dass unsere Überzeugungen zusammen mit den dazugehörigen Gefühlen die Sprache sind, die etwas in der Welt geschehen lässt. Das Schöne daran ist: Um das Prinzip in unserem Leben anzuwenden, müssen wir nicht verstehen, wie unsere Überzeugungen das genau zuwege bringen.

Dies entspricht auch den Botschaften der Meister der Vergangenheit. In den Worten ihrer Zeit haben Lehrer wie Buddha, Jesus und die Ältesten der Naturvölker das Geheimnis so gut sie konnten weitergegeben – das Geheimnis, das uns davon befreit, Opfer des Lebens zu sein. Sie waren buchstäblich die Meister-Programmierer des Bewusstseins und die Architekten ihres Zeitalters. Sie haben nicht versucht, das Geheimnis, wie man Atome so arrangiert, dass Wunder geschehen, für sich zu behalten. Sie haben uns erklärt, wie wir dasselbe tun können, wie wir selbst die Programmierer unserer Realität werden können. Ihre Worte mögen uns heute geheimnisvoll erscheinen; aber können Sie sich vorstellen, wie sie für die zum größten Teil völlig ungebildete Bevölkerung ihrer Zeit geklungen haben müssen?

Buddha zum Beispiel war ein Mann, der seiner Zeit weit voraus war. Als er gebeten wurde, unsere Rolle im Weltgeschehen zu erläutern, antwortete er kurz und bündig: »Alle Dinge erscheinen und verschwinden durch das Zusammenwirken von Ursachen und Bedingungen.«[10] Er erklärte auch: »Nichts existiert für sich allein; alles steht in Beziehung zu allem.«[11] Welch eindrucksvolle Worte! Wie sie wohl für die Menschen jener Zeit geklungen haben mögen? Nachdem er die Wahrheit erkannt hatte, verbrachte Buddha den Rest seines Lebens damit, anderen beizubringen, wie wir die Welt verändern können, indem wir uns selbst wandeln.

Jesus hat Ähnliches gelehrt, wenn er sagte, dass wir zu dem *werden* müssen, was wir in der Welt erfahren wollen. Im Bestreben, uns zu zeigen, dass unsere Quantenrealität das spiegelt, was wir ihr anbieten, ermahnte er seine Anhänger, sich nicht von dem sie umgebenden Zorn und der Ungerechtigkeit anstecken zu lassen. Stattdessen zeigte er, dass unsere Überzeugungen die Macht haben, uns zu verändern, und dass sich dann in der Folge auch die Welt verändert.

Die Meister der Vergangenheit wählten genau die passenden Worte, die genau die richtigen Gefühle hervorriefen, um genau die richtige Wirkung zu erzielen. Man nannte ihre Überzeugungsprogramme »Gebete«. Statt Gebeten könnten wir sie auch »Bewusstseins-Anweisungen« nennen. Es sind codierte Worte, die in uns die herzzentrierten Überzeugungen der Heilung und der Wunder hervorrufen sollen. Das Vaterunser ist ein schönes Beispiel dafür.

Wenn wir uns dieses kraftvolle Gebet als Code ansehen, wird deutlich, dass die Worte genau in den Rahmen eines Computerprogramms passen, wie es im 2. Kapitel beschrieben wurde. Jesus hat uns eine Formel hinterlassen, mit der wir mit der Quantenessenz des Universums kommunizieren können. In Worten, die heute so klar sind wie vor 2000 Jahren, begann Jesus seine Programmierungs-Anweisungen: »In dieser Weise sollt ihr beten.«[12] Er forderte uns nicht auf, nur mit genau diesen Worten zu beten, sondern *auf diese Art* zu beten. Wir haben weiterhin verschiedene Möglichkeiten.

Dieser Aufforderung folgen die Worte des Programms, mit dem wir dem Universum das Sehnen unseres Herzens mitteilen können. Wir wollen die vertrauten Worte mit den Augen des kosmischen Programmierers betrachten. Dabei lassen sich deutlich ein Startbefehl, ein Arbeitsbefehl und ein Endbefehl erkennen.

Der Code	Programm-befehl	Zweck
Das Vaterunser	*Startbefehl*	öffnet das Feld
Vater unser im Himmel, geheiligt werde dein Name. Dein Reich komme. Dein Wille geschehe, wie im Himmel so auf Erden.		

Diese Aussagen markieren den Anfang unseres Bewusstseins-Codes. Sie enthalten keine Aufforderung, etwas zu tun oder zu sein. Sie sind Ausdruck der Verehrung und sprechen die Kraft an, zu der wir Zugang finden wollen. Wenn wir das Gebet als Code betrachten, sind es Aussagen, die in uns ein Gefühl der Offenheit und Erhabenheit hervorrufen sollen. Diese Gefühlsaufwallung öffnet den Weg von unserem Herzen zum Quantenfeld. Dieser Startbefehl erzeugt ganz andere Gefühle in uns als der nächste Teil des Codes.

Der Code	Programm-befehl	Zweck
Unser tägliches Brot gib uns heute. Und vergib uns unsere Schuld, wie auch wir vergeben unseren Schuldigern. Und führe uns nicht in Versuchung, sondern erlöse uns von dem Bösen.	*Arbeitsbefehl*	Erzeugt das Gefühl

Diese Aussagen sind Arbeitsbefehle. Sie wollen uns nicht mehr mit dem Gefühl inspirieren, dass wir mit dem Universum kommunizieren, sondern beschreiben, was das Gebet bewirken soll. In diesem Fall sind es Gefühle der Erleichterung von den Belastungen, die im Gebet genannt werden. Wenn wir glauben, dass wir alles haben, was wir für unsere Familien und uns selbst brauchen, fühlen wir uns erleichtert. Wenn wir uns frei von den Spannungen fühlen, die manchmal zwischen uns und anderen entstehen, fühlen wir uns auf dem richtigen Weg sowie in einen heilsamen Frieden und in Dankbarkeit gehüllt. Das ist die Arbeit, die dieses Programm durchführen soll.

Der Code	Programm-befehl	Zweck
Denn dein ist das Reich und die Kraft und die Herrlichkeit in Ewigkeit. Amen.	*Endbefehl*	Dank und Abschluss

Bei den Aussagen des Endbefehls wechselt der Ton erneut. Es geht nicht mehr darum, dem Programm zu sagen, was es tun soll; stattdessen soll ein Gefühl des Abschlusses erzeugt werden. Wenn wir diese Worte sprechen, spüren wir diesen Abschluss als eine Lösung im Körper. Unser Gebet bleibt nicht offen in der Schwebe, sondern hat ein klares Ende. Verkünden wir, dass das Universum in der Hand einer größeren Macht liegt und dass wir uns mit dieser Macht so im Einklang fühlen, dass sie unsere Gebete mit Leben erfüllt, dann verleiht uns das ein Gefühl der Stärke. Nach dieser Formel wissen wir, dass unser Gebet vollbracht ist.

Die Schönheit des Vaterunsers liegt in seiner Tradition und in seiner Schlichtheit. Eine seit zwei Jahrtausenden kaum veränderte Formel vermittelt uns eine Struktur für einen kosmischen Code, der uns das Feld der unendlichen Möglichkeiten eröffnet. Wie uns ein Computercode mit den unsichtbaren Mechanismen verbindet, die dem Computer ermöglichen, das zu tun, was er tun soll, so erzeugen die Worte des Gebets die Bedingungen in uns, die es uns erlauben, uns mit den Kräften der Schöpfung zu verbinden. In den Worten dieses allgemein bekannten Gebets liegt das Geheimnis zur Programmierung des Universums vor aller Augen!

Versuchen Sie einmal Folgendes: Schauen Sie sich die wichtigen Gebete der großen spirituellen Traditionen an. Überprüfen Sie selbst, ob und wie die Formel des Start-, Arbeits- und Endbefehls zum Einsatz kommt, mit der im Vaterunser zum Universum gesprochen wird.

Gebrauchsanweisung für das Universum

Im letzten Kapitel des Buches *Im Einklang mit der göttlichen Matrix* habe ich die wesentlichen Aussagen des Buches als Schlüsselsätze aufgelistet. Weil das vorliegende Buch mit jenem Material stark verbunden ist, habe ich hier etwas Ähnliches gemacht und die Realitäts-Codes aufgelistet, die in jedem Kapitel herausgehoben wurden.

In den ersten sechs Kapiteln wurden diese Ideen in einer bestimmten Reihenfolge entwickelt. Jede beruht auf dem Kontext der vorigen und bereitet den Weg für die folgenden vor. Ähnlich wie in *Im Einklang mit der göttlichen Matrix* möchte ich Sie einladen, sich die folgende Reihe von Realitäts-Codes langsam zu Gemüte zu führen und jedem Satz zu erlauben, seine verändernde Wirkung in Ihnen zu entfalten.

In seinem Buch *Der Prophet* erinnert uns Kahlil Gibran daran, dass unsere Arbeit sichtbar gemachte Liebe ist. Aus dieser Sicht zeigen wir unsere Liebe zum Leben durch das, was wir tun. So möchte ich Sie einladen, mit den Realitäts-Codes zu arbeiten. Lassen Sie daraus Ihre sichtbar gemachte Liebe entstehen. Lesen Sie sie einzeln durch, sinnen Sie darüber nach, unterhalten Sie sich mit anderen darüber und probieren Sie sie aus, bis sie Ihnen sinnvoll erscheinen. Insgesamt können diese Schritte zu Ihrem Bewusstseinsprogramm werden, um sich selbst und Ihre Welt zu verändern.

Realitäts-Code 1: Experimente weisen darauf hin, dass der Fokus unserer Aufmerksamkeit die Wirklichkeit beeinflusst und dass wir in einem interaktiven Universum leben.

Realitäts-Code 2: Die Grundlage unseres Lebens sind unsere Überzeugungen über die Welt, über uns selbst, unsere Fähigkeiten und unsere Begrenzungen.

Realitäts-Code 3: Die Wissenschaft ist eine Sprache – eine von vielen Sprachen, die beschreiben, wie wir, das Universum, unsere Körper und alles andere funktionieren.

Realitäts-Code 4: Wenn die Teilchen, aus denen wir bestehen, unmittelbar miteinander kommunizieren, sich an zwei Orten gleichzeitig aufhalten und sogar die Vergangenheit durch Entscheidungen in der Gegenwart verändern können, dann können wir das auch.

Realitäts-Code 5: Unsere Überzeugungen haben die Macht, den Gang der Ereignisse im Universum zu beeinflussen, ja Zeit, Raum und Materie sowie die Ereignisse, die sich in Zeit und Raum abspielen, buchstäblich zu unterbrechen und umzulenken.

Realitäts-Code 6: Wie wir im Computer eine wirkliche Situation so simulieren können, dass sie real wirkt, könnte auch das Universum selbst der Output einer riesigen, uralten Computersimulation sein – eines Programms, das vor sehr, sehr langer Zeit in Gang gesetzt wurde. Wer den Code dieses Programms kennt, durchschaut dann auch die Regeln, nach denen die Wirklichkeit funktioniert.

Realitäts-Code 7: Wenn wir uns das Universum als Programm vorstellen, repräsentieren die Atome die Informationsbits eines gewöhnlichen Computers. Sie sind entweder »an«, existieren also als physische Materie, oder sie sind »aus« und existieren als unsichtbare Wellen.

Realitäts-Code 8: Die Natur verwendet ein paar einfache, selbstähnliche, sich wiederholende Muster – sogenannte Fraktale –, um Atome zu den bekannten Mustern zusammenzufügen, aus denen alles besteht: von den Elementen und Molekülen über Steine und Bäume bis hin zu uns selbst.

Realitäts-Code 9: Besteht das Universum aus sich wiederholenden Mustern, dann ermöglicht die Erkenntnis über Dinge oder Prozesse in einem kleinen Maßstab ein besseres Verständnis von ähnlichen Formen in einem großen Maßstab.

Realitäts-Code 10: Überzeugungen sind das »Programm«, das in der Wirklichkeit Muster erzeugt.

Realitäts-Code 11: Was wir im Leben für *wahr* hal-

Herz und besonders für das Geschenk deiner Freundschaft.

Ich danke auch Jonathan Goldman, meinem Bruder im Geiste und Freund im Leben. Es bedeutet mir mehr, als ich sagen kann, zu wissen, dass ich immer auf deine Weisheit, Liebe und Unterstützung zählen kann. Du bereicherst meine Tage und ich zähle dich und Andi zu den großen Segnungen meines Lebens.

Dem einen Menschen, der mich in meinen besten und in meinen schlimmsten Zeiten erlebt: meine geliebte Frau Kennedy ... Ich danke dir für deine zuverlässige Liebe, deine unwandelbare Unterstützung, deinen brillanten Geist und deine Geduld an unseren langen Tagen und in kurzen Nächten und bei Telefongesprächen rund um die Welt. Ich danke dir für den Segen unserer gemeinsamen Zeit, dass du immer an mich glaubst und genau die richtigen Worte findest, die so unglaublich heilsam wirken.

Und einen ganz besonderen Dank an alle, die unsere Arbeit, unsere Bücher, Aufnahmen und Live-Präsentationen all die Jahre unterstützt haben. Ich fühle mich durch euer Vertrauen geehrt und bewundere eure Vision einer besseren Welt. Durch euch habe ich gelernt, besser zuzuhören, und ihr habt mir die Worte geschenkt, mit denen ich unsere Botschaft der Hoffnung und der Möglichkeiten in die Welt tragen kann. Euch allen werde ich immer dankbar sein.

Anmerkungen

Einleitung

1. Worte des Physikers John Archibald Wheeler, zitiert in der Online-Version von *Science & Spirit* in dem Artikel »The Beauty of Truth« (2007). Website: **www.science-spirit.org/article_detail.php?article_id=308**

2. Worte des Physikers Albert Einstein, zitiert in *Discover* in dem Artikel »Einstein's Gift for Simplicity« (30. September 2004). Website: **http://discovermagazine.com/2004/sep/einsteins-gift-for-simplicity/article_view?b_start:int=1&-C=**

3. Gregg Braden, *Im Einklang mit der göttlichen Matrix*, Koha-Verlag, 2007

4. Malcolm W. Browne, »Signal Travels Farther and Faster Than Light«, Thomas Jefferson National Accelerator Facility (Newport News, VA.), Online-Newsletter (22. Juli 1997). Website: **www.cebaf.gov/news/internet/1997/spooky.html**

5. Dieser Effekt wurde zuerst in Russland beschrieben von P.P. Gariaev, K.V. Grigorev, A.A. Vasilev, V.P. Poponin und V.A. Shcheglov unter: »Investigation of the Fluctuation Dynamics of DNA Solutions by Laser Correlation Spectroscopy«, *Bulletin of the Lebedev Physics Institute* (1992), Nr. 11-12: S. 23-30; zitiert in Vladimir Poponin, »The DNA Phantom Effect: Direct Measurement of a New Field in the Vacuum Substructure (Update on DNA Phantom Effect:

March 19, 2002)«, zu finden unter: **www.twm.co.nz/
DNAPhantom.htm**

6. Glen Rein und Rollin McCraty, »Structural Changes in
   Water and DNA Associated with New Physiologically
   Measurable States«, *Journal of Scientific Exploration,* Bd.
   8, Nr. 3 (1994): S. 438 f.

7. Ein schönes Beispiel für die Anwendung unseres Wissens
   über inneren Frieden in einer Kriegssituation finden wir
   in der Studie von David W. Orme-Johnson, Charles N.
   Alexander, John L. Davies, Howard M. Chandler und
   Wallace E. Larimore, »International Peace Project in the
   Middle East«, *The Journal of Conflict Resolution,* Bd. 32,
   Nr. 4 (Dezember 1988): S. 778

8. Ein zweites Beispiel für die Anwendung unseres
   Wissens über die fokussierte Kraft des Gefühls und der
   Überzeugungen in einer lebensbedrohlichen Situation:
   101 Miracles of Natural Healing, ein Video über die
   schrittweise Einführung in die ChiLel™-Heilmethode
   von Dr. Pang Ming. Website: **www.chilel-qigong.com**

9. Worte von Martin Rees, Royal Society Research
   Professor an der Cambridge University, zitiert in der
   United-Kingdom-Version der BBC-News in dem
   Artikel »Sir Martin Rees: Prophet of Doom?« (25. April
   2003). Website: **http://news.bbc.co.uk/1/hi/in_depth/
   uk/2000/newsmakers/2976279.stm**

10. George Musser, »The Climax of Humanity«, in
    der Einleitung zu *Crossroads for Planet Earth*, eine
    Sonderausgabe des *Scientific American* (September
    2005). Website: **http://www.sciam.com/issue.
    cfm?issueDate=Sep-05**

11. Ebenda
12. Kahlil Gibran, *Der Prophet*
13. Coleman Barks, *The Illuminated Rumi,* New York: Broadway Books, 1997

1. Kapitel

1. Donald Rumsfeld während einer Rede im NATO-Hauptquartier in Brüssel, Belgien (6. Juni 2002). Website: **http://news.bbc.co.uk/1/hi/in_depth/ uk/2000/newsmakers/2976279.stm**
2. Lowell A. Goldsmith, »Editorial: Passing the Torch«, *Journal of Investigative Dermatology* (2002), zu finden unter: Nature Website: **http://www.nature.com/jid/ journal/v118/n6/full/5601498a.html**
3. Jay Winsten und Frank Stanton (Harvard School of Public Health), »Media and Public Health: The Obseity Wars« (9. Mai 2005). Website: **http://www.huffington-post.com/jay-winston/media-public-health-ob_b_468. html**
4. Albert Einstein an seinen Freund Maurice Solovine am 12. Februar 1951. Aus: *The Expanded Quotable Einstein,* Alice Calaprice (Hrsg.), Princeton University Press, 2000
5. Max Planck in seiner Rede in Florenz, 1944: »Das Wesen der Materie«. Quelle: Archiv zur Geschichte der Max-Planck-Gesellschaft, Abt. Va, Rep. 11 Planck, Nr. 1797 Hier ein längerer Ausschnitt aus dieser Rede: »Als Physiker, der sein ganzes Leben der nüchternen Wissenschaft, der Erforschung der Materie widmete, bin

ich sicher von dem Verdacht frei, für einen Schwarmgeist gehalten zu werden. Und so sage ich nach meinen Erforschungen des Atoms dieses: Es gibt keine Materie an sich. Alle Materie entsteht und besteht nur durch eine Kraft, welche die Atomteilchen in Schwingung bringt und sie zum winzigsten Sonnensystem des Alls zusammenhält. Da es im ganzen Weltall aber weder eine intelligente Kraft noch eine ewige Kraft gibt – es ist der Menschheit nicht gelungen, das heiß ersehnte Perpetuum mobile zu erfinden –, so müssen wir hinter dieser Kraft einen *bewussten intelligenten Geist* annehmen. Dieser Geist ist der Urgrund aller Materie.«

6. *The Expanded Quotable Einstein*, S. 220

7. Mirjana R. Gearhart, »Forum: John A. Wheeler: From the Big Bang to the Big Crunch«, *Cosmic Search,* Bd. 1, Nr. 4 (1979). Website: **www.bigear.org/vol1no4/whee-ler.htm**

8. Konrad Zuse, »Die Berechnung des Raums« (»Calculating Space«), Februar 1970. Website: **http:// www.mit.edu**

9. Aus dem deutschen Symposium »Ist das Universum ein Computer?« 6.–7. November 2006. Website: **http:// www.dtmb.de/Webmuseum/Informatikjahr-Zuse/ body2_en.html**

10. Seth Lloyd, *Programming the Universe: A Quantum Computer Scientist Takes on the Cosmos,* New York: Alfred A. Knopf, 2006

11. Aus einem Interview mit dem Quantencomputer-Wissenschaftler Seth Lloyd, »Life, the Universe, and Everything« *Wired*, Ausgabe 14.03 (März 2006).

Website: **http://www.wired.com/wired/archive/14.03/ play.html?pg=4**

12. Auszug aus Seth Lloyd, *Programming the Universe,* auf der Website von Random House: **http://www.randomhouse.com/kvpa/Lloyd**

13. Website: **http://www.wired.com/wired/archive/14.03/ play.html?pg=4**

14. Ebenda

15. Ebenda

16. *Programming the Universe*: Bucheinband

17. John Wheeler in einem Vortrag 1989, zitiert von Kevin Kelley, »God Is the Machine«, *Wired*, Ausgabe 10.12 (Dezember 2002). Website: **http://www.wired.com/ wired/archive/10.12/holytech.html**

18. Jürgen Schmidhuber, »A Computer Scientist's View of Life, the Universe, and Everything«, *Foundations of Computer Science: Potential – Theory – Cognition*, Christian Freksa (Hrsg.), Berlin: Springer-Verlag, 1997; siehe auf der Website des Dalle Molle Instituts für Künstliche Intelligenz: **http://www.idsia.ch/~juergen/ everything/node1.html**

19. Ebenda

20. John Wheeler, zitiert von John Horgan, »*The End of Science: Facing the Limits of Knowledge in the Twilight of the Scientific Age*«, London: Abacus, 1998. Website: **http://suif.stanford.edu/ jessup/WWW/wheeler.txt**

21. »Das Thomas-Evangelium«, deutsche Übersetzung siehe **http://wwwuser.gwdg.de/~rzellwe/nhs/node86.html**

2. Kapitel

1. John Wheeler, zitiert von F. David Peat in *Synchronicity: The Bridge Between Matter and Mind,* New York: Bantam Books, 1987: S. 4
2. Ebenda; Hervorhebungen vom Autor
3. »Quantum Theory Demonstrated: Observation Affects Reality«, Bearbeitung einer Veröffentlichung des Weizmann Institute of Science in Rehovot, Israel (27. Februar 1998). Website: **http://www.sciencedaily.com/releases/1998/02/980227055013.htm**
4. »The Powerful Placebo«, H.K. Beecher, *Journal of the American Medical Association*, Bd. 159, Nr. 17 (24. Dezember 1955)
5. Anton J.M. de Craen, Ted J. Kaptchuk, Jan G. D. Tijssen und J. Kleijnen, »Placebos and Placebo Effects in Medicine: Historical Overview«, *Journal of the Royal Society of Medicine*, Bd. 92 (Oktober 1999): S. 511 ff. Website: **http://www.pubmedcentral.nih.gov/pagerender.fcgi?artid=1297390&pageindex=1**
6. Margaret Talbot, »The Placebo Prescription«, *New York Times* (9. Januar 2000). Website: **http://query.nytimes.com/gst/fullpage.html?res=9C01E6D71E38F93AA35752C0A9669C8B63&sec=health&spon=&pagewanted=2**
7. Andy Coghlan, »Placebos Effect Revealed in Calmed Brain Cells«, *New Scientist* (16. Mai 2004). Website: **http://www.newscientist.com/article/dn4996.html**
8. Ebenda
9. Franklin G. Miller, »William James, Faith, and the

Placebo Effect«, *Perspectives in Biology and Medicine,* Bd. 48, Nr. 2 (Frühjahr 2005): S. 273 ff.

10. Yale School of Medicine, »Today's College Students Experience More Anxiety« (13. Juni 2007), auf der Website der Yale Medical Group: **http://www.yalemedi-calgroup.org/news/child_607.html**

11. Ebenda

12. Arthur J. Barsky, M.D., »Nonspecific Medication Side Effects and the Nocebo Phenomenon«, *Journal of the American Medical Association*, Bd. 287, Nr. 5 (6. Februar 2002)

13. Robert und Michele Root-Bernstein, *Honey, Mud, Maggots, and Other Medical Marvels: The Science Behind Folk Remedies and Old Wives' Tales,* New York: Houghton Mifflin, 1998

14. Homepage der »Framingham Heart Study« auf der Website des National Heart, Lung, and Blood Institutes: **http://www.nhlbi.nih.gov/about/framingham/index.html**

15. Rebecca Voelker, »Nocebos Contribute to a Host of Ills«, *Journal of the American Medical Association*, Bd. 275, Nr. 5 (1996): S. 345 ff.

16. Siehe *Einleitung,* Anmerkung 7

17. *Merriam-Webster Online Dictionary.* Website: **http://mw1.merriam-webster.com/dictionary/science**

18. Albert Einstein, zitiert von Michio Kaku in dem Online-Artikel »M-Theory: The Mother of all SuperStrings: An Introduction to M-Theory« (2005). Website: **http://mkaku.org/articles/m_theory.html**

19. Doc Childre und Howard Martin mit Donna Beech, *The HeartMath Solution: The Institute of HeartMath's Revolutionary Program for Engaging the Power of the Heart's Intelligence*, New York: HarperCollins Publishers, 1999: S. 33 f.

20. Ebenda: S. 24

21. Die Veränderung des Energieniveaus durch ein äußeres magnetisches Feld wird »Zeeman-Effekt« genannt. Website: **http://bcs.whfreeman.com/tiplermodernphysics4e/content/cat_020/zeeman.pdf**

22. Die Veränderung des Energieniveaus durch ein äußeres elektrisches Feld wird »Stark-Effekt« genannt. Website: **http://www.physics.csbsju.edu/QM/H.10.html**

23. Das Institute of HeartMath Research Center führt grundlegende Forschungsarbeiten in emotionaler Physiologie und Herz-Hirn-Wechselwirkungen sowie klinische und Organisationsstudien über die Physiologie des Lernens und der Leistungsoptimierung durch. Diese Statistiken stammen aus einer Online-Zusammenfassung über die Kommunikation zwischen Herz und Hirn unter dem Titel »Head-Heart Interactions«. Website: **http://www.heartmath.org/research/science-of-the-heart/soh_20.html**

24. Neville, *The Law and the Promise,* Marina Del Ray, CA: DeVorss, 1961

25. Das Thomas-Evangelium, deutsche Übersetzung siehe **http://wwwuser.gwdg.de/~rzellwe/nhs/node86.html**

26. Ebenda

27. Rebecca Saxe, »Reading Your Mind, How Our Brains Help Us Understand Other People«, *Boston Review*

(Februar/März 2004). Website: **http://bostonreview.net/BR29.1/saxe.html**

28. *The Law and the Promise*: S. 57

29. William James, »Does ›Consciousness‹ Exist?«
    Erstveröffentlichung in *Journal of Philosophy, Psychology, and Scientific Methods*, Bd. 1 (1904): S. 477–491.
    Website: **http://evans-experientialism.freewebspace.com/james_wm03.htm**

3. Kapitel

1. Daniel C. Dennett, *Consciousness Explained,* New York: Bay Back Books, 1992: S. 433

2. Das menschliche Gehirn verarbeitet Informationen in Geschwindigkeiten zwischen 100 bis 1000 Teraflops (1 Teraflop = 1 Billion Flops = 1 Billion Fließkomma-Operationen pro Sekunde). Big Red von der Indiana University, einer der 50 schnellsten Computer der Welt, hat eine theoretische Spitzenleistung von über 20 Teraflops und bei rechnerischen Prozessen über 15 Teraflops erreicht.

3. Daniel Goleman, »Pribram: The Magellan of Brain Science«, *Psychology Today,* Bd. 12, Nr. 9 (1979): S. 72 f.
   Website: **http://www.sybervision.com/Golf/hologram9.htm**

4. Ebenda

5. Bruce H. Lipton, *Intelligente Zellen. Wie Erfahrungen unsere Gene steuern,* Koha-Verlag, 2007

6. Zitat von Ignatius von Loyola, Gründer des Jesuiten-

Ordens, zitiert von Keith Birney in *New Scientist*, Ausgabe 2583 (23. Dezember 2006): S. 2710. Website: **http://www.newscientist.com/article/mg19225832.700-give-me-a-child.html**

7. William James, *Talks to Teachers on Psychology, and to Students on Some of Life's Ideals* (1899), New York: Holt: S. 77

8. Lipton, *Intelligente Zellen*

9. Robert Collier (1885–1950) war ein amerikanischer Autor mehrerer Bücher über Psychologie und Spiritualität. Eine Zusammenstellung seiner inspirierenden Zitate stehen auf der Website **http://www.inspirationandmotivation.com/robert-collier-quotes.html**

4. Kapitel

1. »Chill Out: It Does the Heart Good«, Veröffentlichung der Duke University, in der eine technische Studie über die Verbindung zwischen emotionalen Reaktionen und der Gesundheit des Herzens zitiert wird, die am Duke University Medical Center von James Blumenthal durchgeführt und zuerst in *The Journal of Consulting and Clinical Psychology* veröffentlicht wurde. Website: **http://Dukemednews.org/news/article.php?id=353**

2. Brigid McConville, »Learning to Forgive«, *Namaste* (2000). Hoffman Institute Website: **http://www.quadrinity.com/articles/article4a.htm**

3. »Chill Out: It Does the Heart Good«

5. Kapitel

1. Website von Amanda Dennison: **http://www.firewalks. ca/Press_Release.html**

2. Alexis Huicochea, »Man Lifts Car Off Pinned Cyclist«, *Arizona Daily Star* (28. Juli 2006). Website: **http:// www.azstarnet.com/sn/printDS/139760**

3. »Woman Lifts 20 Times Body Weight«, BBC News International Online (4. August 2005). Website: **http:// news.bbc.co.uk/2/hi/uk_news/england/wear/4746665. stm**

4. Vortrag von Albert Einstein vor der Preußischen Akademie der Wissenschaften in Berlin am 27. Januar 1921; siehe auch *The Expanded Quotable Einstein*, Alice Calaprice (Hrsg.), Princeton University Press, 2000

5. *The Lankavatara Sutra: A Mahayana Text,* Daisetz Teitaro Suzuki (Übers.; 1932). **Website: http://lirs.ru/ do/lanka_eng/lanka-nondiacritical.htm**

6. Gregg Braden, *Im Einklang mit der göttlichen Matrix,* Koha-Verlag

7. »Quantum Theory Demonstrated: Observation Affects Reality«, aus einer Veröffentlichung des Weizmann Institute of Science in Rehovot, Israel (27. Februar 1998). Website: **http://www.sciencedaily.com/releas- es/1998/02/980227055013.htm**

8. Mirjana R. Gearhart, »Forum: John A. Wheeler: From the Big Bang to the Big Crunch«, *Cosmic Search,* Bd. 1, Nr. 4 (1979). Website: **www.bigear.org/vol1no4/whee- ler.htm**

9. Albert Einstein; aus: *The Expanded Quotable Einstein*

10. Michael Wise, Martin Abegg Jr. und Edward Cook, *The Dead Sea Scrolls: A New Translation,* San Francisco, CA: HarperSanFrancisco, 1996

11. Siehe auch »Observation Affects Reality«

12. Neville, *The Power of Awareness,* Marina Del Ray, CA: DeVorss, 1952: S. 98

13. Ebenda

14. William James (1842–1910), bedeutender Psychologe und einer der größten amerikanischen Philosophen. Bibliografie und Zitate: **http://www.answers.com/topic/william-james?cat=technology**

15. *The Power of Awareness*: S. 10

16. Neville, *The Law and the Promise,* Marina Del Ray, CA: DeVorss, 1961: S. 9

17. Ebenda: S. 44

6. Kapitel

1. Mehr über Michael Hedges unter: **http://www.nomad-land.com/Point_A.htm**

2. Zitat von William James auf der Website **http://www3.thinkexist.com/quotes/william_james/4.html**

3. Geoff Heath, »Beliefs and Identity«, Seminarunterlagen von Bowland Press (November 2005). Website: **http://www.bowlandpress.com/seminar_docs/Beliefs_and_Identity.pdf**

4. John D. Barrow, »Living in a Simulated Universe«, Centre for Mathematical Sciences, Cambridge. Website: **http://www.simulation-argument.com/barrowsim.pdf**

5. *The American Heritage College Dictionary*, 3. Auflage, Boston: Houghton Mifflin Company, 1977: S. 870
6. Johannes 14,12
7. Jonah Lehrer, »Built to be Fans?« *Seed* (Sommer 2004). Website: **http://www.seedmagazine.com/news/2006/02/built_to_be_fans.php**
8. Jonathan Schaeffer, »Kasparov Versus Deep Blue: The Re-match«, *International Computer Chess Association Journal,* Bd. 20, Nr. 2 (1997): S. 95–102. Website: **http://www.cs.vu.nl/~aske/db.html**

7. Kapitel

1. Fulke Greville (1554–1628), englischer Dichter und Philosoph, zitiert nach Creative Quotations Website: **http://creativequotations.com/one/673.htm**
2. David Bohm, *Wholeness and the Implicate Order,* London: Routledge & Kegan Paul, 1980: S. 237 (dt. Übersetzung: *Die implizite Ordnung,* Goldmann 1987)
3. *The American Heritage College Dictionary*, 3. Auflage, Boston: Houghton Mifflin Company, 1977: S. 1508
4. Ebenda: S. 1271
5. Nick Bostrom, *Philosophical Quarterly*, Bd. 53, Nr. 211 (2003): S. 243–55. Website: **http://www.simulation-argument.com**
6. Ebenda
7. Ebenda
8. Stephen Hawking in einer Rede in Hongkong; zitiert

von Sylvia Hui, »Hawking Says Humans Must Colonize Space«, *Associated Press* (13. Juni 2006). Website: http://www.space.com/news/060613_ap_hawking_space.html

9. Jürgen Schmidhuber, »A Computer Scientist's View of Life, the Universe, and Everything«, *Foundations of Computer Science: Potential – Theory – Cognition*, Christian Freksa (Hrsg.), Berlin: Springer-Verlag, 1997: S. 201 ff.; siehe Website des Dalle Molle Instituts für Künstliche Intelligenz: http://www.idsia.ch/~juergen/everything/node1.html

10. Zitat von Gautama Siddhartha, dem Buddha (563–483 v.d.Z.). Website: http://thinkexist.com/quotation/all_things_appear_and_disappear_because_of_the/143657.html

11. Ebenda

12. Matthäus 6,9–13

13. J. Raloff, »Baby's AIDS Virus Infection Vanishes«, *Science News*, Bd. 147 (1. April 1995). S. 196. Website: http://www.sciencenews.org/pages/pdfs/data/1995/147-13/14713-03.pdf

Über den Autor

Der Bestseller-Autor Gregg Braden ist ein international anerkannter Pionier der Verbindung zwischen Wissenschaft und Spiritualität. Seine Fähigkeit, für komplexe Probleme innovative Lösungen zu finden, ermöglichte ihm während der Siebzigerjahre eine erfolgreiche Laufbahn als Computer-Geologe für Phillips Petroleum und während der Achtzigerjahre als leitender Computer Systems Designer für Martin Marietta Aerospace.

1991 wurde er zum technischen Betriebsleiter bei Cisco Systems ernannt und leitete dort das globale Support-Team, welches die Zuverlässigkeit des heutigen Internets sicherstellt.

Seit über 20 Jahren besucht Gregg abgelegene Bergdörfer und Klöster, um nach den Geheimnissen alter, vergessener Schriften zu forschen. Diese Arbeit bildet die Grundlage seiner zahlreichen Bücher, die bis heute in 15 Sprachen und in 23 Ländern veröffentlicht wurden und in denen er zweifelsfrei nachweist, dass wir die Macht haben, Krankheiten zu beenden, Alterungsprozesse zu beeinflussen und die Wirklichkeit zu verändern, indem wir unsere Überzeugungen als die Quantensprache der Veränderungen anerkennen und nutzen.

Weitere Informationen unter:
Wisdom Traditions
P.O. Box 5182
Santa Fe, New Mexico 87502
(505) 424-6892
Website: www.greggbraden.com
E-Mail: info@greggbraden.com

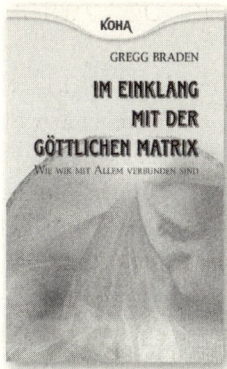

Gregg Braden
Im Einklang mit der göttlichen Matrix

Wie wir mit Allem verbunden sind

Tb., 256 Seiten
€ 9,95
ISBN 978-3-86728-021-1

Gregg Braden verknüpft in seinem neuen Werk Spiritualität
und Wissenschaft auf eine vollkommen neue Art. Er erklärt
die Zusammenhänge der Matrix, die schon Max Planck als
»Urgrund der Materie« identifizierte. In dieser Matrix des
Lebens spiegeln sich alle unsere Überzeugungen und Einstellungen wider. Lassen auch Sie sich von der Matrix faszinie-
ren, und lernen Sie so, die Botschaften des Lebens leicht
zu verstehen und umzusetzen. Das Besondere an diesem
Buch ist: Sie brauchen kein physikalisches Fachwissen. Der
Autor erklärt auf verständliche Art, wie Sie mit der Matrix
im Einklang leben können, um Ihre Wünsche und Ziele zu
verwirklichen.

Gregg Braden
Im Einklang mit der göttlichen Matrix
Wie sie funktioniert und wie man lernt,
sie anzuwenden
2 DVDs 4,5 Std.
€ 24,95
ISBN 978-3-86728-067-9

Der faszinierende Wesenskern der Botschaft Gregg Bradens
kommt einer Offenbarung gleich: Durch eine explosive Syner-
gie zwischen den neuesten wissenschaftlichen Entdeckungen
und der größten antiken, geistigen Weisheit, die jahrhunder-
telang verloren schien, schenkt er uns Einblick in den Bereich
der göttlichen Matrix (Max Plancks »Urgrund der Materie«)
und der unendlichen Möglichkeiten. Mit außergewöhnlicher
Klarheit und Tiefe verrät er uns geheime Techniken und
Hilfsmittel, um die Sprache des Universums und des Lebens
zu begreifen und die reinsten Wünsche unseres Herzens in die
konkrete Realität umzusetzen. Statt lebensfeindlicher Überzeugungen werden Freude, Liebe, Harmonie und Frieden in unser
Dasein einziehen und unsere Welt heilen ...
5 Stunden Video mit Exklusivinterview

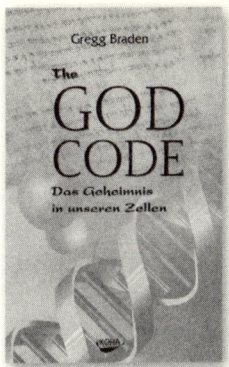

Gregg Braden
Der God Code
Das Geheimnis in unseren Zellen
280 Seiten, gebunden
€ 21,95
ISBN 978-3-936862-17-1

Steckt in unserem genetischen Code eine göttliche Botschaft? Zu dieser Hypothese kommt Gregg Braden durch
Verknüpfung wissenschaftlicher Erkenntnisse mit althergebrachten Überlieferungen. Er verbindet den Zahlencode der
althebräischen Buchstaben mit den Basiselementen der DNS
und kommt damit zu einem biologischen Bibelcode. Dieses
Buch wirft ein völlig neues Licht auf unseren biologischen
Ursprung und eröffnet einen neuen, faszinierenden Blick auf
unsere Biochemie.